LOS ACUERDOS Y CONTRATOS PREPARATORIOS DE OTROS CONTRATOS

Este libro se ha realizado en el marco de la ejecución del Proyecto de Investigación del Programa Estatal para Impulsar la Investigación Científico-Técnica y su Transferencia, 2021-2023, en su modalidad Generación del Conocimiento, 2022, otorgado por el Ministerio de Ciencia e Innovación y titulado «LA INAPLAZABLE MODERNIZACIÓN DEL DERECHO DE OBLIGACIONES Y CONTRATOS DEL CÓDIGO CIVIL ESPAÑOL» (Referencia PID2022-138909NB-I00) IPs. M.ª Paz García Rubio y Javier Maseda Rodríguez.

LOS ACUERDOS Y CONTRATOS PREPARATORIOS DE OTROS CONTRATOS

EDICIÓN 2024

AUTOR
Pedro Zurita Herrera

COLEX 2024

© Editorial Colex, S.L.
Calle Costa Rica, número 5, 3.º B (local comercial)
A Coruña, 15004, A Coruña (Galicia)
info@colex.es
www.colex.es

I.S.B.N.: 978-84-1194-658-2
Depósito legal: C 1495-2024

A mis padres, por su amor.
A mi maestra, Mari Paz, por su generosidad.

SUMARIO

CAPÍTULO IV

EL PERIODO PRECONTRACTUAL Y LOS ACUERDOS Y CONTRATOS PREPARATORIOS DE OTROS CONTRATOS EN LA PROPUESTA DE MODERNIZACIÓN DEL CÓDIGO CIVIL EN MATERIA DE OBLIGACIONES Y CONTRATOS REVISADA. PARTICULAR ATENCIÓN A LOS ACUERDOS DE INTENCIONES

PRÓLOGO

Conocí a Pedro Zurita Herrera en el año 2011, cuando se trasladó desde Granada a realizar su tesis doctoral en Santiago de Compostela. Hacía así un cambio en su vida que iba mucho más allá de lo geográfico. Pedro acababa obtener su título de licenciado en Derecho por la Universidad de Granada, pero ya era por entonces licenciado en Veterinaria por la Universidad de Córdoba, materia y sede en la que se doctoró en 2013. En 2015 consiguió también su doctorado en Derecho, ahora en la Universidad de Santiago de Compostela, con una tesis titulada *Los acuerdos precontractuales en el moderno Derecho de Contratos* que obtuvo la calificación de Sobresaliente *Cum Laude*.

En los años posteriores desarrolló su labor profesional en el ámbito de la Veterinaria, pero siempre mantuvo el contacto con el Derecho civil y un íntimo deseo de regresar al mundo universitario y al campo de lo jurídico, lo que consiguió finalmente, hace poco más o menos un año, en la Universidad de Granada.

Desde entonces, ha trabajado con una dedicación y esfuerzo encomiables con el fin de aprovechar los años de investigación doctoral para elaborar un trabajo donde trata de explicar la importancia práctica que en el tráfico jurídico y económico actual tiene el periodo precontractual y los acuerdos, de uno u otro tipo, que durante esta fase van realizando los implicados en las negociaciones destinadas a celebrar un contrato y con la vista puesta en este.

Es de todos conocido que se trata de un periodo que apenas tuvo interés para los codificadores del siglo XIX, pero que ha ido adquiriendo una importancia progresivamente creciente de la que ya dan buena cuenta todos los textos nacionales e internacionales de los siglos XX y XXI. Entre ellos, por supuesto, la Propuesta de Modernización Reformada elaborada por la Comisión General de Codificación que presentó la Sección Primera de esta, con el fin de atender al mandato de puesta al día de la presentada en 2009, que le había hecho el Ministerio de Justicia y que este publicó en julio de 2023.

Esta Propuesta reformada contiene, a diferencia de su predecesora, una sección especial dedicada a los acuerdos y contratos preparatorios de otros contratos; se trata de la Sección cuarta del Capítulo II del Libro IV del Código civil, que acoge cinco artículos destinados al acuerdo de intenciones, el pacto de preferencia, el contrato de opción y el precontrato. Fuera de esta ubicación el texto de 2023 se refiere también de manera, más o menos directa, a otras figuras como los acuerdos con términos abiertos o los acuerdos de confidencialidad. Al estudio de todas estas normas, además de a otras dedicadas a disciplinar de una u otra manera el periodo que antecede a la celebración de un contrato, destina el autor de esta obra el último capítulo de la monografía que el lector tiene en sus manos. En los tres capítulos anteriores, con el bagaje que le dio su formación doctoral, trata de poner de relieve el significado y la estructura de este tipo de acuerdos en el Derecho comparado, mostrando en contraste, por un lado, el ámbito del *common law,* donde es sabido que este tipo de negocios han adquirido gran importancia práctica y se han desarrollado de modo considerable, con la esfera continental, a la que tampoco han sido ajenos nunca -baste pensar en el precontrato- y a la que están llegando de forma masiva de la mano no solo de la práctica contractual internacionalizada, sino también de los textos de ámbito transnacional que han dado lugar a lo que venimos llamando el moderno Derecho de contratos.

Estos antecedentes me hacen considerar que se trata de una obra útil, que aporta una cantidad enorme de material bibliográfico y jurisprudencial, y que, sin lugar a dudas, puede ayudar mucho a quienes, sea desde la perspectiva teórica sea desde la práctica, se enfrenten a problemas ubicados en este momento preliminar del *iter* contractual. Convencida de que es así, queda sobradamente justificado el interés del libro que tengo el gusto de presentar, por el que solo cabe felicitar a su autor y recomendar su lectura.

Brión, septiembre 2024

María Paz García Rubio

CAPÍTULO I

LA EVOLUCIÓN DE LA NORMATIVA EN EL PERIODO PRECONTRACTUAL

A pesar de las diferencias existentes entre los ordenamientos jurídicos de los países del *common law* y los adscritos al *civil law*, ambos sistemas han compartido una limitada atención tanto a la fase de negociaciones contractuales como a los acuerdos y contratos preparatorios de otros contratos que acaecen en ese periodo, y a los que a partir de ahora denominaremos acuerdos precontractuales o preparatorios.

Esta «ausencia normativa» no ha sido óbice para su inclusión en la práctica comercial, jurisprudencial y doctrinal en los países del *common law*. En ellos, términos como *letters of intention, letters of intent, head of agreement, memorandum of understanding, letters of understanding, memorandum of intent, commitment letters, agreements to negotiate, lock-in agreements, contracts to negotiate, agreements with open terms* y *confidentiality agreements* se han empleado para hacer referencia a diferentes tipos de acuerdos preparatorios celebrados en la fase de negociaciones contractuales[1]. En los ordenamientos continentales o del *civil law*, el punto de partida sería el precontrato o *Vorvertrag*, figura jurídica elaborada por la doctrina alemana y cuya influencia pronto se dejó notar en el resto del continente[2]. Asimismo,

1 *Vid.* epígrafe III.1 de esta monografía.

2 A pesar de sus orígenes alemanes, no se regula explícitamente en el BGB. No sucede así en Italia, que destina los artículos 1351 y 2932 de su *Codice civile* de 1942 al *contratto preliminare*. En Argentina, el reformado Código Civil y Comercial, dedica una de sus secciones a los contratos preliminares. Los modernizados *Code civil* francés y belga acogen como modalidades de precontrato al pacto de preferencia y a la promesa o precontrato unilateral. En España, el precontrato como tal no está preceptuado en el vigente CC, aunque sí lo está la promesa de compraventa, *ex* art. 1451 CC, que puede describirse como un precontrato perfecto unilateral. En este sentido, *vid.* De Castro y Bravo, «La promesa de contrato», 1133-86. Es más, indirectamente el precontrato estaría reconocido a través del art. 708 LEC. *Cfr.* González Gozalo, «La formación del contrato», 902 ss., Carrasco

los acuerdos preparatorios más propios de la práctica contractual anglófona han sido asimilados por la doctrina y jurisprudencia continentales bajo denominaciones como cartas o acuerdos de intenciones y acuerdos con términos abiertos, por citar algunas[3].

En realidad, todas estas voces hacen referencia a recursos jurídicos que, en última instancia, persiguen ayudar a las partes en su tránsito por las negociaciones precontractuales para que, finalmente, decidan sobre la idoneidad o no de llevar a cabo el negocio jurídico inicialmente planteado[4]. Es decir, intentan dar respuesta a una necesidad que tradicionalmente no ha sido objeto de una regulación explícita por la mayoría de los ordenamientos jurídicos, al menos con carácter sistemático.

No obstante, la labor doctrinal y jurisprudencial se ha ido traduciendo en una oleada modernizadora de textos tanto de *soft law* como estrictamente legales que inciden en la fase negociadora de los contratos, lo que, sin duda, tiene repercusión en las figuras que aquí referimos.

En la esfera internacional, dan fe de ello las normas que conforman lo que hemos venido en denominar el «moderno Derecho de contratos». Es decir, la Convención de las Naciones Unidas sobre los Contratos de Compraventa Internacional de Mercaderías (CISG), los Principios Europeos de Derecho de Contratos (PECL), los Principios Unidroit sobre los Contratos Comerciales Internacionales (PICC), el Proyecto de Marco Común de Referencia (DCFR) y los Principios Acquis (ACQP), así como una serie de Directivas relativas a la protección de los consumidores, donde también adquiere importancia práctica relevante el periodo precontractual[5]. Sin perjuicio de que en otro

---

Perera, «Las cartas de intenciones y el proceso contractual», 161, García Rubio, «La ejecución forzosa de la obligación derivada del precontrato en la ley de enjuiciamiento civil: algunas cuestiones», 1883-84. Un mayor desarrollo, *cfr.* apartado III.2.2 de este trabajo.

3 *Vid.* epígrafe III.2 de esta monografía.

4 Schwartz y Scott, «Precontractual Liability and Preliminary Agreements», 665-66.

5 Se trata de Directivas cuyo denominador común es la mejora en la protección de los consumidores reforzando los requisitos de información precontractual. Entre otras se pueden citar: la Directiva (UE) 2019/770 del Parlamento Europeo y del Consejo, de 20 de mayo de 2019, relativa a determinados aspectos de los contratos de suministro de contenidos y servicios digitales, la Directiva (UE) 2019/771 del Parlamento Europeo y del Consejo, de 20 de mayo de 2019, relativa a determinados aspectos de los contratos de compraventa de bienes, por la que se modifican el Reglamento (UE) 2017/2394 y la Directiva 2009/22/CE, y se deroga la Directiva 1999/44/CE, la Directiva (UE) 2023/2673 del Parlamento Europeo y del Consejo, de 22 de noviembre de 2023, por la que se modifica la Directiva 2011/83/UE en lo relativo a los contratos de servicios financieros celebrados a distancia y se deroga la Directiva 2002/65/CE, así como la Directiva (UE) 2024/825 del Parlamento Europeo y del Consejo, de 28 de febrero de 2024, por la que se modifican las Directivas 2005/29/CE y 2011/83/UE en lo que respecta al empoderamiento de los consumidores para la transición ecológica mediante una mejor protección contra las prácticas desleales y mediante una mejor información.

epígrafe de este libro se analicen con mayor detenimiento, se debe señalar que en la mayoría de estas normas la libertad contractual y la buena fe están ordenadas en sede de negociaciones. Así, la libertad contractual aparece en la forma del principio de libertad de negociación, que quedará limitado por la buena fe y los deberes de conducta, principalmente los relativos a la confidencialidad y la información precontractual[6].

Este manifiesto interés por la fase preparatoria del contrato lo han tenido los legisladores de los países que han modificado el Derecho de obligaciones y contratos en sus respectivos Códigos civiles, en los que también se ha producido la recepción de normas procedentes de la experiencia transnacional sobre la fase negociadora.

Con anterioridad a las recientes reformas del Derecho de obligaciones y contratos que se han sucedido desde finales del siglo XX, el Código civil italiano, aprobado por *Regio decreto, 16 marzo 1942, n. 262*, puso de relieve la importancia del periodo precontractual al imponer la obligación de comportarse según los dictados de la buena fe en la fase de negociaciones[7]. De forma similar se acogió este pensamiento en el código civil portugués, aprobado por el *Decreto-Lei n.° 47344*, el 25 de noviembre de 1966. En él se norma que quien negocia con otro para concluir un contrato debe proceder según las reglas de la buena fe[8].

En Alemania, la ley de Modernización del Derecho de Obligaciones *(Schuldresctsmodernisierunggesetz)*, de 26 de noviembre de 2001, ha repercutido de un modo notable en la fase precontractual[9]. La incidencia viene representada por la recepción de la *culpa in contrahendo* en el BGB

---

6 KLEINHEISTERKAMP, «Formation I: Arts. 2.1.1-2.1.18-General Provisions on Formation», 299-302, COMMISSION ON EUROPEAN CONTRACT LAW, *Principles of European Contract Law*, 189-91, BAR, CLIVE, Y SCHULTE-NOLTE, *Principles, Definitions and Model Rules of European Private Law*, 246-49, GARCÍA RUBIO Y OTERO CRESPO, «La responsabilidad precontractual en el Derecho contractual europeo», 6,8,14, MORALES MORENO, «¿Es posible construir un sistema precontractual de remedios? Reflexiones sobre la Propuesta de Modernización del Derecho de Obligaciones y Contratos en el marco del Derecho Europeo», 405, DÍEZ PICAZO, ROCA I TRÍAS, Y MORALES MORENO, *Los principios del derecho europeo de contratos*, 155-57, CASTRONOVO, «Information Duties and Precontractual Good Faith», 563, GARRO, RODRÍGUEZ OLMOS, Y PERALES VISCASILLAS, *Principios Unidroit sobre los contratos comerciales internacionales* 2010, 21-69.

7 ALPA, *Manuale di Diritto Privato*, 496, BENATTI, *La responsabilità precontrattuale,* BIANCA, *Diritto civile, III, Il contrato*, 166 ss., CARRESI, *Il contratto*, 693 ss., RAVAZZONI, *La formazione del Contratto II - Le regole di comportamento*, SACCO, «La preparazione del contratto», 119 ss., MESSINEO, «Contratto», 892, SACCO Y DE NOVA, *Il contratto*, 1183.

8 El artículo 227.° del Código civil portugués se rubrica «"Culpa na formação dos contratos" e indica que: 1. Quem negoceia com outrem para conclusão de um contrato deve, tanto nos preliminares como na formação dele, proceder segundo as regras da boa fé, sob pena de responder pelos danos que culposamente causar à outra parte. 2. A responsabilidade prescreve nos termos do artigo 498.°».
Vid. MENEZES CORDEIRO, *Da boa fé no direito civil*, 567.

9 En vigor el 1 de enero de 2002.

(*Bürgerliches Gesetzbuch*, o Código civil) a través de los parágrafos 311 y 241[10]. Esto se traduce en la codificación de una relación obligatoria, adscrita a la fase de negociaciones y de la que derivan deberes precontractuales[11].

El Código Civil y Comercial de la Nación de Argentina de 2014, en adelante CCyC, refleja la marcada influencia del moderno Derecho de contratos en las tratativas contractuales y en los acuerdos o contratos preparatorios de otros contratos[12]. La sección de las tratativas contractuales se ocupa tanto de la libertad de negociación como de los deberes de buena fe y de confidencialidad[13]. Los acuerdos precontractuales están representados en las secciones que versan sobre los acuerdos parciales, las cartas de intenciones, las promesas de celebrar un contrato, el contrato de opción y el pacto de preferencia[14].

En Francia, la Ordenanza de 10 de febrero de 2016 y la Ley de ratificación de 20 de abril de 2018 han adaptado el Derecho de obligaciones y contratos[15]. Es especialmente reseñable la adición de un nuevo capítulo destinado a la formación del contrato que, a su vez, comienza con una sección dedicada a su conclusión con sendas subsecciones para las negociaciones y los precontratos. Esto equivale a la afirmación de que el periodo precontractual

10 *Cfr.* Looschelders, *Derecho de obligaciones. Parte general*, 141 ss.

11 Asúa González y Hualde Sánchez, «Codificación de la culpa in contraendo en el derecho alemán», 1419 ss., Asúa González, «Responsabilidad en la formación del contrato (responsabilidad precontractual)», 164-65, Medina Alcoz, «La ruptura injustificada de los tratos preliminares», 90 ss., Pantaleón Prieto, «Responsabilidad precontractual: propuestas de regulación para un futuro Código Latinoamericano de Contratos», 901, García Rubio y Otero Crespo, «La responsabilidad precontractual en el Derecho contractual europeo», 16 ss., García Rubio, «La responsabilidad precontractual», 361-62, Looschelders, *Derecho de obligaciones. Parte general*, 142 ss.

12 Aprobado mediante la Ley N.° 26.994, promulgada el 7 de octubre de 2014, https://servicios.infoleg.gob.ar/infolegInternet/anexos/235000-239999/235975/texact.htm

13 Sección 3.ª *«Tratativas contractuales»* del Capítulo 3 *«Formación del consentimiento»* del Título II «Contratos en general» del Libro III *«Derechos personales»*.

14 Secciones 1.ª *«Consentimiento, oferta y aceptación»*, 3.ª *«Tratativas contractuales»*, 4.ª *«Contratos preliminares»* y 5.ª *«Pacto de preferencia y contrato sujeto a conformidad»* del Capítulo 3 *«Formación del consentimiento»* del Título II *«Contratos en general»* del Libro III *«Derechos personales»*.

15 Partiendo de los proyectos académicos de Pierre Catala y François Terré, de la jurisprudencia y de la práctica jurídica, el Ministerio de Justicia elaboró un proyecto de reforma limitado al Derecho de contratos y al régimen de las obligaciones. Con este bagaje, el Gobierno francés recurrió a las denominadas «ordenanzas» para evitar que las discusiones parlamentarias afectasen a la reforma proyectada. De manera que, a la *Loi n.° 2015-177 du 16 février 2015 relative à la modernisation et à la simplification du droit et des procédures dans les domaines de la justice et des affaires intérieures*, le siguieron la *Ordonnance n.° 2016-131 du 10 février 2016 portant réforme du droit des contrats, du régime général et de la preuve des obligations* y *LOI n.° 2018-287 du 20 avril 2018 ratifiant l'ordonnance n.° 2016-131 du 10 février 2016 portant réforme du droit des contrats, du régime général et de la preuve des obligations*, sobre la que tan sólo hizo ligeras modificaciones.

es relevante en el Derecho contractual francés. Asimismo, es una reforma que, incluso en el ámbito de las negociaciones, se caracteriza porque da respuesta a las nuevas necesidades sociales y económicas, al tiempo que incorpora normas jurisprudenciales a su ordenamiento[16]. El *Code civil* reformado se adapta a las necesidades sociales otorgando una mayor protección a la parte más débil de los contratos. Para hacerlo, toma como punto de partida la equiparación de la buena fe y la libertad contractual como principios generales de los contratos[17]. Así, se perpetúa la buena fe durante toda la vida del contrato, incluida su formación y otorgando un mecanismo de protección adicional para la parte débil. La reforma del *Code civil* también ha permitido un mejor acercamiento a las necesidades económicas mediante la organización de la negociación contractual y la modernización de los precontratos[18]. Ciertamente, se disponen dos modalidades de precontrato en la Sous-section 3 «*Le pacte de préférence et la promesse unilatérale*», que revelan a un legislador que respalda la concepción del precontrato como un auténtico contrato que vincula al promitente antes de celebrarse el contrato final.

La reciente reforma del *Code civil* belga se llevó a cabo el 28 de abril de 2022, mediante diversas leyes entre las que se incluía la *Loi portant le livre 5 «Les obligations» du Code civil*[19]. En la Section 2 «*La formation du contrat*» del Chapitre 1er. «*Le contrat*» del Titre 2 «*Les sources d'obligations*» del Livre 5 «*Les obligations*», se encuentra la Sous-section 1re. «*La conclusion dynamique du contrat*». Entre las 13 disposiciones que integran esta Sous-section 1re., se encuentran las tres del Paragraphe 1er. «*Les négociations*», en el que se recogen la libertad contractual, la libertad de negociar en connivencia con la buena fe, así como los deberes de información y la responsabilidad precontractual. Por su parte, el Paragraphe 3 «*Le pacte de préférence et le contrat d'option*» se ocupa de los acuerdos preparatorios que aparecen en su rúbrica. En cualquier caso, es una reforma que ha permitido cubrir numerosas lagunas legales haciendo uso de una estructura más accesible para los litigantes[20]. Además, se hace eco del moderno Derecho de contratos y de las codificaciones alemana, holandesa y, muy especialmente, francesa, así como de los trabajos preparatorios de la reforma[21]. No obstante, y según se verá en epígrafes posteriores,

16 Cabrillac, «El nuevo derecho francés de los contratos», 59 ss., Azar-Baud, «Introducción. La formación del contrato en la reforma del Derecho francés de las obligaciones», IX ss.

17 Están incluidas en el Chapitre Ier *«Dispositions liminaires»* del Sous-titre Ier *«Le contrat»* del Titre III *«Des sources d'obligations»* del Livre III *«Des différentes manières don ton acquiert la propriété»* del *Code*.

18 Cabrillac, «El nuevo derecho francés de los contratos», 59 ss.

19 En vigor desde el 1 de enero de 2023.

20 Ninane y Standaert, «La formation du contrat: conclusion dynamique et devoir d'information», 23-24.

21 El trabajo preparatorio de referencia fue la *Proposition de loi du 24 fevrier 2021 portant le Livre 5 «Les obligations» du Code civil*, Doc. parl., Ch. repr., 2020-2021, n.° 55-1806.

estas influencias no han impedido que tenga ciertas particularidades expresivas de la jurisprudencia y doctrina del país belga.

En España, las sucesivas propuestas modernizadoras elaboradas por la Sección Primera de la Comisión General de Codificación se han ocupado de la mencionada omisión normativa. En efecto, la Propuesta para la modernización del Derecho de obligaciones y contratos presentada en el año 2009 (en adelante PMDOC), destinó su artículo 1245 PMDOC a regular las negociaciones. En él se incluyeron la libertad negocial, la buena fe y el deber de confidencialidad en la fase precontractual. Sin embargo, el contenido de este texto no llegó a traducirse en una norma que modificara el Código civil[22]. No obstante, la voluntad innovadora permaneció y, por encargo de la señora ministra de Justicia, el grupo de trabajo de la Sección Primera actualizó la PMDOC. Esta nueva propuesta, revisada y publicada por el Ministerio de Justicia en 2023 (en adelante PMDOCR), toma como punto de partida el texto de la PMDOC y lo pone al día, recurriendo para ello a nuestra tradición jurídica, al moderno Derecho de contratos y a los códigos civiles de nuestro entorno que han sido recientemente modernizados[23]. Resulta especialmente reseñable que, en materia de fase de negociaciones contractuales, sea una propuesta más ambiciosa que la anterior. En efecto, el capítulo que norma la formación del contrato destina una sección a los deberes precontractuales y, otra, a los acuerdos y contratos preparatorios. En ellos, se pone de manifiesto el difícil equilibrio entre la libertad contractual y la buena fe. El interés que todo ello suscita justifica que el análisis del periodo precontractual y los acuerdos preparatorios reflejados en la PMDOCR sea uno de los objetivos fundamentales de esta obra. No obstante, antes de detenernos en ese empeño, resulta imperativo llevar a cabo ciertos análisis previos que nos ayuden a enmarcar el objeto de este trabajo.

En primer lugar, procede conocer la dicotomía existente entre la libertad contractual y la buena fe en la fase de negociaciones, ya que son los principios que vertebran el periodo donde se celebran los acuerdos precontractuales. A continuación, se estudiarán dichos acuerdos preparatorios en los países del *common* y *civil law* con el propósito de informar si tienen elementos comunes que sirvan como punto de partida para futuras modificaciones legislativas en nuestro ordenamiento jurídico de tradición continental. Para finalizar, se analizará la regulación dada a la fase precontractual en la

---

Cfr. Vandermeersch, «La formation dynamique du contrat», 73-110, Lambert y Derval, «La conclusion dynamique du contrat», 73-102, Ninane y Standaert, «La formation du contrat: conclusion dynamique et devoir d´information», 23-55.

22 García Rubio, «La responsabilidad precontractual en la propuesta de modificación del derecho de obligaciones y contratos», 1621-42, García Rubio, «La responsabilidad precontractual», 359-491, esp. 374-80.

23 https://www.mjusticia.gob.es/gl/institucional/gabinete-comunicacion/noticias-ministerio/modificacion-codigo

PMDOCR, comenzando con los principios y los deberes precontractuales en los que se asienta y siguiendo con los acuerdos y contratos preparatorios de otros contratos que en ella se celebran.

CAPÍTULO II

EL ENCUENTRO DE LA LIBERTAD CONTRACTUAL Y LA BUENA FE EN EL ÁMBITO DEL DERECHO COMPARADO

La libertad contractual es uno de los principios protagonistas en las relaciones entre particulares en los países del *common* y *civil law*, cuyo ejercicio se pone de relieve a lo largo de toda la vida del contrato, es decir, en su generación, perfección y consumación. Sin embargo, en lo que se refiere a la buena fe, su alcance es bien distinto en los países de práctica anglófona frente a los de la tradición continental. Esta diferencia entre sistemas es fundamental, toda vez que la tensión entre ambos principios será la que marque el devenir de los acuerdos y contratos preparatorios de otros contratos. En ocasiones, dichas diferencias se perciben en el moderno Derecho de contratos, sobre todo entre los textos más tempranos, como la CISG, tal y como se podrá comprobar a continuación.

II.1. La libertad contractual y la buena fe en el moderno Derecho de contratos

La libertad contractual, en sus vertientes positiva y negativa, está expresamente reconocida en los textos del moderno Derecho de contratos[24]. En los PICC, conforma uno de los principios generales subyacentes junto a la volun-

24 El origen de la distinción entre las dos vertientes de la libertad contractual se puede encontrar en BERLIN, «Two concepts of Liberty», 118 ss. En concreto, la vertiente positiva, o libertad de contratar, consiste en que las partes son libres para crear un contrato vinculante en que se muestre su voluntad, por su parte, la vertiente negativa, o libertad de no contratar, representa la libertad de las partes para no considerarse obligadas mientras no hayan concluido ningún contrato. *Vid.* BEATSON Y FRIEDMAN, *Good Faith and Fault in Contract Law*, 25.

tad en la elección de la ley aplicable, la libertad de forma, la buena fe y la lealtad negocial[25]. Persigue alcanzar un orden económico internacional abierto y competitivo, donde la libertad para contratar sea el punto de partida del análisis de las relaciones contractuales[26]. Igualmente, en los PECL se articula la libertad contractual con los límites de la buena fe y la lealtad negocial para determinar las normas que habrán de regular las relaciones entre las partes[27]. En cuanto a los ACQP, se estima que la libertad contractual fundamenta el principio de que el acuerdo sea sustento de la naturaleza vinculante del contrato, al tiempo que les permite a las partes decidir si contratan o no, con quién lo hacen y lo que contratan[28]. Por su parte, los comentaristas del DCFR soslayan que se trata de un principio clave para la autonomía de las partes, si bien es cierto que no comporta una libertad absoluta que pudiera conducir a ciertas formas de discriminación o de abuso de posición dominante[29].

Más reseñable, si cabe, es que estos textos expresen la libertad contractual en el periodo precontractual acogiendo en su seno el principio de libertad de negociación[30]. Ésta habrá de impregnar la celebración de cualquier tipo de acuerdo o contrato preparador de otro contrato, pero su ejercicio quedará

---

25 En la tradición anglosajona, los términos *«good faith»* y *«fair dealing»* hacen referencia a la buena fe subjetiva y objetiva, de ahí que se regulen conjuntamente. Son el equivalente de la buena fe en la tradición continental.

26 Article 1.1 (Freedom of contract). The parties are free to enter into a contract and to determine its content.
Cfr. Pendón Meléndez, «Disposiciones generales», 85, Garro, Rodríguez Olmos, y Perales Viscasillas, *Principios Unidroit sobre los contratos comerciales internacionales* 2010, 9, Kleinheisterkamp, «Formation I: Arts. 2.1.1-2.1.18-General Provisions on Formation», 118.

27 *Article 1:102: Freedom of Contract (1). Parties are free to enter into a contract and to determine its contents, subject to the requirements of good faith and fair dealing, and the mandatory rules established by these Principles.*
Commission On European Contract Law, *Principles of European Contract Law*, 99, Díez Picazo, Roca i Trías, y Morales Moreno, *Los principios del derecho europeo de contratos*, 145-46.

28 *Article 4:101: Agreement between the parties. A contract is concluded if the parties intend to be legally bound, and they reach a sufficient agreement.*
Riesenhuber, *System und Prinzipien des Europäischen Vertragsrechts*, 312 ss., Schulze, «Contract II: General Provisions, Delivery of Goods, Package Travel and Payment Services : Principles of the Existing EC Contract Law (Acquis Principles)», 182.

29 *Art. II.-1:102 DCFR: Party autonomy (1) Parties are free to make a contract or other juridical act and to determine its contents, subject to any applicable mandatory rules.*
Bar, Clive, y Schulte-Nolte, *Principles, Definitions and Model Rules of European Private Law*, 37,131.

30 Article 2.1.15 PICC (Negotiations in bad faith) (1) A party is free to negotiate and is not liable for failure to reach an agreement.
Article 2:301 PECL: Negotiations Contrary to Good Faith (1) A party is free to negotiate and is not liable for failure to reach an agreement.
Article II.-3:301 DCFR: Negotiations contrary to good faith and fair dealing. (1) A person is free to negotiate and is not liable for failure to reach an agreement.

limitado por la pugna con otro principio clave para un desarrollo ordenado de las negociaciones: el principio de la buena fe[31].

Según se dispone en el moderno Derecho de contratos, los principios de buena fe y lealtad negocial han de observarse durante el periodo precontractual. No obstante, en el caso de la CISG, el reconocimiento de la buena fe como un deber exigido a las partes en todo el recorrido contractual, desde la fase de negociaciones, contractual y posterior al contrato, ha sido debatido. En efecto, la inclusión de la buena fe en la redacción del artículo 7 CISG fue expresión del enfrentamiento de las dos posturas prevalentes en la Convención en torno a este principio[32]. Por un lado, la que aunaba la tradición jurídica del *common law*, que defendía una buena fe equivalente a «sinceridad, lealtad, corrección, rectitud, honestidad», y le otorgaba un carácter meramente interpretativo de la Convención. En el polo opuesto, la abanderada por los países del *civil law*, que concebía a la buena fe como un estándar de comportamiento que afecta a todas las etapas de la vida del contrato, y que podría dar pie a derechos individuales no contenidos en la Convención o en el contrato[33]. La confrontación mencionada explica que la CISG abordara la buena fe en sede de interpretación del contrato y de un modo poco preciso[34]. Tal imprecisión ha favorecido la aparición de pronunciamientos muy variados.

Así, se ha manifestado que el precepto comentado solo se refiere a la interpretación de las disposiciones de la Convención, careciendo de cual-

31 Kleinheisterkamp, «Formation I: Arts. 2.1.1-2.1.18-General Provisions on Formation», 299-302, Commission On European Contract Law, *Principles of European Contract Law*, 189-91, Bar, Clive, y Schulte-Nolte, *Principles, Definitions and Model Rules of European Private Law*, 246-49, García Rubio y Otero Crespo, «La responsabilidad precontractual en el Derecho contractual europeo», 6,8,14, García Rubio, «Perspectiva y prospectiva en tres casos de responsabilidad surgida en la etapa de negociación de un contrato», 266-67, Morales Moreno, «¿Es posible construir un sistema precontractual de remedios? Reflexiones sobre la Propuesta de Modernización del Derecho de Obligaciones y Contratos en el marco del Derecho Europeo», 405, Díez Picazo, Roca i Trías, y Morales Moreno, *Los principios del derecho europeo de contratos*, 155-57, Castronovo, «Information Duties and Precontractual Good Faith», 563, Garro, Rodríguez Olmos, y Perales Viscasillas, *Principios Unidroit sobre los contratos comerciales internacionales* 2010, 21-69.

32 *Article 7 CISG (1) In the interpretation of this Convention, regard is to be had to its international character and to the need to promote uniformity in its application and the observance of good faith in international trade.*

33 Martín Cañellas, *La interpretación y la integración de la Convención de Viena sobre la compraventa internacional de mercaderías, de 11 de abril de 1980*, 142 ss., Garro y Zuppi, *Compraventa internacional de mercaderías. La Convención de Viena* de 1980, 71, Atiyah y Smith, *Atiyah's Introduction to the Law of Contract*, Oviedo Albán, «Los principios generales en la Convención de Naciones Unidas sobre compraventa internacional de mercaderías», 991-95, Hung Gil, «Chapter XIV. Breve Estudio Sobre La Buena Fe. A Propósito Del Cuadragésimo Aniversario de La Convenci´no de Viena», 357-58.

34 Eörsi, «A Propos the 1980 Vienna Convention on Contracts for the International Sale of Goods», 349, Ferrari, «Uniform Interpretation of the 1980 Uniform Sales Law», 211.

quier contenido efectivo para restringir la libertad contractual de las partes en sede de negociaciones[35]. En la otra cara de la misma moneda se situaría su concepción como principio general de la CISG, del que derivan deberes de conducta que las partes han de observar, aunque en su inclusión en la CISG solo se mencione como criterio interpretativo de ésta[36].

A pesar de las diatribas surgidas en la CISG, el resto de los textos del moderno Derecho de contratos son más explícitos en el reconocimiento de la buena fe[37]. Lo configuran como un principio que se proyecta en las relaciones entre particulares, debiendo ser respetado durante toda la vida del contrato, incluida la fase de las negociaciones precontractuales, ya que actúa como un principio vertebrador del moderno Derecho de contratos[38]. En concreto, su alcance incluiría «*la lealtad en los tratos y el proceder honesto, esmerado y diligente; la fidelidad a la palabra dada; no defraudar la confianza que objetivamente se ha suscitado a los demás, ni abusar de ella; conducirse conforme cabe esperar de quienes con honrado proceder intervienen en el tráfico jurídico como contratantes o partícipes en él en virtud de otras relaciones jurídicas*»[39]. Asimismo, es un principio del que derivan deberes de conducta, como son los deberes de confidencialidad y de información precontractual, y que los PICC, PECL, ACQP y DCFR regulan junto a la ruptura de las negociaciones contraria a la buena fe.

La regulación de las negociaciones contrarias a la buena fe en estos textos es muy similar[40]. Su objetivo es limitar la libertad de negociación, de manera que cualquiera de las partes podrá retirarse de las negociaciones si no causa daño

---

35 Farnsworth, «The Convention on the International Sale of Goods from the Perspective of the Socialist Countries», 3 ss., Schroeter, «Freedom of Contract», 261, Muñoz y Schwenzer, *Schlechtriem & Schwenzer: Comentario sobre la Convención de las Naciones Unidas sobre los Contratos de Compraventa Internacional de Mercaderías*, 349. En este sentido, en *Potting soil case*, Hof. Arnhem, 18 de julio de 2006 (http://cisgw3.law.pace.edu/cases/060718n1.html), la Corte de apelación rechazó la argumentación del comprador basada en el incumplimiento de la buena fe por la contraparte.

36 *Vid.* Dore y Defranco, «Comparison of the Non-Substantive Provisions of the UNCITRAL Convention on the International Sale of Goods and the Uniform Commercial Code, A», 60, Magnus, «Remarks on Good Faith: The United Nations Convention on Contracts for the International Sale of Goods and the International Institute for the Unification of Private Law, Principles of International Commercial Contracts», Magnus, *General Principles of UN-Sales Law: Kötz's criticism of International Uniform Law*, Perales Viscasillas, «Una aproximación al artículo 7 de la convención de Viena de 1980 sobre compraventa internacional de mercaderías: Aplicaciones concretas a la parte II de la convención», Illescas Ortiz, *Derecho mercantil internacional*, 117, Ferrari, «Uniform Interpretation of the 1980 Uniform Sales Law», 214-15, Reinhart, «Development of a Law for the International Sale of Goods», 101.

37 *Vid.* arts. 1.7 PICC, 1:201 PECL, 2:101 ACQP y III.-1:103 DCFR.

38 Garro, Rodríguez Olmos, y Perales Viscasillas, *Principios Unidroit sobre los contratos comerciales internacionales* 2010, 21, Pfeiffer y Ebers, «Contract II», 103 ss.

39 *Díez Picazo, Roca i Trías, y Morales Moreno, Los principios del derecho europeo de contratos*, 155-57.

40 *Cfr.* arts. 2.1.15 PICC, 2:301 PECL, 2:103 ACQP y II.-3:301 DCFR.

alguno a la contraparte[41]. De lo contrario, tendría que hacer frente a los daños y perjuicios causados por su actuación opuesta a la buena fe. Por lo tanto, la responsabilidad por la ruptura de las negociaciones no encuentra su respuesta en la imposición de un contrato que hubiera desvirtuado la libertad de no contratar, pero sí la halla en la debida indemnización de daños y perjuicios. Dicho concepto incluiría el interés negativo, que es susceptible de alcanzar tanto el daño emergente como el lucro cesante, pero prescindiría del interés derivado de la celebración de un contrato frustrado, ya que incluir dicho interés positivo equivaldría a dar efecto a un contrato que nunca existió[42]. Queda por resolver la duda de si el interés de confianza alcanza la pérdida de oportunidades de contratar, toda vez que no se dice nada al respecto en el articulado de estos textos. Ello no obsta a que algunos de sus comentaristas se muestren proclives a la incorporación de este concepto en la partida de daños y perjuicios, al igual que ha hecho parte de nuestra doctrina y jurisprudencia[43].

Además, se ha defendido que el principio de la buena fe durante las negociaciones constituye un deber y no una obligación, de manera que, ante su violación, no todos los remedios por incumplimiento estarán disponibles. Consecuentemente, no se podrá acudir al derecho al cumplimiento específico de una obligación ni a la suspensión del cumplimiento o la resolución de las obligaciones recíprocas[44].

---

41 Perales Viscasillas, «Formación», 150, Cuadrado Pérez, «La responsabilidad precontractual en la reforma proyectada: ¿una ocasión perdida? (Parte I)», 1736, Van Houtte, «Contract negotiations and the Unidroit Principles», 552-53.

42 Vans Houtte, «The UNIDROIT Principles of International Commercial Contracts», 5-6, Díez Picazo, Roca i Trías, y Morales Moreno, *Los principios del derecho europeo de contratos*, 199, Díez Picazo, «La existencia del contrato», 190, García Rubio, *La responsabilidad precontractual en el derecho español*, 232-33, García Rubio, «Cour de Cass., 26.11.2003 - Perte de Chance (Expectation Interest) and Liability of a Third Person in Case of Breaking Off Negotiations», 451, García Rubio, «La responsabilidad precontractual en la propuesta de modificación del derecho de obligaciones y contratos», 1631, García Rubio, «Perspectiva y prospectiva en tres casos de responsabilidad surgida en la etapa de negociación de un contrato», 266, García Rubio, «La responsabilidad precontractual», 374-76. *Cfr. Embassy Limousines*, sentencia del Tribunal de Primera Instancia de las Comunidades Europeas (sala cuarta), de 17 de diciembre de 1998, párrafo 108.

43 En relación con los PECL y PICC, *cfr.* Commission On European Contract Law, *Principles of European Contract Law*, 191, Kleinheisterkamp, «Formation I: Arts. 2.1.1-2.1.18-General Provisions on Formation», 302. En la doctrina española se han mostrado a favor de la inclusión de la pérdida de oportunidades en la indemnización de daños y perjuicios García Rubio, *La responsabilidad precontractual en el derecho español*, 232-33, García Rubio, «Cour de Cass., 26.11.2003 - Perte de Chance (Expectation Interest) and Liability of a Third Person in Case of Breaking Off Negotiations», 451, García Rubio, «La responsabilidad precontractual en la propuesta de modificación del derecho de obligaciones y contratos», 1630-31, García Rubio, «La responsabilidad precontractual», 371-72, Díez Picazo, «La existencia del contrato», 190 ss. Asimismo, la STS 693/2011 de 15 octubre, RJ 2011\7400, parece reconocer indirectamente la inclusión de la pérdida de oportunidades en la indemnización por daños y perjuicios.

44 García Rubio, *La responsabilidad precontractual en el derecho español*, 230 ss., García Rubio y Otero Crespo, «La responsabilidad precontractual en el Derecho contractual europeo», 6-7,

También deriva de la buena fe el deber de confidencialidad, que se despliega en fase de negociaciones con un contenido muy parecido entre los diversos textos del moderno Derecho de contratos, si bien es cierto que el DCFR se orienta más hacia la prevención que hacia el resarcimiento de daños, toda vez que plantea que, si cualquiera de las partes advierte que la contraparte va a incumplir con el deber de confidencialidad, podrá obtener una orden judicial para evitarlo[45]. En la regulación de este deber, dos enfoques discurren en paralelo. En sentido negativo, no se deberá revelar ni utilizar injustificadamente la información confidencial en beneficio propio o de un tercero. En sentido positivo, las partes que negocian un contrato no tienen un deber general de tratar la información como confidencial, siendo por ello posible revelar o emplear en beneficio propio la información intercambiada durante las negociaciones. Esto fue claramente expresado por García Rubio al afirmar que «*la regla es de nuevo una regla de libertad: la de tratar la información recibida de la otra parte conegociadora como no confidencial*»[46]. No obstante, la información podrá tratarse como confidencial si así lo indicara expresamente alguna de las partes o su receptor estuviera bajo una obligación implícita de tratarla como tal, ya sea debido a la naturaleza de la información o a la profesión de las partes.

Ante estos supuestos, se considerará contrario a la buena fe y a la lealtad negocial el acto de revelar la información o usarla en beneficio propio si se interrumpen las negociaciones y el contrato no se celebra finalmente. La inobservancia de la confidencialidad generará la responsabilidad por daños y perjuicios, cuyo alcance será variable en función de que las partes pactaran expresamente no revelar la información a terceros. En cualquier caso, en los textos de referencia se considera que la parte agraviada podrá reclamar a la incumplidora los beneficios que ésta recibiera al revelar la información o al emplearla en su propio beneficio, incluso aunque no haya sufrido pérdida alguna[47]. Es decir, el resarcimiento va más allá del interés negativo ya que,

Commission on European Contract Law, *Principles of European Contract Law*, 191, Garro, Rodríguez Olmos, y Perales Viscasillas, *Principios Unidroit sobre los contratos comerciales internacionales* 2010, 69, Bar, Clive, y Schulte-Nolte, *Principles, Definitions and Model Rules of European Private Law,* 248. *Cfr. Embassy Limousines*, sentencia del Tribunal de Primera Instancia de las Comunidades Europeas (sala cuarta), de 17 de diciembre de 1998, párrafo 96.

45 *Cfr.* arts. 2.1.16 PICC, 2:302 PECL y II.-3:302 DCFR.

46 García Rubio y Otero Crespo, «La responsabilidad precontractual en el Derecho contractual europeo», 30-33, García Rubio, «La responsabilidad precontractual», 376-80. Así mismo, *vid.* Perales Viscasillas, «Formación», 152, Asúa González, «Responsabilidad en la formación del contrato (responsabilidad precontractual)», 157-59, Bar, Clive, y Schulte-Nolte, *Principles, Definitions and Model Rules of European Private Law*, 255, Cuadrado Pérez, «La responsabilidad precontractual en la reforma proyectada: ¿una ocasión perdida? (Parte I)», 1732-34.

47 Commission on European Contract Law, *Principles of European Contract Law*, 194, Bar, Clive, y Schulte-Nolte, *Principles, Definitions and Model Rules of European Private Law*,

junto a los daños efectivamente causados, se permite la recuperación íntegra de los beneficios generados con la información desvelada o empleada, aunque la otra parte no haya padecido ningún daño, siendo por tanto equiparable a la restitución del enriquecimiento injustificado[48]. Por último, en cuanto al cálculo de la cuantía del daño sufrido, queda por señalar que no es coincidente entre los distintos textos del *soft law* ya que, a diferencia de los PECL y DCFR, en los PICC se hace a partir de los beneficios obtenidos ilícitamente por la parte incumplidora, de manera que no representan una pretensión independiente[49].

En cuanto a los deberes de información, los textos del moderno Derecho de contratos los plantean desde distintas perspectivas. En el caso de los PICC y PECL, el incumplimiento de los deberes de información se resuelve en sede de error y dolo, de manera que hay que acudir al capítulo dedicado a la validez del contrato[50]. En ambos textos se prevén como remedios ante su violación la anulación del contrato y la indemnización por daños y perjuicios, que será la correspondiente al interés negativo, ya que «*la parte que conoció o debía haber conocido la causa de anulación se encuentra obligada a resarcir a la otra los daños y perjuicios causados, colocándola en la misma situación en que se encontraría de no haber celebrado el contrato*»[51]. Normalmente, se incluirán los gastos que se hicieron para celebrar el contrato anulado, o el mayor coste que podría asociarse a la celebración de un nuevo contrato e,

---

254-55, García Rubio, «La responsabilidad precontractual en la propuesta de modificación del derecho de obligaciones y contratos», 1632, Garro, Rodríguez Olmos, y Perales Viscasillas, *Principios Unidroit sobre los contratos comerciales internacionales* 2010, 73, Vans Houtte, «The UNIDROIT Principles of International Commercial Contracts», 6, Díez Picazo, Roca i Trías, y Morales Moreno, *Los principios del derecho europeo de contratos*, 200.

48 García Rubio, «La responsabilidad precontractual en la propuesta de modificación del derecho de obligaciones y contratos», 1633, García Rubio y Otero Crespo, «La responsabilidad precontractual en el Derecho contractual europeo», 7,32, Díez Picazo, Roca i Trías, y Morales Moreno, *Los principios del derecho europeo de contratos*, 200. La regla de la restitución es aceptada en el Derecho alemán, tal y como dispone Hager, «Die culpa in contrahendo in the UNIDROIT-Prinzipien und den Prinzipien des Europäischen Vertragsrechts aus der Sicht des deutschen Bürgerlichen Rechts», 78. Igualmente, esta norma goza de reconocimiento en el derecho estadounidense. *Vid.* Klass, *Contract Law in the USA*, 98.

49 García Rubio, «Perspectiva y prospectiva en tres casos de responsabilidad surgida en la etapa de negociación de un contrato», 273.

50 En caso de error, *cfr.* arts. 3.2.2 PICC y 4:103 PECL. En cuanto al dolo, *vid.* arts. 3.2.5 PICC y 4:107 PECL. *Cfr.* Jiménez Muñoz, «Los deberes de información precontractual en la legislación actual y en las distintas propuestas de modernización del Derecho de Obligaciones», 2299-2301, Cuadrado Pérez, «La responsabilidad precontractual en la reforma proyectada: ¿una ocasión perdida? (Parte I)», 1732, Basozábal Arrúe, «En torno a las obligaciones precontractuales de información», 674-79, Garro et al., *Principios Unidroit sobre los contratos comerciales internacionales* 2016, 111 ss.

51 *Vid.* arts. 3.2.16 PICC y 4:117 PECL. *Cfr. Garro et al., Principios Unidroit sobre los contratos comerciales internacionales* 2016, 122-23.

incluso, una compensación por las oportunidades de contratar perdidas[52]. Asimismo, en los PICC y PECL se dispone la adaptación del contrato para los supuestos de error y de ventaja excesiva, al igual que sucede en el DCFR[53]. En cualquier caso, lo positivo de la adaptación es que defiende la conservación frente a la anulación ya que impide a la parte que incurrió en error que anule el contrato si la otra parte expresa su voluntad de cumplir o cumple el contrato de la manera en que lo entendió la parte equivocada. En el caso de los PICC, se contempla para los supuestos de error de una de las partes, mientras que en los PECL y DCFR además está prevista cuando haya error común, en cuyo caso podrá solicitar la adaptación la parte perjudicada, pero también la beneficiada y así eludir la anulación del contrato[54].

En cuanto al DCFR y a los ACQP, el tratamiento de los deberes de información cuenta con una regulación propia en el capítulo destinado a los deberes precontractuales. Además, es una regulación en la que de forma expresa se tienen presentes distintos niveles de exigencia sobre la información precontractual, según se trate de una relación contractual entre iguales, entre un profesional con un consumidor o con consumidores en situación de inferioridad[55]. En caso de incumplimiento de estos deberes, se prevé la indemnización por daños con independencia de que el contrato se celebre o no. Si el contrato no se celebró, se podrá acudir al capítulo destinado a los remedios por incumplimiento. En cualquier caso, no se excluirán los remedios previstos para el error[56]. La indemnización corresponderá al interés negativo o de confianza, con ciertas limitaciones en el caso del DCFR que tienen como finalidad impedir que la parte que padeció la infracción desplace al infractor un daño que no pueda considerarse causado a esa infracción[57]. Se ha indicado que el montante de la indemnización no puede situar al afectado en la misma situación que si no se hubiera celebrado el contrato, ya que ello podría conducir a satisfacer las

52 Gaspar Lera, «Formación de la voluntad contractual, vicios del consentimiento y remedios», 306, Huber, «Article 3.2.16», 552, Díez Picazo, Roca i Trías, y Morales Moreno, *Los principios del derecho europeo de contratos*, 244, Bar, Clive, y Schulte-Nolte, *Principles, Definitions and Model Rules of European Private Law*, 918.

53 En relación con la adaptación del contrato para los supuestos de error, *vid.* arts. 4:105 PECL, 3.2.10 PICC y II. – 7:203 DCFR. En el caso de la adaptación del contrato en casos de ventaja excesiva, *cfr.* arts. 4:109. PECL, 3.2.7 PICC y II. – 7:207. DCFR.

54 Gaspar Lera, «Formación de la voluntad contractual, vicios del consentimiento y remedios», 302-4, García Rubio, «La responsabilidad precontractual», 387, Commission on European Contract Law, *Principles of European Contract Law*, 353.

55 *Vid.* arts. II. – 3:101 DCFR y 2:201 ACQP.

56 *Cfr.* arts. II. – 3:109 DCFR y 2:207 ACQP.

57 *Vid.* art. II. – 7:214 DCFR y Pantaleón Prieto, «Responsabilidad precontractual: propuestas de regulación para un futuro Código Latinoamericano de Contratos», 927, Bar, Clive, y Schulte-Nolte, *Principles, Definitions and Model Rules of European Private Law*, 530, García Rubio, «Perspectiva y prospectiva en tres casos de responsabilidad surgida en la etapa de negociación de un contrato», 280-81.

posibles disminuciones del valor del bien adquirido. Habrá de comprender las pérdidas sufridas por haber celebrado el contrato viciado[58].

Un último inciso tocante a los deberes precontractuales de información es que, aunque tengan lugar antes de la formación del contrato, en ocasiones generan vicios del consentimiento en la víctima que pueden atenderse acudiendo a los remedios contractuales por incumplimiento, toda vez que el contrato se ha celebrado. En estos casos nos podríamos encontrar con afectados que tengan a su alcance medidas contractuales junto a las precontractuales. Ante tal coyuntura, los textos del moderno Derecho de contratos no han dado una respuesta unánime. Los PICC indican que, en caso de error, la parte afectada no podrá anular el contrato si los hechos en los que fundamenta su petición le otorgan o pueden otorgarle remedios por incumplimiento[59]. Este posicionamiento busca solventar el enfrentamiento que pueda derivarse de hacer valer los derechos y remedios relativos a la anulación del contrato en virtud del error o hacer valer los derechos y remedios por incumplimiento, siendo esta última opción más adecuada y flexible que la anulación[60]. Sin embargo, los PECL y DCFR se sitúan a favor de la compatibilidad de los remedios que los interesados tengan a su alcance[61]. Es decir, mientras que los PICC se inclinan por la prevalencia de unos remedios sobre otros, en los PECL y DCFR se apuesta por la libre elección de los afectados[62].

La detallada regulación de los deberes precontractuales de información honra lo dispuesto por los principios del DCFR, que defienden la necesidad de establecer ciertas restricciones a la libertad de retener información en la fase de negociaciones, ya que darían lugar a que las partes no decidieran suficientemente bien informados[63]. Por ello, es pertinente una regulación específica que asegure que las partes estén debidamente informadas para así actuar con plena libertad de contratar, una libertad que se verá limitada cuando pretenda

58 Gaspar Lera, «Formación de la voluntad contractual, vicios del consentimiento y remedios», 306-8.

59 *Cfr.* art. 3.2.4 PICC.

60 *Vid.* Garro *et al.*, *Principios Unidroit sobre los contratos comerciales internacionales 2016*, 116, Gaspar Lera, «Formación de la voluntad contractual, vicios del consentimiento y remedios», 309, García Rubio, «La responsabilidad precontractual», 387-88. No obstante, los comentaristas del PICC recuerdan que, en el caso de España, el ordenamiento jurídico otorga a la parte el derecho a elegir cualquiera de los remedios. *Cfr.* Huber, «Article 3.2.4», 494.

61 *Cfr.* arts. 4:119 PECL y II. – 7:216 Dcfr y García Rubio, «La responsabilidad precontractual», 387-88, Gaspar Lera, «Formación de la voluntad contractual, vicios del consentimiento y remedios», 309.

62 Fenoy Picón, «La modernización del régimen del incumplimiento del contrato», 124-25.

63 Bar, Clive, y Schulte-Nolte, *Principles, Definitions and Model Rules of European Private Law*, 41, Jiménez Muñoz, «Los deberes de información precontractual en la legislación actual y en las distintas propuestas de modernización del Derecho de Obligaciones», 2306.

excluir o limitar los remedios previstos los vicios del consentimiento inducidos por la conculcación de los deberes precontractuales de información[64].

En definitiva, el moderno Derecho de contratos proyecta una etapa precontractual donde la buena fe y los deberes de conducta que de ella se derivan dan confianza a las partes que, a su vez, gozarán de una libertad contractual con suficiente margen de maniobra para negociar[65].

II.2. La libertad contractual y la buena fe en los países del *common law*

La ubicuidad práctica de los acuerdos precontractuales en los países del *common law* se puede explicar porque, tradicionalmente, en este ámbito geográfico y cultural la libertad contractual ha prevalecido frente a la buena fe en la fase de negociaciones.

Tanto la fuerza vinculatoria del contrato como el principio de libertad contractual son las bases en las que se sustenta el contrato como medio de expresión libre de las elecciones de las partes a las que la ley dará efecto. Así, el principio de libertad contractual se configura como uno de los ejes vertebradores del sistema, desde lo precontractual hasta lo postcontractual, haciendo gala en todo este *iter* de sus vertientes positiva y negativa[66].

No obstante, en su vertiente positiva, esta libertad ha dejado de ser absoluta como resultado de la evolución operada en la tradición liberal del *common law*, desde sus inicios hasta la actualidad. Una muestra de ello son los límites en la fase de negociaciones que comportan que nadie se vea

64 En los arts. 3.1.4 PICC, 4:118 PECL y II. – 7:215 DCFR se contienen normas que suponen que las partes no puedan pactar la exclusión o limitación de los remedios mencionados. Gaspar Lera, «Formación de la voluntad contractual, vicios del consentimiento y remedios», 310-11.

65 Perales Viscasillas, «Formación», 150, Cuadrado Pérez, «La responsabilidad precontractual en la reforma proyectada: ¿una ocasión perdida? (Parte I)», 1736, Van Houtte, «Contract negotiations and the Unidroit Principles», 552-53, García Rubio, «La responsabilidad precontractual», 375.

66 Whitakker, «Chapter I.», 10, Cohen, «Pre-Contractual Duties: Two Freedoms and the Contract to Negotiate», 25, Speidel, «The New Spirit of Contract», 194 ss. En la teoría del Contrato planteada por Atiyah, en contraposición al modelo clásico, se plantean tres pilares: la recompensa por beneficio, la confianza razonable y la creación y extinción voluntaria de derechos y responsabilidades. Pues bien, será en este tercer pilar donde la libertad contractual deje sentir su relevancia. *Cfr.* Atiyah, *The Rise and Fall of Freedom of Contract*, 778-79. La jurisprudencia británica, a menudo, ha expresado su respeto por la libertad contractual. *Vid. Photo Production Ltd. v. Securicor Transport Ltd.*, [1980] A.C. 827, 848, en la que el juez Diplock dijo que *«A basic principle of the common law of contract... is that parties to a contract are free to determine for themselves what primary obligations they will accept»*, y *Homburg Hountimport B.V. v. Agrosin Private Ltd. (The Starsin)*, [2003] U.K.H.L. 12, donde el juez Bingham constató que *«Commercial men must be given the utmost liberty of contracting»*.

obligado como consecuencia de fraude, dolo o disminución de la capacidad. En caso contrario, podrán depurarse responsabilidades extracontractuales[67].

Su vertiente negativa se traduce en que las partes sean libres de retirarse de las negociaciones en cualquier momento y exentas de responsabilidad mientras no se haya alcanzado un acuerdo vinculante. La jurisprudencia británica ha sido muy firme en su defensa de la libertad de no contratar, siendo clásico el pronunciamiento del juez ACKNER en *Walford v. Miles*[68], según el cual «*Each party to the negotiations is entitled to pursue his (o her) own interest, so long as he avoids making misrepresentations. To advance that interest he must be entitled, if he thinks it appropriate, to threaten to withdraw from further negotiations or to withdraw in fact, in the hope that the opposite party may seek to reopen the negotiations by offering him improved terms [...]. In my judgment, while negotiations are in existence either party is entitled to withdraw from those negotiations, at any time and for any reason*». Tanto la argumentación como el resultado al que conducen este tipo de planteamientos judiciales han sido destinatarios de severas críticas por el sector doctrinal que defiende la existencia de la buena fe durante la formación del contrato, frente al tradicional y mayoritario rechazo de la jurisprudencia y doctrina inglesas[69]. Además, también se ha demostrado la posibilidad de fundamentar la responsabilidad por ruptura injustificada de las negociaciones en mecanismos tales como el enriquecimiento injusto, la *propietary estoppel* o la *negligent misrepresentation*, en lugar de la buena fe[70].

En Estados Unidos, la libertad de no contratar se consagra expresamente en la sección 21 del *Restatement (Second) of Contracts*, según la cual «*Neither real nor apparent intention that a promise be legally binding is essential to the formation of a contract, but a manifestation of intention that a promise shall not affect legal relations may prevent the formation of a contract*». Este reconocimiento no supone el imperio de la libertad de no contratar sobre la

---

67 BRUDNER, «Reconstructing Contracts», 1-5, JONES, «The Jurisprudence of Contracts», 49, COHEN, «Pre-Contractual Duties: Two Freedoms and the Contract to Negotiate», 26-27.

68 *Walford v. Miles*, [1992] 2 AC 128. Destaca por su claridad el análisis llevado a cabo sobre esta sentencia por parte de GARCÍA RUBIO Y OTERO CRESPO, «La responsabilidad precontractual en el Derecho contractual europeo», 39.

69 DAVENPORT, «Lock-Out Agreements», 366 ss., PEEL, «"Locking out" and "Locking in"», 211, NEILL, «A Key to Lock-Out Agreements?», 412, CUMBERBATCH, «In Freedom's Cause», 586 ss., BROWN, «The Contract to Negotiate: A Thing Writ in Water?», 367. *Vid. Interfoto Picture Library Ltd. v. Stiletto Visual Programmes Ltd.*, [1988] 1 All E.R. 348.

70 CARTWRIGHT, «English case note, Cour de Cass., 26.11.2003 - "Perte de Chance" (Expectacion Interest) and Liability of a Third Person in Case of Breaking Off Negotiations», 457 ss., GARCÍA RUBIO Y OTERO CRESPO, «La responsabilidad precontractual en el Derecho contractual europeo», 40, BANAKAS, «Liability for Contractual Negotiations in English Law», 14-16. *Vid.*, para el *propietory estoppel*, el caso *Yeoman's Row Management v. Cobbe*, [2006] E.W.C.A. Civ. 1139 (CA) y, en relación con el enriquecimiento injusto, *William Lacey (Hounslow) Ltd. v. Davis*, [1957] 1 W.L.R. 932).

de contratar. Al fin y al cabo, si las partes negociadoras celebran un acuerdo durante la fase de negociaciones, la fuerza vinculatoria del mismo dependerá del peso que otorguen a cada una de las vertientes de la libertad contractual. Si entienden que cada una es libre de rechazar el acuerdo alcanzado y de retirarse de las negociaciones libremente, primará la libertad de no contratar y ninguna obligación legal podrá resultar por ruptura de las negociaciones[71]. Si consideran que están vinculadas por el acuerdo, primará la libertad de contratar, salvo que exista un motivo suficiente para retirarse del mismo sin incurrir en responsabilidad[72].

Por otro lado, la buena fe no ha enraizado en el Derecho inglés, y menos aún en la fase de negociaciones, ya que la considera un obstáculo a la libertad contractual de las partes que puede generar incertidumbre legal y que es contrario a los intereses opuestos de las partes[73]. Este sentir se ha materializado en diversos pronunciamientos jurisprudenciales. Entre los más conocidos se encuentra el del caso *Walford v. Miles*[74], donde el juez ACKNER indicó que «*However, the concept of a duty to carry on negotiations in good faith is inherently repugnant to the adversarial position of the parties when involved in negotiations. Each party to the negotiations is entitled to pursue his (or her) own interest, so long as he avoids making misrepresentations*», a lo que añadió que «*... a duty to negotiate in good faith is as unworkable in practice as it is inherently inconsistent with the position of a negotiating party. It is here that the uncertainty lies. In my judgment, while negotiations are in existence either party is entitled to withdraw from those negotiations at any time and for any reason*». También se puede traer a colación *Petromec Inc. v. Petroleo*

---

71 CORBIN, *Corbin on Contracts*, párr. 34, WILLINSTON, *A Treatise on the Law of Contracts*, párr. 21, MURRAY, *Murray on Contracts*, 31, CALAMARI, *The Law of Contracts*, 216, HOLMES, «Freedom Not to Contract», 752 ss., FARNSWORTH, «Precontractual Liability and Preliminary Agreements», 221, FARNSWORTH, «Responsabilidad precontractual y acuerdos preliminares», 213. *Cfr. Lizza & Sons, Inc. v. D'Onfro*, 282 F. 2d 175 (1st Cir. 1960), *Pacific Hills Corp. v. Duggan*, 199 Cal. App. 2d 806, 19 Cal. Rptr. 291 (Dist. Ct. App. 1962) y *National Tea Co. v. Weiss*, 341 F.2d 331 (7th Cir. 1965).

72 Para discernir los casos en que la libertad de no contratar cede frente a la libertad de contratar, se puede usar como referencia los pronunciamientos judiciales que incluyen un catálogo de factores para decidir si las partes intentaban vincularse. Si respondiendo al catálogo se concluye que las partes intentaban vincularse, la libertad de contratar se impondrá a la de no contratar. En *Banking & Trading Corp. v. Floete*, 257 F.2d 765, 769 (2d Cir. 1958), se nombraron un total de 15 factores, mientras que en *Horn & Hardart Co.*, 751 F.2d, 75-76 (2d Cir. 1984) y *Winston v. Mediafare Entertainment Corp.*, 777 F.2d 78, 80 (2d Cir. 1985) se redujeron a estos cuatro: «*... parties' statements, partial performance, anything remaining to be negotiated, whether subject matter is one normally requiring a written contract*».

73 BEATSON Y FRIEDMAN, *Good Faith and Fault in Contract Law*, 38, GILIKER, *Pre-Contractual Liability in English and French Law*, 48, WHITAKKER, «Chapter I.», 20, CARTWRIGHT, *Unequal Bargaining*, 224-25, CHITTY, *Chitty on Contracts*, párr. 1-047, GILIKER, «Contract Negotiations and the Common Law: A Move to Good Faith in Commercial Contracting?», 177.

74 *Walford v. Miles*, [1992] 1 E.G.L.R. 207, 209, 210.

Brasileiro SA Petrobas (No.3)[75], en el que el juez LONGMORE compendia las objeciones a la obligación de negociar de buena fe afirmando que «*The traditional objections to enforcing an obligation to negotiate in good faith are (1) that the obligation is an agreement to agree and thus too uncertain to enforce, (2) that it is difficult, if not impossible, to say whether, if negotiations are brought to an end, the termination is brought about in good or in bad faith, and (3) that, since it can never be known whether good faith negotiations would have produced an agreement at all or what the terms of any agreement would have been if it would have been reached, it is impossible to assess any loss caused by breach of the obligation*». A mayor abundamiento, se ha argumentado que, a diferencia de lo que sucede en los ordenamientos jurídicos bajo la dinámica del *civil law*, en los que sí se reconoce el principio de la buena fe, en los del *common law* disponen de mecanismos que dan respuesta a los problemas que potencialmente solventaría la buena fe en el periodo precontractual[76]. Así lo hizo el juez BINGHAM en *Interfoto Picture Library Ltd. v. Stiletto Visual Programmes Ltd.* [77], al afirmar que «*In many civil law systems, and perhaps in most legal systems outside the common law world, the law of obligations recognises and enforces an overriding principle that in making and carrying out contracts parties should act in good faith. This does not simply mean that they should not deceive each other, a principle which any legal system must recognise; its effect is perhaps most aptly conveyed by such metaphorical colloquialisms as "playing fair", "coming clean" or "putting one's cards face upwards on the table". It is in essence a principle of fair and open dealing ...*», y que «*English law has, characteristically, committed itself to no such overriding principle but has developed piecemeal solutions in response to demonstrated problems of unfairness. Many examples could be given. Thus equity has intervened to strike down unconscionable bargains. Parliament has stepped in to regulate the imposition of exemption clauses and the form of certain hire purchase agreements. The common law also has made its contribution, by holding that certain classes of contract require the utmost good faith, by treating as irrecoverable what purport to be agreed estimates of damage but are in truth a disguised penalty for breach, and in many other ways*». A pesar de esta contundente negativa a aceptar la buena fe, cada vez son más las voces de la doctrina y de la jurisprudencia del *common law* que la consideran un deber implícito para el eficaz desarrollo de las relaciones contractuales[78]. Una de estas voces es la del juez LEGGAT, con

---

75 *Petromec Inc. v. Petroleo Brasileiro SA Petrobas (No.3)*, [2005] E.W.C.A. Civ. 891 [117].

76 MIQUEL GONZÁLEZ DE AUDICANA, «Reflexiones sobre la buena fe y los contratos», 650, MATO PACÍN, «El papel de la buena fe en el Derecho contractual inglés», 8-9, GILIKER, «Contract Negotiations and the Common Law: A Move to Good Faith in Commercial Contracting?», 178-79.

77 *Interfoto Picture Library Ltd. v. Stiletto Visual Programmes Ltd.*, [1988] 1 All E.R. 348.

78 HOSKINS, «Contractual obligations to negotiate in good faith: Faithfulness to the agreed common purpose», 144, GILIKER, «Contract Negotiations and the Common Law: A Move to Good Faith in Commercial Contracting?», 182. *Vid. CPC Group Ltd v Qatari Diar Real Estate*

interesantes pronunciamientos al respecto en conexión con los denominados *relational contracts*, que se caracterizan porque la cooperación entre las partes es necesaria para su implementación[79]. En el caso *Yam Seng Pte Limited v International Trade Corporation Limited*[80], el juez LEGGAT los describe al afirmar que «*In some contractual contexts the relevant background expectations may extend further to an expectation that the parties will share information relevant to the performance of the contract such that a deliberate omission to disclose such information may amount to bad faith. English law has traditionally drawn a sharp distinction between certain relationships – such as partnership, trusteeship and other fiduciary relationships – on the one hand, in which the parties owe onerous obligations of disclosure to each other, and other contractual relationships in which no duty of disclosure is supposed to operate. Arguably at least, that dichotomy is too simplistic. While it seems unlikely that any duty to disclose information in performance of the contract would be implied where the contract involves a simple exchange, many contracts do not fit this model and involve a longer term relationship between the parties which they make a substantial commitment. Such 'relational' contracts, as they are sometimes called, may require a high degree of communication, co-operation and predictable performance based on mutual trust and confidence and involve expectations of loyalty which are not legislated for in the express terms of the contract but are implicit in the parties' understanding and necessary to give business efficacy to the arrangements. Examples of such relational contracts might include some joint venture agreements, franchise agreements and long term distributorship agreements*»[81]. En su ponencia lleva a cabo un profundo análisis de la idoneidad de la buena

---

Investment Co, [2007] EWHC 1330 (Ch), [2007] 3 E.G.L.R. 101, *Compass Group UK and Ireland Ltd (t/a Medirest) v Mid Essex Hospital Services NHS Trust*, [2013] EWCA Civ 200, [2013] B.L.R. 265, *BP Gas Marketing v La Société Sonatrach*, [2016] EWHC 2461 (Comm).

79 Los *relational contracts* pueden definirse como aquellos contratos que, a diferencia de las *discrete transactions*, están asentados en una relación de confianza entre las partes, una relación a largo plazo mutuamente beneficiosa y durante la cual sus intereses quedan entrelazados. Si las *discrete transactions* hacen referencia, pues, a las transacciones puntuales, en el extremo opuesto del espectro se situarían los *relational contracts*, como representantes de relaciones de confianza contractuales a largo plazo. Sobre la diferencia entre los conceptos *relational contracts* y *discrete transactions*, así como sobre la teoría del *relational contracts*, *cfr.* MACNEIL, «Contracts», 854-905, esp. 886 ss., MACNEIL, «Reflections on Relational Contract Theory after a Neo-Classical Seminar», 207-18, MACNEIL Y CAMPBELL, *The Relational Theory of Contract: Selected Works of Ian MacNeil*, AUSTEN-VAKER, «A Relational Law of Contract?», 125-44, GRAY, «Relational Contract Theory, the Relevance of Actual Performance in Contractual Interpretation and Its Application to Employment Contracts in the United Kingdom and Australia», 61-100. Casos en los que el juez LEGGAT hace mención a este tipo de contratos son *Yam Seng Pte Limited v International Trade Corporation Limited*, [2013] EWHC 111 (QB), [2013] 1 Lloyd's Rep. 526 y *Sheikh Tahnoon Bin Saeed Bin Shakhboot Al Nehayan v Kent*, [2018] EWHC 333 (Comm).

80 *Yam Seng Pte Limited v International Trade Corporation Limited*, [2013] EWHC 111 (QB), [2013] 1 Lloyd's Rep. 526.

81 *Yam Seng Pte Limited v International Trade Corporation Limited*, [2013] EWHC 111 (QB), 142.

fe como un principio implícito en los contratos[82]. Justifica su incorporación paulatina en los ordenamientos jurídicos de Estados Unidos[83], Australia[84], Canadá[85], Nueva Zelanda[86] y Escocia[87], e indica que se considera un término implícito de algunas categorías de contrato en el Derecho inglés (contratos laborales, por ej.)[88]. Con todo ese bagaje, el juez no considera que sea descabellado tener a la buena fe como un principio implícito en ciertos *relational contracts*, siempre y cuando se superen los criterios exigidos para alegar cualquier acuerdo tácito y su contenido pueda construirse con los valores compartidos por las partes[89]. A partir del símil de la honestidad, concluye que la buena fe puede ser implícita en los contratos y argumenta que «*In addition to honesty, there are other standards of commercial dealing which are so generally accepted that the contracting parties would reasonably be understood to take them as read without explicitly stating them in their contractual document. A key aspect of good faith is the...observance of such standards*»[90]. En definitiva, considera que el deber de la buena fe en la ejecución del contrato no es ajeno al Derecho inglés donde sirve protegiendo las expectativas de las partes[91]. Esta línea argumental la mantuvo y amplió en

82 *Yam Seng Pte Limited v International Trade Corporation Limited*, [2013] EWHC 111 (QB), 119-154.

83 *Wigand v. Bachmann-Bechtel Brewing Co*, 222 NY 272 at 277.

84 *Renard Constructions (ME) Pty v. Minister for Public Works*, (1992) 44 NSWLR 349, *Alcatel Australia Ltd v Scarcella*, (1998) 44 NSWLR 349, *Burger King Corp v. Hungry Jack's Pty Ltd.*, [2001] NWSCA 187, *Vodafone Pacific Ltd v Mobile Innovations Ltd*, [2004] NSWCA 15).

85 *Transamerica Life Inc v ING Canada Inc.*, (2003) 68 OR (3d) 457, 468.

86 *Bobux Marketing Ltd v Raynor Marketing Ltd*, [2002] 1 NZLR 506 at 517.

87 *Smith v Bank of Scotland*, 1997 SC (HL) 111 esp. at p.121.

88 *Yam Seng Pte Limited v International Trade Corporation Limited*, [2013] EWHC 111 (QB), 125-131.

89 En relación a los acuerdos tácitos, el juez LEGGAT indicó que «*Traditionally, the two principal criteria used to identify terms implied in fact are that the term is so obvious that it goes without saying and that the term is necessary to give business efficacy to the contract... Importantly for present purposes, the relevant background against which contracts are made includes not only matters of fact known to the parties but also shared values and norms of behaviour. Some of these are norms that command general social acceptance, others may be specific to a particular trade or commercial activity, others may be more specific still, arising from features of the particular contractual relationship. Many such norms are naturally taken for granted by the parties when making any contract without being spelt out in the document recording their agreement*»., *Yam Seng Pte Limited v International Trade Corporation Limited*, [2013] EWHC 111 (QB), 132-134.

90 *Yam Seng Pte Limited v International Trade Corporation Limited*, [2013] EWHC 111 (QB), 138. No obstante, la afirmación de que este principio superaría las pruebas exigibles para considerarlo un término implícito del contrato, no se ha visto exenta de crítica. *Cfr.* CARTER Y COURTNEY, «Good Faith in Contracts: Is There an Implied Promise to Act Honestly?», 613-15.

91 «*... there is in my view nothing novel or foreign to English law in recognising an implied duty of good faith in the performance of contracts. It is consonant with the theme identified by Lord Steyn as running through our law of contract that reasonable expectations must*

Sheikh Tahnoon v. Kent[92], en la que sentenció una ruptura del deber de buena fe en un acuerdo de *joint venture* a través del cual las partes pretendían establecer una cadena de hoteles de lujo en Grecia. Basó su argumentación en que se trataba de un *relational contract*, de manera que las partes se comprometían a colaborar y podrían confiar mutuamente en un comportamiento íntegro. Tales expectativas, que la ley habría de proteger, se encuentran incorporadas en la buena fe[93]. En esta ocasión, el magistrado llega a sugerir que la buena fe podría tenerse como implícita en todos los *relational contracts* ya que, salvo pacto en contrario, la propia naturaleza del contrato así lo requiere[94]. Sin duda alguna, *Yam Seng Pte Limited v International Trade Corporation Limited* y *Sheikh Tahnoon v. Kent* han facilitado el aumento en el número de casos que apuntan al reconocimiento de los deberes derivados de la buena fe en Derecho inglés, pero eso no ha obstado a que siga dudándose tanto del contenido de tales deberes como del procedimiento para integrarlos en el contrato[95]. En puridad, la nota dominante sigue siendo la reticencia para reconocer el deber de la buena fe en todos los contratos

---

be protected... Moreover such a concept is, I believe, already reflected in several lines of authority that are well established. One example is the body of cases already mentioned in which duties of cooperation in the performance of the contract have been implied. Another consists of the authorities which show that a power conferred by a contract on one party to make decisions which affect them both must be exercised honestly and in good faith for the purpose for which it was conferred, and must not be exercised arbitrarily, capriciously or unreasonably (in the sense of irrationally)...», *Yam Seng Pte Limited v International Trade Corporation Limited*, [2013] EWHC 111 (QB), 145.

92 *Sheikh Tahnoon v. Kent*, [2018] EWHC 333 (Comm). *Vid.* GILIKER, «Contract Negotiations and the Common Law: A Move to Good Faith in Commercial Contracting?», 182-83, SÁNCHEZ-MORENO ELLART, «La recepción del principio de la buena fe contractual en el Derecho inglés. A propósito de Sheikh Tahnoon bin Saeed bin Shakhboot v. Ioannis Kent (2018)», 471-96.

93 «*Such 'relational' contracts involve trust and confidence but of a different kind from that involved in fiduciary relationships. The trust is not in the loyal subordination by one party of its own interests to those of another. It is trust that the other party will act with integrity and in a spirit of cooperation. The legitimate expectations which the law should protect in relationships of this kind are embodied in the normative standard of good faith*», *Yam Seng Pte Limited v International Trade Corporation Limited*, [2018] EWHC 333 (Comm), 167.

94 «*In the circumstances the contract made between these parties seems to me to be a classic instance of a relational contract. In my view, the implication of a duty of good faith in the contract is essential to give effect to the parties' reasonable expectations and satisfies the business necessity test which Lord Neuberger in Marks & Spencer Plc v BNP Paribas Securities Services Trust Co (Jersey) Ltd [2016] AC 742, [2015] UKSC 72 at paras 16 to 31 reiterated as the relevant standard for the implication of a term into a contract. I would also reach the same conclusion by applying the test adumbrated by Lord Wilberforce in Liverpool City Council v Irwin [1976] AC 239 at 254 for the implication of a term in law, on the basis that the nature of the contract as a relational contract implicitly requires (in the absence of a contrary indication) treating it as involving an obligation of good faith*», *Yam Seng Pte Limited v International Trade Corporation Limited*, [2013] EWHC 333 (Comm), 174.

95 Tras *Yam Seng Pte Limited v International Trade Corporation Limited* ha habido sendos pronunciamientos a favor y en contra del fundamento de dicha sentencia. En este sentido se

mercantiles, aunque tal renuencia se está viendo acompañada de cierta aproximación a este principio a través de normas como la honestidad y cooperación[96].

Este acercamiento a la buena fe parece ser más patente en Canadá[97]. Ante la tradicional perspectiva de las soluciones «*caso por caso*», se apuesta por una solución más coherente y justa, basada en un principio que demanda de las partes un comportamiento honesto, ajeno a la arbitrariedad y que evite minar de mala fe los intereses de la otra parte contratante[98]. Tal principio es la buena fe y, consecuentemente, la *Supreme Court* reconoció en *Bhasin v. Hrynew* su existencia como un elemento vertebrador de los contratos que, en cualquier caso, ha de respetar los fundamentos del contrato en el *common law*¸ tales como la libertad de las partes para perseguir sus propios intereses, y no convertirse en un pretexto para un moralismo judicial *ad hoc*[99]. Lo hizo partiendo de la idea de que se trata de un principio que apuntala e informa

---

puede consultar los comentados por JACKSON, «Good Faith under English Law: Evolution or Revolution?», 33-51.

96 *Vid. Essex CC v UBB Waste*, [2020] EWHC 1581 (TCC), [2020] EWHC 1581 (TCC) y BELL Y MCCUNN, «Professional Negligence in 2020: The Year in Review», 5-20, SAINTIER, «The Elusive Notion of Good Faith in the Performance of a Contract, Why Still a Bête Noire for the Civil and the Common Law?», 441-60. Por todos, GILIKER, «Contract Negotiations and the Common Law: A Move to Good Faith in Commercial Contracting?», 183-84.

97 En *Bhasin v. Hrynew*, 2014 SCC 71, [2014] 3 S.C.R. 494, se hace un breve *excurso* de la proyección del principio de la buena fe en Reino Unido y Australia y se constata que, aunque la buena fe no constituya un principio general del Derecho inglés, sí se tiene como un término implícito en ciertos casos. En palabras del juez CROMWELLL «*Developments in the United Kingdom and Australia point to enhanced attention to the notion of good faith, mitigated by reluctance to embrace it as a stand-alone doctrine. Good faith in contract performance has received increasing prominence in English law, despite its "traditional hostility" to the concept...*».

98 «*The first step is to recognize that there is an organizing principle of good faith that underlies and manifests itself in various more specific doctrines governing contractual performance. That organizing principle is simply that parties generally must perform their contractual duties honestly and reasonably and not capriciously or arbitrarily ... The organizing principle of good faith exemplifies the notion that, in carrying out his or her own performance of the contract, a contracting party should have appropriate regard to the legitimate contractual interests of the contracting partner. While "appropriate regard" for the other party's interests will vary depending on the context of the contractual relationship, it does not require acting to serve those interests in all cases. It merely requires that a party not seek to undermine those interests in bad faith*», *Bhasin v. Hrynew*, 2014 SCC 71.

99 «*The principle of good faith must be applied in a manner that is consistent with the fundamental commitments of the common law of contract which generally places great weight on the freedom of contracting parties to pursue their individual self-interest. In commerce, a party may sometimes cause loss to another — even intentionally — in the legitimate pursuit of economic self-interest ... Doing so is not necessarily contrary to good faith and in some cases has actually been encouraged by the courts on the basis of economic efficiency ... The development of the principle of good faith must be clear not to veer into a form of ad hoc judicial moralism or "palm tree" justice. In particular, the organizing principle*

situaciones en las que el *common law* reconoce la obligación de ejecutar el contrato de buena fe. En efecto, en la ponencia el juez CROMWELL aboga por su inclusión afirmando que «... *it is time to take two incremental steps in order to make the common law less unsettled and piecemeal, more coherent and more just. The first step is to acknowledge that good faith contractual performance is a general organizing principle of the common law of contract which underpins and informs the various rules in which the common law, in various situations and types of relationships, recognizes obligations of good faith contractual performance. The second is to recognize, as a further manifestation of this organizing principle of good faith, that there is a common law duty which applies to all contracts to act honestly in the performance of contractual obligations*»[100]. Aunque ya se manifieste a través de doctrinas previstas para situaciones y relaciones en las que la ley reclama una actuación honesta, cándida, razonable, la *Supreme Court* reconoce que debería ampliarse su rango de actuación de forma paulatina, en concordancia con el *common law*, respetando los intereses particulares y la certidumbre[101]. En *Bhasin v. Hrynew*, son cuatro las manifestaciones reconocidas de este principio, a saber, el deber de cooperar entre las partes para lograr los objetivos del contrato, el deber de no eludir de mala fe las obligaciones contractuales, el deber de actuar honestamente, y el deber de ejecutar discrecionalmente el contrato respetando la buena fe[102]. Las dos últimas han sido el foco de atención de pronunciamientos posteriores.

En concreto, en *C.M. Callow Inc. v. Zollinger*[103], la *Supreme Court* condena una actuación contraria a la buena fe al violentarse el deber de actuar honestamente en la ejecución de un contrato[104]. Además de refrendar la doctrina de *Bhasin v. Hrynew*, amplía el deber de honestidad que se deriva del principio de la buena

of good faith should not be used as a pretext for scrutinizing the motives of contracting parties», *Bhasin v. Hrynew*, 2014 SCC 71, 70.

100 *Bhasin v. Hrynew*, 2014 SCC 71, [2014] 3 S.C.R. 494, 34.

101 «*This organizing principle of good faith manifests itself through the existing doctrines about the types of situations and relationships in which the law requires, in certain respects, honest, candid, forthright or reasonable contractual performance. Generally, claims of good faith will not succeed if they do not fall within these existing doctrines. But we should also recognize that this list is not closed. The application of the organizing principle of good faith to particular situations should be developed where the existing law is found to be wanting and where the development may occur incrementally in a way that is consistent with the structure of the common law of contract and gives due weight to the importance of private ordering and certainty in commercial affairs*», *Bhasin v. Hrynew*, 2014 SCC 71, [2014] 3 S.C.R. 494, 66.

102 BERTOLINI, «Toward a Framework to Define the Outer Boundaries of Good Faith in Contractual Performance», 574, MACQUEEN Y O'BYRNE, «The Principle of Good Faith in Contractual Performance: A Scottish-Canadian Comparison», 306-16.

103 *C.M. Callow Inc. v. Zollinger*, 2020 SCC 45.

104 «*...Stated simply, no contractual right can be exercised in a dishonest manner because, pursuant to Bhasin, that would be contrary to an imperative requirement of good faith, i.e. not*

fe, ya que afirma que tendría aplicarse en la ejecución de todos los contratos y, por extensión, a todos los derechos y obligaciones contractuales[105].

De nuevo, en concurrencia con el planteamiento que subyace en *Bhasin v. Hrynew*, la *Supreme Court* dispuso del caso *Wastech Services Ltd. v. Greater Vancouver Sewerage and Drainage District*[106] para ahondar en la aplicación del principio de la buena fe. Se trataba de un supuesto de relaciones comerciales a largo plazo en las que la buena fe habría de actuar como límite en la toma de decisiones discrecionales en la ejecución de un contrato[107]. Al igual que sucede con el deber de actuar honestamente, la buena fe en el ejercicio discrecional del contrato ha de tenerse como una doctrina general del derecho contractual que opera con independencia de las intenciones de las partes[108]. Supone que las partes a las que el contrato les conceda la discrecionalidad la ejerciten en atención a las razones que llevaron a su concesión en el contrato, en lugar de hacerlo de forma caprichosa o arbitraria[109].

Estas tres decisiones han servido para afianzar el principio organizativo de la buena fe y los deberes que derivan del mismo como aspectos centrales del

to lie or knowingly deceive one's counterparty in a matter directly linked to the performance of the contract», *C.M. Callow Inc. v. Zollinger*, 2020 SCC 45, 54.

105 *«Good faith is thus not relied upon here to provide, by implication, a new contractual term or a guide to interpretation of language that was somehow an unclear statement of parties' intent. Instead, the duty of honesty as contractual doctrine has a limiting function on the exercise of an otherwise complete and clear right because the duty, irrespective of the intention of the parties, applies to the performance of all contracts and, by extension, to all contractual obligations and rights. This means, simply, that instead of constraining the decision to terminate in and of itself, the duty of honest performance attracts damages where the manner in which the right was exercised was dishonest»*, *C.M. Callow Inc. v. Zollinger*, 2020 SCC 45, 53.

106 *Wastech Services Ltd. v. Greater Vancouver Sewerage and Drainage District*, 2021 SCC 7.

107 *«Stated simply, the duty to exercise contractual discretion in good faith requires the parties to exercise their discretion in a manner consistent with the purposes for which it was granted in the contract, or, in the terminology of the organizing principle in Bhasin, to exercise their discretion reasonably»*, *Wastech Services Ltd. v. Greater Vancouver Sewerage and Drainage District*, 2021 SCC 7, 63.

108 *«In my view, it is appropriate to recognize the duty to exercise discretion in good faith as a general doctrine of contract law. Like the duty of honest performance, it need not find its source in an implied term in the contract, but rather it operates in every contract irrespective of the intentions of the parties»*, *Wastech Services Ltd. v. Greater Vancouver Sewerage and Drainage District*, 2021 SCC 7, 91.

109 *«In sum, then, the duty to exercise discretion in good faith will be breached where the exercise of discretion is unreasonable, in the sense that it is unconnected to the purposes for which the discretion was granted. This will notably be the case where the exercise of discretion is capricious or arbitrary in light of those purposes because that exercise has fallen outside the range of behaviour contemplated by the parties. The fact that the exercise substantially nullifies or eviscerates the fundamental contractual benefit may be relevant but is not a necessary pre-requisite to establishing a breach»*, *Wastech Services Ltd. v. Greater Vancouver Sewerage and Drainage District*, 2021 SCC 7.

Derecho contractual. Sin embargo, han puesto de relieve las dudas relativas a su emplazamiento legal y a su posible aplicación para cualificar, complementar o corregir los términos de un contrato[110]. Asimismo, la incertidumbre se ha manifestado en su doctrina, que, tal y como señala BERTOLINI, se encuentra dividida entre los que están a favor de una interpretación restringida y los que apuestan por una interpretación expansionista del principio. Los primeros defienden que el contenido de *Bhasin v. Hrynew* se interprete según el alcance limitado de la buena fe en la tradición anglocanadiense del *common law*, de manera que no suponga un atentado a dicha tradición ni suponga un viraje hacia el moralismo judicial[111]. Los que apuestan por la vía expansionista consideran que la buena fe ha de integrarse como un principio general del contrato[112]. A mayor abundamiento, algunos de ellos han visto la similitud existente entre la concepción de la buena fe como principio organizativo del contrato en *Bhasin v. Hrynew*, y el principio general de la buena fe en el *civil law* como principio informador del contrato[113].

Aunque sea cierto que las tres decisiones versan sobre la ejecución del contrato, queda aún por ver si su influencia se deja sentir en los acuerdos precontractuales y en la fase de negociaciones[114]. Son aspectos que se han tratado muy puntualmente por la jurisprudencia canadiense, siendo *Martel Building Ltd v. Canada*[115] el caso más remarcable y cercano a esta materia hasta el momento. En él se debatió si existía un deber de cuidado o diligencia en las negociaciones, de manera que su incumplimiento pudiera dar lugar a una indemnización de daños y perjuicios. La *Supreme Court* manifestó diversas reservas para llevar la negligencia al ámbito de las negociaciones, tales como: la indeterminación de la responsabilidad; la propia naturaleza de las negociaciones, ya que éstas actúan transfiriendo riqueza entre las partes, de manera que, si una parte gana es a expensas de la pérdida de la contraparte; la posibilidad de que desalentase comportamientos social y económicamente útiles; el hecho de que podría dar lugar a la interposición del derecho de daños como un seguro a posteriori contra la falta de diligencia debida o para cubrir el riesgo de negociaciones fallidas mediante la bús-

110 BERTOLINI, «Toward a Framework to Define the Outer Boundaries of Good Faith in Contractual Performance», 576 ss.

111 MACQUEEN Y O'BYRNE, «The Principle of Good Faith in Contractual Performance: A Scottish-Canadian Comparison», 327-28.

112 BERTOLINI, «Decomposing Bhasin v Hrynew», 355-81, ENMAN-BEECH, «Good Faith between Public and Private», 353-83.

113 BERTOLINI, «Decomposing Bhasin v Hrynew», 366, REYNOLDS, «Two Views of the Cathedral: Civilian Approaches, Reasonable Expectations, and the Puzzle of Good Faith's Past and Future», 390-97.

114 REYNOLDS, «Two Views of the Cathedral: Civilian Approaches, Reasonable Expectations, and the Puzzle of Good Faith's Past and Future», 419-20.

115 *Martel Building Ltd v. Canada*, 2000 SCC 60.

queda de estrategias u oportunidades alternativas; el hecho de que incorporar la responsabilidad por negligencia en las negociaciones equivaldría a darle una función significativamente reguladora a los tribunales; el hecho de que podría dar lugar a un aumento considerable de los litigios[116]. Aunque todas estas consideraciones condujeron a la *Supreme Court* a negar un deber de cuidado durante las negociaciones, se reconoció la similitud entre dicho deber y el deber de negociar de buena fe. Sin embargo, puesto que la recurrente no alegó el incumplimiento de éste, la *Supreme Court* eludió pronunciarse al respecto[117].

En Estados Unidos, la libertad de no contratar no ha impedido que la buena fe sí tenga un reconocimiento mucho mayor que en Derecho inglés en el periodo precontractual, y así lo han demostrado diversos comentarios de índole normativo, doctrinal y jurisprudencial. Así, si comenzamos con el *Restatement of the Law Second, Contracts*, éste dispone de la sección 205, rubricada «*Duty of good faith and fair dealing*», según la cual:

> «Every contract imposes upon each party a duty of good faith and fair dealing in its performance and its enforcement»[118].

Aunque se trate de una sección que no hace referencia al periodo precontractual, los comentaristas de la misma han reconocido que la mala fe durante las negociaciones puede ser objeto de una sanción, lo que equivale a afirmar que la buena fe debe respetarse en dicho periodo[119]. En cuanto a la doctrina, paulatinamente se ha ido reconociendo el papel de la buena fe en la fase de negociaciones[120]. Por parte de la jurisprudencia ha habido diversos

---

116 *Martel Building Ltd v. Canada*, 2000 SCC 60, 54-73.

117 *«... as a general proposition, no duty of care arises in conducting negotiations. While there may well be a set of circumstances in which a duty of care may be found, it has not yet arisen ... Martel's claim resembles the assertion of a duty to bargain in good faith ... Whether or not negotiations are to be governed by a duty of good faith is a question for another time»*, *Martel Building Ltd v Canada*, 2000 SCC 60, 72-73.

118 El *Restatement* pretende ser una declaración sistemática de la ley predominante en Estados Unidos de América, tanto jurisprudencial como estatutaria. En relación con la rúbrica de la sección 205 conviene señalar que, tal y como se indicó con ocasión del moderno Derecho de contratos, en la tradición anglosajona, los términos *«good faith»* y *«fair dealing»* hacen referencia a la buena fe subjetiva y objetiva, cuyo equivalente en los países del *civil law* sería la buena fe.

119 *Comment c. Good faith in negotiation*, *«This Section, like Uniform Commercial Code §1- 203, does not deal with good faith in the formation of a contract. Bad faith in negotiation, although not within the scope of this Section, may be subject to sanctions...»*. *Vid.* BRAUCHER Y FARNSWORTH, *Restatement of the Law of Second, Contracts*, vol. 1, sec. 205.

120 Entre los autores que han ido reconociendo la buena fe en las negociaciones se puede citar a CREMEAN, «Agreements to Negotiate in Good Faith», 64-65, HOLMES, «A Contextual Study of Commercial Good Faith: Good-Faith Disclosure in Contract Formation», 387, HOUH, «The Doctrine of Good Faith in Contract Law», 54-55, PALMIERI, «Good Faith Disclosures Required during Precontractual Negotiations», 106, SPENCER, «Requiring good faith negotiation», 42,

pronunciamientos a favor. Así, en *Chase v. Consolidated Foods Corp.*[121], se indicó que «*jury "could readily have concluded" that there was binding "commitment to negotiate in good faith"*». En el caso *A/S Apothekernes Laboratorium v. I.M.C. Chemical*[122], se subrayó el papel de la buena fe afirmando que «*a party might breach its obligation to bargain in good faith by unreasonably insisting on a condition outside the scope of the parties*». Por su parte, en *Euromotion v. BMW of N. Am.* [123], se constató que «*Puerto Rican Supreme Court has held that... parties once engaged in a negotiation process have a duty to proceed in good faith*». En el caso *Pan Am Corp. v. Delta Air Lines*[124], se indicó que las partes estaban obligadas a negociar de buena fe para alcanzar el acuerdo que incorpora los términos previamente acordados. A mayor abundamiento, en *Copeland v. Baskin Robbins USA*[125], se señaló que «*we disagree with those who say the courts... are ill-equipped to determine whether people are negotiating with each other in good faith*». Estas afirmaciones se han visto acompañadas de otras en las que la buena fe se emplea como un elemento determinante para reconocer la vinculatoriedad de los acuerdos precontractuales. Aunque sea brevemente, se puede comentar el caso *Teachers Insurance & Annuity Association of America v. Tribune Co.K.* [126], donde se acordó que «*The parties can bind themselves to a concededly incomplete agreement in the sense that they accept a mutual commitment to negotiate together in good faith in an effort to reach final agreement within the scope that has been settled in the preliminary agreement*», y que un acuerdo preliminar y vinculante «*... bar a party from renouncing the deal, abandoning the negotiations, or insisting on conditions that do not conform to the preliminary agreement*». En *Channel Home Centers v. Grossman*[127], a raíz de una *letter of intent* relativa a un *leasing*, la *United States Court of Appeal (Third Circuit)* concluyó que las partes habían acordado negociar de buena fe y que el acuerdo había sido lo suficientemente específico como para que fuera un contrato obligatorio. De forma similar, en *Thompson v. Liquichimica*[128], se afirmó que «*an agreement to negotiate in good faith is a closed proposition, discrete and actionable*». Por

---

SUMMERS, «"Good Faith" in General Contract Law and the Sales Provisions of the Uniform Commercial Code», 216, TEMKIN, «When Does the "Fat Lady" Sing?», 147-48.

121 *Chase v. Consolidated Foods Corp.*, 744 F.2d 566 (7th Cir. 1984).

122 *A/S Apothekernes Laboratorium v. I.M.C. Chemical*, 873 F.2d 155, 158 (7th Cir. 1989).

123 *Euromotion v. BMW of N. Am.*, 136 F.3d 866 (1st Cir. 1998).

124 *Pan Am Corp. v. Delta Air Lines*, 175 Bankr. 438 (1994).

125 *Copeland v. Baskin Robbins USA*, 117 Cal. Rptr. 2d 875 (Ct. App. 2002).

126 *Teachers Insurance & Annuity Association of America v. Tribune Co.K*, 670 F. Supp. 491, 498 (S.D.N.Y. 1987).

127 *Channel Home Centers v. Grossman*, 795 F.2d 291, 300 (3d Cir. 1986).

128 *Thompson v. Liquichimica*, 481 F. Supp., 365, (S.D.N.Y. 1979).

su parte, en *Tan v. Allwaste*[129], se indicó que la *letter of intent* contenía un acuerdo preliminar que obligaba a *Allwaste* a seguir negociando de buena fe.

En definitiva, la libertad contractual y la buena fe, que cada vez está más presente en los países del *common law*, juegan un papel fundamental en la fase de negociaciones y en el reconocimiento de los acuerdos precontractuales como una figura jurídica que puede facilitar a las partes la consecución de sus intereses.

II.3. La libertad contractual y la buena fe en los países del *civil law*

En los países del Derecho continental, los principios protagonistas en el periodo preliminar al contrato son la libertad contractual, en sus vertientes positiva y negativa, y la buena fe. A ellos cabe sumar los deberes de confidencialidad y de información, claros exponentes de los deberes que emanan del reconocimiento de la buena fe como criterio de valoración de la conducta de las partes durante las negociaciones[130].

Al igual que en los países de tradición anglosajona, la libertad contractual representa uno de los pilares fundamentales de los respectivos ordenamientos del *civil law*, por ser una de las más claras manifestaciones del principio de autonomía de la voluntad[131]. Representa, junto con la institución de la propiedad privada, uno de los fundamentos del orden social presente en lo que al Derecho patrimonial se refiere[132]. Por lo tanto, no sería erróneo afirmar que constituye uno de los principios vertebradores de cualquier ordenamiento privado moderno, tal y como sucede, entre otros, en los ordenamientos jurí-

---

129 *Tan v. Allwaste*, No. 96 C 3558, 1997 WL 337207 (N.D. Ill. June 11, 1997).

130 Asúa González, *La culpa in contrahendo*, 243 ss., Díez Picazo, *La doctrina de los propios actos. Un estudio crítico sobre la jurisprudencia del Tribunal Supremo de Luis Díez-Picazo Ponce de León*, Díez Picazo, «Prólogo a la obra "El principio general de la buena fe"», 17-18, Díez Picazo, *Fundamentos del Derecho civil patrimonial. Volumen primero. Introducción. Teoría del contrato*, 63, García Rubio, *La responsabilidad precontractual en el derecho español*, 43 ss., García Rubio y Otero Crespo, «La responsabilidad precontractual en el Derecho contractual europeo», 24 ss., Morales Moreno, *El error en los contratos*, 229-30, Picod, *Le devoir de loyauté dans l'exécution du contrat*, Sinde Monteiro, *Responsabilidade por Conselhos Recomendações ou Informações*, 358, Valés Duque, *La responsabilidad precontractual*, 114.

131 La autonomía de la voluntad en el ámbito contractual es principalmente libertad de contratación, en el sentido de que las partes pueden escoger entre contratar y no contratar. Albadalejo García, *Derecho Civil. Tomo II. Derecho de Obligaciones*, 367, Luna Serrano, *Elementos de derecho civil. I, Parte general del derecho civil V. 3, El derecho subjetivo*, 152, O'callaghan Muñoz, *Compendio de derecho civil. T.II, Derecho de obligaciones*, 214-15.

132 Von Stammler, *Tratado de filosofía del Derecho*, 492, Díez Picazo, *Fundamentos del Derecho civil patrimonial. Volumen primero. Introducción. Teoría del contrato*, 53-54,143-157.

dicos español y francés, cuya jurisprudencia reconoce las dos vertientes de este principio y adjetiva la libertad de no contratar como un valor superior a los intereses de la parte que exige el cumplimiento[133].

Sin embargo, en torno a la buena fe, las diferencias con los países del *common law* sí son manifiestas. En la mayoría de los países del *civil law*, la doctrina reconoce de forma más o menos unánime la existencia de este principio en la fase de negociaciones, e incluso los propios ordenamientos llegan a incluirlo en sus respectivos Códigos civiles. Así sucedió en Italia, cuyo *Codice Civile* de 1942 acogió la buena fe en el periodo precontractual. Su art. 1337 «Trattative e responsabilità precontrattuale», afirma que:

> «Le parti, nello svolgimento delle trattative e nella formazione del contratto, devono comportarsi secondo buona fede».

La doctrina considera que mediante este precepto se disciplina la negociación contractual y la formación del contrato, moralizándola, de manera que habrá de resarcirse el daño generado por la interrupción intempestiva de las negociaciones *ex* arts. 1137 y 1138 del *Codice civile*, siendo la responsabilidad de naturaleza extracontractual[134]. De la buena fe en las negociaciones

---

133 En la doctrina española, *vid.* García Rubio y Otero Crespo, «La responsabilidad precontractual en el Derecho contractual europeo», 23, Boldó Roda, «Comentario al art. 69», 512, Navas Navarro, «Negativa a contratar y prohibición de discriminar (Derecho comunitario y Derecho español)», 1619-39. En los tribunales españoles, las dos vertientes de la libertad contractual se reconocen abiertamente en la fase de negociaciones. Así sucedió en la STS 693/2011 de 15 de octubre de 2011, RJ 2011\7400, ECLI:ES:TS:2011:6635, en cuyo FJ 4.° se indicaba que *«las partes, del mismo modo que son libres de entablar negociaciones dirigidas a la formación de los contratos, también lo son para, una vez iniciadas, abandonarlas en cualquier momento, sin responder por ello»*.
En la doctrina francesa, *cfr.* Carbonnier, *Droit civil. Tome 4. Les obligations*, 46, Leveneur, «La liberté contractuelle en droit privé», 677, Ghestin, *Traité de droit civil. La formation du contrat*, Buffelan-Lanore y Larribau-Terneyre, *Droit civil. Les obligations*, 266-71. El Consejo Constitucional francés ha emitido decisiones que han puesto de manifiesto la constitucionalidad o no de determinados preceptos de algunas de sus leyes en función de que se respetara o no el principio de la libertad contractual, entendiendo a éste como la libertad de contratar y de no contratar. Una muestra de este parecer se encuentra en su *Décision n.° 2000-437 DC du 19 décembre 2000*, en la que considera que el artículo 49 de la *Loi de financement de la sécurité social pour 2001* no supone un atentado a la libertad contractual del que quepa deducir una violación de la Constitución francesa. Otro ejemplo sería la *Décision n.° 2012-242 QPC du 14 mai 2012*, en la cual se resuelve una cuestión prioritaria de constitucionalidad afirmando que los arts. L. 2411-1, L. 2411-3 y L. 2411-18 no atentaban desproporcionadamente a la libertad contractual y, por lo tanto, no eran contrarios a la Constitución francesa.

134 Alpa, *Manuale di Diritto Privato*, 496, Benatti, *La responsabilità precontrattuale*, Bianca, *Diritto civile, III, Il contrato*, 166 ss., Carresi, *Il contratto*, 693 ss., Ravazzoni, *La formazione del Contratto II - Le regole di comportamento*, Sacco, «La preparazione del contratto», 119 ss., Messineo, «Contratto», 892, Sacco y de Nova, *Il contratto*, 1183.

también resultan los deberes confidencialidad e información[135]. Por su parte, el Código civil portugués de 1966 emula al italiano. Según dispone su art. 227.º «*Culpa na formação dos contratos*»:

> «1. Quem negoceia com outrem para conclusão de um contrato deve, tanto nos preliminares como na formação dele, proceder segundo as regras da boa fé, sob pena de responder pelos danos que culposamente causar à outra parte.
>
> 2. A responsabilidade prescreve nos termos do artigo 498.º».

Por lo tanto, si se desvirtúa la buena fe en las negociaciones, los daños culposos podrán resarcirse debidamente[136].

En Alemania, ya apuntamos que la *culpa in contrahendo* se llevó al BGB en la ley de Modernización del Derecho de Obligaciones de 2001, acogiendo lo defendido por buena parte de su doctrina y jurisprudencia para el periodo precontractual *ex* artículos 311 y 241 BGB[137]. En ellos, la *culpa in contrahendo* se califica como contractual[138]. Asimismo, con la reforma se constata que, cada una de las partes que interviene en las negociaciones, está obligada a comportarse con la diligencia y la consideración que, de buena fe, cabría esperar

135 BENATTI, *La responsabilità precontrattuale*, 43, CARRESI, *Il contratto*, 712 ss., DEL FANTE, «Buona fede prenegoziale e principio costituzionale di solidarietà», 163, BIANCA, *Diritto civile, III, Il contratto*, 166-70.

136 MENEZES CORDEIRO, *Da boa fé no direito civil*, 567.

137 *Cfr.* GARCÍA RUBIO Y OTERO CRESPO, «La responsabilidad precontractual en el Derecho contractual europeo», 16, LOOSCHELDERS, *Derecho de obligaciones. Parte general*, 142 ss., GARCÍA RUBIO, «La responsabilidad precontractual», 362 ss., ASÚA GONZÁLEZ, «Responsabilidad en la formación del contrato (responsabilidad precontractual)», 144-45.

138 *§ 311 Rechtsgeschäftliche und rechtsgeschäftsähnliche Schuldverhältnisse*
(1) Zur Begründung eines Schuldverhältnisses durch Rechtsgeschäft sowie zur Änderung des Inhalts eines Schuldverhältnisses ist ein Vertrag zwischen den Beteiligten erforderlich, soweit nicht das Gesetz ein anderes vorschreibt.
(2) Ein Schuldverhältnis mit Pflichten nach § 241 Abs. 2 entsteht auch durch
1. die Aufnahme von Vertragsverhandlungen,
2. die Anbahnung eines Vertrags, bei welcher der eine Teil im Hinblick auf eine etwaige rechtsgeschäftliche Beziehung dem anderen Teil die Möglichkeit zur Einwirkung auf seine Rechte, Rechtsgüter und Interessen gewährt oder ihm diese anvertraut, oder
3. ähnliche geschäftliche Kontakte.
(3) Ein Schuldverhältnis mit Pflichten nach § 241 Abs. 2 kann auch zu Personen entstehen, die nicht selbst Vertragspartei werden sollen. Ein solches Schuldverhältnis entsteht insbesondere, wenn der Dritte in besonderem Maße Vertrauen für sich in Anspruch nimmt und dadurch die Vertragsverhandlungen oder den Vertragsschluss erheblich beeinflusst.
§ 241 Pflichten aus dem Schuldverhältnis
(1) Kraft des Schuldverhältnisses ist der Gläubiger berechtigt, von dem Schuldner eine Leistung zu fordern. Die Leistung kann auch in einem Unterlassen bestehen.
(2) Das Schuldverhältnis kann nach seinem Inhalt jeden Teil zur Rücksicht auf die Rechte, Rechtsgüter und Interessen des anderen Teils verpflichten.

de un futuro compañero en el contrato[139]. A mayor abundamiento, el art. 311 (3) BGB amplía la responsabilidad por *culpa in contrahendo* a los terceros que, haciendo uso de la confianza personal, hayan influido significativamente en las negociaciones contractuales o en la conclusión del contrato[140]. De lo anterior se deduce que durante las negociaciones surge una relación obligatoria, fundada en el principio de confianza, de la que derivan sendos deberes precontractuales como el de protección, conservación, cuidado, lealtad y, muy especialmente, los de confidencialidad e información[141]. En relación con este último deber ha de hacerse un breve comentario y es que se ha afirmado que, aunque el deber de informar no constituye una obligación general, sí puede derivarse de la buena fe en supuestos individuales[142]. No obstante, conviene reseñar que, a pesar de que los principios de la buena fe y los usos en la fase de negociaciones supongan que los contratantes han de tener presente los intereses del otro, no estarán obligados a revelar toda la información, sino que lo exigible será que se informe a las partes antes de que cometan un error decisivo[143].

Alemania no ha sido el único país que ha modificado su Derecho de obligaciones y contratos con repercusiones en el periodo precontractual. En efecto, con posterioridad a dicha nación, sendos países de la tradición continental han superado un proceso de modernización del Derecho de obligaciones y contratos que ha alcanzado dicho periodo. Este ha sido el caso de Argentina, Francia y Bélgica, a los cuales nos remitimos a continuación.

En Argentina, el Código Civil y Comercial de 2014 se encarga de regular la libertad de contratación en el Capítulo 1 «*Disposiciones generales*» del Título II «*Contratos en general*» del Libro III «*Derechos personales*» como el principal representante de la autonomía de la voluntad[144]. Posteriormente, la Sección 3.ª

139 Larenz, *Derecho de obligaciones*, 105, Asúa González, «Responsabilidad en la formación del contrato (responsabilidad precontractual)», 144-45, García Rubio, «La responsabilidad precontractual», 361-62.

140 Looschelders, *Derecho de obligaciones. Parte general*, 159-60. Esta posibilidad, sin embargo, no está prevista expresamente en los ordenamientos jurídicos francés, italiano o español, en los que tiene difícil encuadre salvo que el tercero cometa dolo o negligencia, en cuyo caso se acudiría a los presupuestos de responsabilidad extracontractual. *Vid.* García Rubio, «La responsabilidad precontractual en la propuesta de modificación del derecho de obligaciones y contratos», 1635-36.

141 Asúa González y Hualde Sánchez, «Codificación de la culpa in contraendo en el derecho alemán», 1419 ss., Medina Alcoz, «La ruptura injustificada de los tratos preliminares», 90 ss., Pantaleón Prieto, «Responsabilidad precontractual: propuestas de regulación para un futuro Código Latinoamericano de Contratos», 901, García Rubio y Otero Crespo, «La responsabilidad precontractual en el Derecho contractual europeo», 16 ss., Looschelders, *Derecho de obligaciones. Parte general*, 142 ss., García Rubio, «La responsabilidad precontractual», 361-62.

142 *Vid.* Markesinis, *The German Law of Contract*, 129, 306 ss.

143 *Cfr.* Von Tuhr, *Derecho civil,* II:544.

144 *Artículo 958.- Libertad de contratación. Las partes son libres para celebrar un contrato y determinar su contenido, dentro de los límites impuestos por la ley o el orden público. Las normas*

«*Tratativas contractuales*» del Capítulo 3 «*Formación del consentimiento*» del Título II, se ocupa de la libertad de negociación como la forma de expresión más básica de la libertad de contratación previamente reconocida. Es, por lo tanto, un principio que faculta la práctica de la libertad individual en el ámbito de las negociaciones. El artículo 990 CCyC «*Libertad de negociación*» afirma que:

> «Las partes son libres para promover tratativas dirigidas a la formación del contrato, y para abandonarlas en cualquier momento».

Muestra así las dos caras de la libertad de negociación: la positiva, o libertad de contratar, expresada como el derecho a promover los tratos preliminares en la búsqueda de la formación del contrato, y la negativa, o libertad de no contratar, que permite la retirada de dichas conversaciones con el debido respeto a la buena fe regulada en el art. 991 CCyC. La faz positiva no es absoluta. Está limitada por la ley, el orden público, la moral y las buenas costumbres, tal y como preceptúan los arts. 279 ss. CCyC. Además, queda dominada por la vertiente negativa ya que, en la regulación de las cartas de intención *ex* art. 993 CCyC, se concreta que:

> «Sólo tienen la fuerza obligatoria de la oferta si cumplen sus requisitos».

Asimismo, al permitirse el abandono de las negociaciones respetando la buena fe, se está reforzando la libertad de no contratar, de manera que cualquier ruptura no dará lugar a responsabilidad[145].

En cuanto a la buena fe, aparece como un principio general del derecho (art. 9.º), que debe respetarse durante toda la vida del contrato (art. 961) y que se impone en la etapa negocial *ex* art. 991 bajo la forma de un deber de obrar de buena fe[146]. El precepto, rubricado «*Deber de buena fe*», dispone que:

> «Durante las tratativas preliminares, y aunque no se haya formulado una oferta, las partes deben obrar de buena fe para no frustrarlas injustificadamente. El incum-

legales siempre son de aplicación supletoria a la voluntad de las partes expresada en el contrato, aunque la ley no lo determine en forma expresa para un tipo contractual determinado, salvo que la norma sea expresamente imperativa, y siempre con interpretación restrictiva.

145 CARAMELO, *Código Civil y Comercial de la Nación Comentado*, 335,336,388,389, MOEREMANS, «Tratativas preliminares. Responsabilidad precontractual», 101-4, NALLAR, *La responsabilidad precontractual en el Código Civil y Comercial.* En este sentido, en la jurisprudencia argentina despunta la sentencia de Cámara Nacional de Apelaciones en lo Comercial - Cámara Comercial - Sala B, 16 de Mayo de 2016, expediente COM 027733_2011, en la que se afirma que: *«el fundamento de la responsabilidad en el período de las tratativas o "pourparlers" radica en un comportamiento abusivo de la libertad de no contratar, especie del género abuso del derecho (C.N.Com., Sala E, in re "Fini, Esteban Enrique y otro c/ BankbostonNA s/ ordinario", del 23/06/09)».*

146 Artículo 9.°. - Principio de buena fe. Los derechos deben ser ejercidos de buena fe.
Artículo 961.- Buena fe. Los contratos deben celebrarse, interpretarse y ejecutarse de buena fe. Obligan no sólo a lo que está formalmente expresado, sino a todas las consecuencias que puedan considerarse comprendidas en ellos, con los alcances en que razonablemente se habría obligado un contratante cuidadoso y previsor.

plimiento de este deber genera la responsabilidad de resarcir el daño que sufra el afectado por haber confiado, sin su culpa, en la celebración del contrato».

Configura una responsabilidad fundada en un comportamiento abusivo o contrario a la buena fe que frustra injustificadamente la celebración de un contrato, ya que el mero hecho de negociar no es por sí mismo un presupuesto de responsabilidad[147]. Por lo tanto, se tutela la confianza en que las negociaciones no finalicen sin causa o intempestivamente y, como medio disuasorio, se dispone el resarcimiento del daño que sufra el afectado por haber confiado, sin su culpa, en la celebración del contrato. En cuanto a la cuantía, se ha afirmado que el resarcimiento va más allá del interés de confianza o negativo, como resultado de que la norma, al no especificar el alcance de la indemnización, hace necesaria la consulta de la regulación del daño operada en el CCyC para esta materia[148]. En tal regulación (arts. 1737 a 1748 CCyC) figura el art. 1740 relativo a la reparación plena[149]. Asimismo, se ha afirmado que el interés de confianza, en el que caben tanto el daño emergente como el lucro cesante, no ha de superar el de cumplimiento o interés positivo[150].

Respecto de la buena fe, hay que tener presente que, como principio general, demanda comportarse coherentemente durante la fase de negociaciones, cumpliendo con los conocidos como deberes de conducta, entre los cuales resaltan especialmente, junto al de obrar de buena fe, el deber de información y el de confidencialidad. Aunque el deber de información no esté expresamente reglado en el CCyC, está implícito en la buena fe como principio general

147 Caramelo, *Código Civil y Comercial de la Nación Comentado*, 389,390, Moeremans, «Tratativas preliminares. Responsabilidad precontractual», 104 ss., López Mesa, *Doctrina de los actos propios*, 146. *Cfr.* sentencia de Cámara Nacional de Apelaciones en lo Comercial - Cámara Comercial - Sala D, 26 de abril de 2016, expediente COM 061284/2009, en cuyo fallo se constatan los requisitos para que nazca la responsabilidad por ruptura intempestiva de las negociaciones y los respalda con jurisprudencia. Así, afirma que *«negociar por sí mismo no es un presupuesto de responsabilidad y por más que las negociaciones hayan sido intensas y prolongadas no constituyen necesariamente fuente de aquella por más expectativas que una de las partes hubiera tenido, si no se configuran al menos una serie de presupuestos. Con relación a ellos, no advierto en este caso que la actora haya demostrado cabalmente que hubieran existido vicios en la negociación, ni retractación intempestiva de la oferta o aceptación, ni un apartamiento también intempestivo y arbitrario de las tratativas».*

148 *Vid.* Nallar, *La responsabilidad precontractual en el Código Civil y Comercial*, Moeremans, «Tratativas preliminares. Responsabilidad precontractual», 107-8.

149 *Artículo 1740.- Reparación plena. La reparación del daño debe ser plena. Consiste en la restitución de la situación del damnificado al estado anterior al hecho dañoso, sea por el pago en dinero o en especie. La víctima puede optar por el reintegro específico, excepto que sea parcial o totalmente imposible, excesivamente oneroso o abusivo, en cuyo caso se debe fijar en dinero. En el caso de daños derivados de la lesión del honor, la intimidad o la identidad personal, el juez puede, a pedido de parte, ordenar la publicación de la sentencia, o de sus partes pertinentes, a costa del responsable.*

150 Moeremans, «Tratativas preliminares. Responsabilidad precontractual», 127.

del derecho y de los contratos (arts. 9.º, 961 y ss. CCyC)[151]. Se subsume en ella y conlleva el intercambio fluido de inteligencia que permite a las partes decidir con conocimiento de causa durante las negociaciones, impidiendo que éstas y el contrato discutido resulten perjudicadas por motivos conocidos por una de las partes y no comunicados a la contraparte. En definitiva, constituirá un deber en defensa de la confianza el hecho de que las partes obren de buena fe con la información de la que disponen en el periodo precontractual[152].

A diferencia del deber de información, el deber de confidencialidad sí se regula *ex profeso* en el CCyC. En efecto, el art. 992 CCyC preceptúa que:

> «Si durante las negociaciones, una de las partes facilita a la otra una información con carácter confidencial, el que la recibió tiene el deber de no revelarla y de no usarla inapropiadamente en su propio interés. La parte que incumple este deber queda obligada a reparar el daño sufrido por la otra y, si ha obtenido una ventaja indebida de la información confidencial, queda obligada a indemnizar a la otra parte en la medida de su propio enriquecimiento».

Es un deber que complementa al de información y que, como éste, deriva de la buena fe en sede de negociaciones. Su redacción obedece a la naturaleza propia del periodo precontractual, durante el cual se considera por defecto que la información intercambiada no reviste carácter confidencial. Sólo en caso contrario, ya sea en atención al tipo de negocio o porque lo hayan señalado las partes, nacerá el deber de no revelar y de no usar la información inapropiadamente en beneficio propio. Es un deber sobradamente justificado, máxime si se estima que la relevancia informativa, ya sea bajo la forma de datos, *know how*, propiedad intelectual, secretos industriales o comerciales, se ha convertido en uno de los principales activos en multitud de empresas. La norma constriñe tanto la revelación de información confidencial como su uso inadecuado en interés propio. En caso de incumplimiento, se reparará todo el daño causado en el que pueda verificarse el debido nexo de causalidad con la violación de este deber, y alcanzará tanto a las consecuencias mediatas como inmediatas *ex* arts. 1726 y 1727 CCyC. Además, si la incurrencia de la confidencialidad reporta beneficios al incumplidor, éste deberá reintegrarlos a la parte afectada en la medida de su propio enriquecimiento[153].

---

151 El influyente *Proyecto de 1998* sí lo consideró específicamente cuando en su fundamento 161 indicó que *«En la etapa de formación del contrato las partes deben comportarse de buena fe para no frustrar injustamente las tratativas contractuales, aunque todavía no haya sido emitida una oferta, y el oferente está obligado, conforme a esa regla y según las circunstancias, a poner al alcance del destinatario de la oferta información adecuada sobre hechos relativos al contrato que puedan tener aptitud para influir sobre su decisión de aceptar».*

152 Caramelo, *Código Civil y Comercial de la Nación Comentado*, 389 ss., Moeremans, «Tratativas preliminares. Responsabilidad precontractual», 109 ss.

153 Nallar, *La responsabilidad precontractual en el Código Civil y Comercial*, Caramelo, *Código Civil y Comercial de la Nación Comentado*, 391-93, Moeremans, «Tratativas preliminares. Responsabilidad precontractual», 117 ss.

En Francia, la modernización de su *Code civil* acoge en el Chapitre 1er «*Dispositions liminaires*» del *Sous-titre 1er* «*Le contrat*» del Titre III «*Des sources d'obligations*» del Livre III «*Des différentes manières dont on acquiert la propriété*», a dos principios vertebradores del Derecho contractual. El primero de ellos es la libertad contractual, y lo hace con mención expresa a sus dos vertientes positiva y negativa e imponiéndole como límites la ley y el orden público. Según dispone el art. 1102 *Code civil*:

> «Chacun est libre de contracter ou de ne pas contracter, de choisir son cocontractant et de déterminer le contenu et la forme du contrat dans les limites fixées par la loi.
> La liberté contractuelle ne permet pas de déroger aux règles qui intéressent l'ordre public».

Por su parte, el art. 1104 *Code civil* configura la buena fe como un principio indisponible, de dominio público, y que conlleva que los contratos deban negociarse, formarse y ejecutarse de buena fe[154]. Tal y como dicta este artículo:

> «Les contrats doivent être négociés, formés et exécutés de bonne foi.
> Cette disposition est d'ordre public».

A mayor abundamiento, ambos principios son reconocidos expresamente en el periodo precontractual, donde quedan anudados en el inicio, desarrollo y finalización de las negociaciones previas al contrato. Ciertamente, el art. 1112 *Code civil*, que inaugura la *Sous-secction 1* «*Les négotiations*», dispone que:

> «L'initiative, le déroulement et la rupture des négociations précontractuelles sont libres. Ils doivent impérativement satisfaire aux exigences de la bonne foi.
> En cas de faute commise dans les négociations, la réparation du préjudice qui en résulte ne peut avoir pour objet de compenser ni la perte des avantages attendus du contrat non conclu, ni la perte de chance d'obtenir ces avantages».

La redacción de este artículo muestra una clara la influencia de la propuesta de reforma del Derecho de contratos dirigida por el profesor TERRÉ, cuyo artículo 24 indica que:

> «L'inititive, le deroulement et la rupture des pourparlers son libres, mais ils doivent satisfaire aux exigences de la bonne foi.
> La faute dans l'exercice de la faculté de rompre est source de responlsabilité. elle est notamment constituée lorsque l'une des parties a entarné ou a poursuivi des négociations sans avoir de véritable intention de parvenir à un accord.
> En aucun cas les dommages et intérêts ne peuvent compenser la perte des bénéfices attendus du contrat non conclu».

A su vez, este artículo bebe el art. 1104 del *projet* CATALA, que preceptúa que:

> «L'initiative, le déroulement et la rupture des pourparlers sont libres, mais ils doivent satisfaire aux exigences de la bonne foi.

---

154 Se ha planteado si la buena fe del art. 1104 *Code civil* se configura como un deber o como una auténtica obligación. Esto es algo que no resulta desdeñable, ya que en función de su calificación las consecuencias varían. *Cfr.* KOHL Y WÉRY, *Le nouveau droit des obligations*, 216:104.

L'échec d'une négociation ne peut être source de responsabilité que s'il est imputable à la mauvaise foi ou à la faute de l'une des parties»[155].

Se contempla, pues, cómo el resultado de estas influencias ha derivado en la inclusión en el *Code civil* de un artículo que dispone que, durante los tratos preliminares, la buena fe tendrá que acomodarse con la libertad de no contratar. Por ello, en defensa de sus intereses, las partes podrán realizar conversaciones paralelas para el mismo negocio jurídico sin necesidad de informar a la contraparte, salvo pacto en contrario[156]. Además, podrán interrumpir las negociaciones libremente siempre y cuando no las desvirtúen atentando contra la buena fe[157].

El art. 1112 *Code civil* castiga la actuación culposa durante las negociaciones, imponiendo la correspondiente indemnización. Es una responsabilidad de naturaleza extracontractual *ex* art. 1240 *Code civil*, que es el precepto que inaugura el capítulo destinado a la responsabilidad extracontractual en general[158]. Se considerará que se actúa culposamente cuando, por ejemplo, se mantengan negociaciones artificialmente en torno a un contrato sin intención de celebrarlo[159]. Asimismo, se castigará la ruptura que afecte las previsiones de la otra parte[160]. Incurrirá en culpa quien imposibilite las negociaciones al intentar imponer sus condiciones sobre la otra parte[161].

El propio art. 1112 *Code civil*, en su segundo párrafo, limita el daño legalmente reparable, de manera que la indemnización no podrá tener por objeto compensar ni la pérdida de los beneficios esperados del contrato no celebrado, ni la

155 De Vincelles, «Le processus de conclusion du contrat», 133-45.

156 Cour de Cassation, Chambre commerciale, du 15 décembre 1992, 90-19.608, Bulletin 1992 IV N.° 415 p. 293.

157 Quenot, «"Pourparlers" o tratativas preliminares en el Derecho contractual francés», 138, 142 ss., Fabre-Magnan, *Droit des obligations. Tome 1. Contrat et engagement unilatéral*, 1:292. *Cfr.* Cour de Cassation, Chambre commerciale, du 26 novembre 2003, 00-10.243 00-10.949, Bulletin 2003 IV N.° 186 p. 206.

158 *Artiche 1240. Tout fait quelconque de l'homme, qui cause à autrui un dommage, oblige celui par la faute duquel il est arrivé à le réparer.*

159 Cour de Cassation, Chambre commerciale, du 22 février 1994, 92-13.871, Bulletin 1994 IV N.° 72 p. 55.

160 Cour de cassation, civile, Chambre civile 3, 30 novembre 2017, 14-20.449, ECLI:FR:CCASS:2017:C301227.

161 En el caso de la Cour de cassation, civile, Chambre commerciale, 21 octobre 2014, 13-12.452, ECLI:FR:CCASS:2014:CO00931, se puso de relieve que si se demuestra la culpa en la ruptura de negociaciones y su vínculo con el perjuicio causado, será posible exigir la correspondiente indemnización por la responsabilidad extracontractual. Así se deduce del pronunciamiento del Alto Tribunal, donde se criticó que la argumentación jurídica empleada por el Tribunal de Apelación para conceder la indemnización por ruptura injustificada de las negociaciones no se fundamentaba en el nexo causal entre la falta causada y el perjuicio indemnizado.

pérdida de oportunidades de obtener estas ventajas[162]. Es decir, no se repara el lucro cesante, pero se restituirá a la víctima a la situación previa a las negociaciones. No se compensa la pérdida de los beneficios esperados del contrato no celebrado ya que, aunque el incumplimiento sea abusivo, no existe relación de causalidad[163]. No obstante, la jurisprudencia ha estimado que, si el contrato no se concluye y las negociaciones suponen la pérdida de la oportunidad de concertar un contrato con un tercero, la indemnización sí podría tener lugar[164].

A pesar de la novedad que ha supuesto la inclusión del art. 1112 *Code civil* para la regulación de las negociaciones precontractuales, la reforma no ha incorporado un artículo genérico que haga referencia al régimen de los acuerdos destinados a la regulación del desarrollo o finalización de las negociaciones, tal y como sí hacían los textos de los profesores Catala y Terré[165]. Independientemente de que la libertad contractual sea suficiente para que las partes lleven a cabo este tipo de acuerdos sin necesidad de sanción legal alguna, su inclusión en el *Code civil* habría facilitado el desarrollo de este tipo de acuerdos comunes en la práctica jurídica[166].

Junto al deber de buena fe, en la reforma del *Code civil* se han consagrado otros dos deberes vinculados a la fase de negociaciones: el deber de informar y la confidencialidad de las negociaciones. En lo que respecta al deber de informar, el art. 1112-1 *Code civil* establece lo siguiente:

> «Celle des parties qui connaît une information dont l'importance est déterminante pour le consentement de l'autre doit l'en informer dès lors que, légitimement, cette dernière ignore cette information ou fait confiance à son cocontractant.

---

162 El segundo párrafo del art. 1112 *Code civil* reproduce el contenido de la sentencia de la Cour de Cassation, Chambre commerciale, du 26 novembre 2003, 00-10.243 00-10.949, Bulletin 2003 IV N.° 186 p. 206 *(Arrêt Manoukian)*, en la que se rechaza la inclusión en la indemnización del daño sufrido por la sociedad *Alain Manoukian* los beneficios que podría obtener, en caso de celebración del contrato, la esperanza de obtener de la explotación del negocio o incluso la pérdida de la posibilidad de obtener tales ganancias. La indemnización solo tendría que incluir los costes soportados por la negociación y los estudios previos de los que había resultado. Se ha afirmado que la exclusión de la pérdida de otras oportunidades de contratar de los conceptos indemnizatorios por la falta cometida durante las conversaciones preliminares es una previsión meramente interpretativa, que refleja el pronunciamiento de la sentencia del caso *Manoukian*, y que está abierta a matices. *Cfr.* Kohl y Wéry, *Le nouveau droit des obligations*, 216:160. Sobre la sentencia mencionada, *vid.* García Rubio, «Cour de Cass., 26.11.2003 - Perte de Chance (Expectation Interest) and Liability of a Third Person in Case of Breaking Off Negotiations», 450.

163 Quenot, «"Pourparlers" o tratativas preliminares en el Derecho contractual francés», 143-45.

164 Cour de Cassation, Chambre commerciale, du 7 avril 1998, 95-20.361.

165 Art. 1104-2 del *projet* CATALA. Le régime des accords destinés à aménager le déroulement ou la rupture des pourparlers, est soumis aux dispositions du présent sous-titre. Art. 27 de la propuesta de reforma del Derecho de contratos del profesor Terré. Le régime des accords destinés à aménager le déroulement ou la rupture des pourparlers, est soumis aux dispositions du présent Titre.

166 De Vincelles, «Le processus de conclusion du contrat», 138-39.

Néanmoins, ce devoir d'information ne porte pas sur l'estimation de la valeur de la prestation.

Ont une importance déterminante les informations qui ont un lien direct et nécessaire avec le contenu du contrat ou la qualité des parties.

Il incombe à celui qui prétend qu'une information lui était due de prouver que l'autre partie la lui devait, à charge pour cette autre partie de prouver qu'elle l'a fournie.

Les parties ne peuvent ni limiter, ni exclure ce devoir.

Outre la responsabilité de celui qui en était tenu, le manquement à ce devoir d'information peut entraîner l'annulation du contrat dans les conditions prévues aux articles 1130 et suivants».

Representa un deber indisponible para las partes, que no podrán limitarlo ni excluirlo, y se encuentra asociado al de buena fe, ya que su propósito es compensar cualquier desequilibrio informativo entre las partes[167]. Por ello, la información que debe aportarse es la legítimamente ignorada por la otra parte y que resulta decisiva para el consentimiento. Se preceptúa como decisiva la información que tenga un vínculo directo y necesario con el contenido del contrato o con la calidad de las partes. El artículo 1112-1 *Code civil* dispone la responsabilidad extracontractual y, además, la posible anulación del contrato en caso de vulneración del mencionado deber. En cuanto a la resolución del contrato, ésta se anuda al cumplimiento de las condiciones previstas en los arts. 1130 ss. *Code civil*, relativos a los vicios del consentimiento. Es decir, en caso de error o dolo, se podrá resolver el contrato. La responsabilidad extracontractual opera si existe un vínculo causal entre el daño generado y la violación del deber de información. En cualquier caso, quien afirme que se incumplió el deber tendrá que probarlo y, a su vez, quien lo niegue tendrá que demostrar que aportó la información debida.

El deber de confidencialidad, contenido en el art. 1112-2 *Code civil*, supone que, aquél que divulgue o utilice la información confidencial obtenida en las negociaciones, podrá ver comprometida su responsabilidad. Tal y como afirma el precepto:

«Celui qui utilise ou divulgue sans autorisation une information confidentielle obtenue à l'occasion des négociations engage sa responsabilité dans les conditions du droit commun».

Su dicción denota la influencia del art. 25 de la propuesta de reforma del profesor Terré, según el cual:

«Indépendamment de toute rupture, l'utilisation non autorisée d'une information confidentielle obtenue à l'ocasion des négotiations ouvre droit à réparation dans les conditions du droit commun de la responsabilité délictuelle»[168].

---

167 Ghestin, *Traité de droit civil. La formation du contrat*, 1254, Quenot, «"Pourparlers" o tratativas preliminares en el Derecho contractual francés», 139-41.

168 Por su parte, el *projet* CATALA no incluyó un artículo *ex profeso* para el deber de confidencialidad. *Cfr.* de Vincelles, «Le processus de conclusion du contrat», 137-38, 145.

En cualquier caso, se configura como un deber íntimamente relacionado con la buena fe y que complementa al deber de informar, resultando en una mayor protección del deudor de información. Al originarse en el periodo precontractual, la sanción por incumplimiento será de índole extracontractual[169]. La jurisprudencia ya condenó previamente la divulgación de información partiendo de la competencia desleal y del aprovechamiento de las técnicas reveladas durante las conversaciones precontractuales[170]. Ahora, con la reforma del *Code civil*, se mejora el ámbito de actuación para sancionar la ruptura del deber de confidencialidad[171]. Además, es un deber que opera con independencia de cualquier acuerdo de confidencialidad que se haya celebrado y que, como tal, nos situaría en el ámbito de la responsabilidad contractual[172].

La reciente reforma del *Code civil* belga se ha traducido, entre otros considerandos, en la adición de un nuevo Livre V «*Les obligations*», en el cual se aborda la formación dinámica del contrato a lo largo de 13 disposiciones, colmando así diversas lagunas legales, y planteando una estructura lógica y de mejor acceso a los litigantes[173]. En ellas se pone de relieve la clara influencia de las codificaciones alemana, holandesa y, muy especialmente, francesa, así como de los trabajos preparatorios de la reforma[174]. En el parágrafo rubricado «*Les négotiations*» se recogen la libertad contractual, la libertad de negociar en connivencia con la buena fe, así como los deberes de información y la responsabilidad precontractual.

En cuanto a la libertad contractual, el art. 5.14 *Code civil*, con rúbrica «*Liberté contractuelle*», dispone lo siguiente:

> «Hors les cas prévus par la loi, chacun est libre de contracter ou de ne pas contracter et de choisir son cocontractant, sans avoir à justifier les raisons de son choix.
>
> Les parties sont libres de donner le contenu de leur choix au contrat, pourvu qu'il satisfasse aux conditions de validité prévues par la loi».

---

169 Quenot, «"Pourparlers" o tratativas preliminares en el Derecho contractual francés», 141-42, Jaouen, «Négociations et obligation de confidentialité», 275 ss.

170 Cour de cassation, civile, Chambre civile 1, 5 juillet 2006, 05-12.193, Bull. 2006, I, n.° 360, p. 309, Cour de Cassation, Chambre commerciale, du 3 juin 1986, 84-16.971, Bulletin 1986 IV N.° 110 p. 94.

171 Jaouen, «Négociations et obligation de confidentialité», 275 ss.

172 García Rubio, «La responsabilidad precontractual», 378. No se puede dejar de lado que estos acuerdos son bastante frecuentes en la práctica comercial de transacciones económicamente significativas. *Cfr.* kohl y Wéry, *Le nouveau droit des obligations*, 216:172.

173 Ninane y Standaert, «La formation du contrat: conclusion dynamique et devoir d´information», 23-24.

174 El trabajo preparatorio de referencia fue la *Proposition de loi du 24 fevrier 2021 portant le Livre 5 «Les obligations» du Code civil*, Doc. parl., Ch. repr., 2020-2021, n.° 55-1806. *Vid.* Vandermeersch, «La formation dynamique du contrat», 73-110, Lambert y Derval, «La conclusion dynamique du contrat», 73-102, Ninane y Standaert, «La formation du contrat: conclusion dynamique et devoir d´information», 23-55.

Reconoce explícitamente las dos vertientes positiva y negativa de este principio, ya que las partes son libres de contratar y de no contratar[175]. Además, cada parte podrá escoger a su contratante sin tener que justificarlo[176]. En su primer párrafo, el precepto señala que la libertad de contratar no es absoluta y puede venir limitada por la ley, tanto en sentido negativo como positivo, reflejando así la evolución de la sociedad y la adaptación del Derecho a las necesidades de esta[177]. Resulta especialmente llamativo cuando la limita negativamente, ya que puede operar como un mecanismo de lucha contra la discriminación o el abuso del derecho[178]. Es más, la mera falta de motivación para no contratar ya fue apuntada en los trabajos preparatorios de la reforma como indicativa de abuso del derecho o de discriminación[179]. De la libertad para escoger el contenido del contrato, cabe decir que tan sólo estaría limitada por el respeto a las condiciones de validez establecidas por la ley, es decir, las contempladas en los artículos 5.27 y 1.3 del *Code civil* belga[180]. Estas son las establecidas tradicionalmente en la tradición civilista

175 La doctrina belga considera que la libertad de contratar conlleva la de no contratar. *Vid.* WÉRY, *Droit des obligations*, 1:159, 170.

176 No obstante, la ausencia de justificación solo es aplicable a las personas de derecho privado, ya que las personas Morales de derecho público han motivar sus decisiones *ex loi du 29 juillet 1991 relative a la motivation formelle des actes administratifs*, M.B., 12 septembre 1991, p. 19976. *Cfr.* VANDERMEERSCH, «La formation dynamique du contrat», 74, NINANE Y STANDAERT, «La formation du contrat: conclusion dynamique et devoir d´information», 25.

177 NINANE Y STANDAERT, «La formation du contrat: conclusion dynamique et devoir d´information», 25-26.

178 En relación con la lucha contra la discriminación, se pueden consultar: la *loi du 10 mayi 2007 tendant à lutter contre certaines formes de discrimination*, M.B., 30 mai 2007, p. 29016, la *loi du 10 mai 2007 tendant à lutter contre la discrimination entre les femmes et les hommes*, M.B., 30 mai 2007, p. 29031, la *loi du 10 mai 2007 modifiant la loi du 30 juillet 1981 tendant à réprimer certains actes inspirés par le racisme et la xénophobie*, M.B., 30 mai 2007, p. 29043. Todas ellas han sido modificadas por la *loi du 7 avril modifiant la loi du 10 mai 2007 tendant à lutter contre la discrimination entre les femmes et les hommes, la loi du 30 juillet 1981 tendant à réprimer certains actes inspirés par le racisme ou la xénophobie, la loi du 10 mai 2007 tendant à lutter contre certaines formes de discrimination, et la loi du 4 août 1996 relative au bien-être des travailleurs lors de l'exécution de leur travail, pour ce qui concerne la protection contre les mesures préjudiciables (1)*, M.B. 7 avril 2023, p. 46110. En cuanto al abuso del derecho, la *Cour de cassation* ha precisado que la negativa a contratar puede constituir un abuso del derecho. En este sentido se pronunció en el caso de 7 de octubre de 2011 al afirmar que *«Le refus de contracter peut constituer un abus de droit lorsque l'usage de la liberte de ne pas contracter est exerce d'une maniere qui excede manifestement les limites de l'exercice normal de cette liberte par une personne prudente et diligente»*, Belgique, Cour de cassation, 07 octobre 2011, C.10.0227.F.

179 *Proposition de loi du 24 fevrier 2021 portant le Livre 5 «Les obligations» du Code civil*, Doc. parl., Ch. repr., 2020-2021, n.° 55-1806, p. 25.

180 Al establecer como límite el respeto a las condiciones de validez previstas por la ley, los autores de la reforma quisieron subrayar que *«la liceité du contrart s'apprécie exclusivement au travers de ses conditions de validité énoncées à l'article 5.27, en particulier les exigences d'un objet et d'une cause licites»* (*Proposition de loi du 24 fevrier 2021*

continental en el momento de la conclusión del contrato, a saber, el consentimiento libre e informado de las partes, la capacidad de contratar, el objeto lícito y determinable, y una causa lícita[181].

Por su parte, el art. 5.15 *Code civil*, con rúbrica «*Liberté de négocier*», preceptúa que:

> «Les parties sont libres d'entamer, de mener et de rompre des négociations précontractuelles.
>
> Elles agissent à cet égard conformément aux exigences de la bonne foi».

Al ejercitar este principio, se puede manifestar la articulación entre la vertiente negativa de la libertad de contratar y la buena fe, puesto que las partes serán libres de abandonar las negociaciones si respetan las exigencias de la buena fe[182]. La libertad de negociar no es absoluta y queda constreñida por los deberes que emanan de la buena fe, si bien es cierto que, cualquier excepción a la libertad de negociación, habrá de aplicarse con una gran reserva[183]. Precisamente, tanto el deber de información como la responsabilidad precontractual serían supuestos en los que dicha excepcionalidad quedaría puesta de relieve, tal y como dispone el *Code civil* belga en los artículos que siguen a la libertad de negociar y que encuadran a ésta como bisagra entre la libertad de contratar y la *culpa in contrahendo*[184].

Mediante el art. 5.16 *Code civil*, se ha positivizado la elaboración doctrinal y jurisprudencial del deber de información asentado en la buena fe y, según la cual, el deudor de aquel es consciente de la relevancia de la información para la otra parte que, legítimamente, la ignora[185]. Aunque se reconozca que

portant le Livre 5 «Les obligations» du Code civil, Doc. parl., Ch. repr., 2020-2021, n.° 55-1806, p. 25).

181 Art. 5.27 Code civil. Conditions de validité
Pour la validité d'un contrat, les conditions suivantes doivent être remplies:
1.° le consentement libre et éclairé de chaque partie,
2.° la capacité de chaque partie de contracter,
3.° un objet déterminable et licite,
4.° une cause licite.
Les conditions de validité sont appréciées au moment de la conclusion du contrat.

182 Vandermeersch, «La formation dynamique du contrat», 76, Ninane y Standaert, «La formation du contrat: conclusion dynamique et devoir d'information», 27-28, Lambert y Derval, «La conclusion dynamique du contrat», 75.

183 Así lo expresaron los trabajos preparatorios de la reforma. *Cfr. Proposition de loi du 24 fevrier 2021 portant le Livre 5 «Les obligations» du Code civil*, Doc. parl., Ch. repr., 2020-2021, n.° 55-1806, p. 25.

184 Vandermeersch, «La formation dynamique du contrat», 76-89, Ninane y Standaert, «La formation du contrat: conclusion dynamique et devoir d'information», 27-36, Lambert y Derval, «La conclusion dynamique du contrat», 75-87.

185 Tradicionalmente se reconocía que el deber de informar en la fase precontractual generaba la correspondiente responsabilidad por atentar contra la buena fe. *Vid.* Montero, «Les

este deber de información pervive durante toda la existencia del contrato, e incluso después de su ejecución y disolución, el art. 5.16 *Code civil* belga tan solo se refiere al periodo precontractual y, si se aborda desde la perspectiva de la buena fe, conlleva la obligación de informar sobre las circunstancias determinantes para la celebración del contrato[186]. Consecuentemente, la norma, rubricada «*Devoirs d'information*», dispone lo siguiente:

> «Les parties se fournissent pendant les négociations précontractuelles les informations que la loi, la bonne foi et les usages leur imposent de donner, eu égard à la qualité des parties, à leurs attentes raisonnables et à l'objet du contrat».

En puridad, el *Code civil* belga no crea con este registro un deber de información, sino que éste recaerá en las partes si lo disponen la ley, los usos o la buena fe[187]. Así se señaló en los trabajos preparatorios al afirmar que «*n'existe en droit commun aucun devoir général d'information: les parties ne sont pas tenues de se fournier toutes les informations dont elles disposent. Une information ne doit donc être communiquée que dans les cas prévus par cette disposition, notamment lorsque la bonne foi l'impose*»[188]. Si se fundamenta en la ley o en la costumbre, serán ellas las que marquen su existencia y alcance. Sin embargo, la delimitación de este deber será menos precisa si se adeuda en la buena fe, de modo que la cualidad y las expectativas razonables de las partes, así como el objeto del contrato, serán referencias susceptibles de ser ampliadas por el juez de cara a valorar la existencia y alcance del deber de información. Son, pues, elementos esenciales, pero no por ello los únicos que permiten determinar el grado de información que debe facilitarse en relación con la buena fe, de manera que el listado reflejado en el art. 5.16 *Code civil* podrá tenerse como *numerus apertus*[189]. Es un deber para respetar

---

obligations d'information, de renseignement, de mise en garde et de conseil des fabricants et vendeurs professionnels», 324-30, Romain, *Théorie critique du principe général de bonne foi en droit privé. Des atteintes à la bonne foi, en général, et de la fraude, en particulier («Fraus omnia corrumpit»)*, 862, Vandermeersch, «La formation dynamique du contrat», 76-77, Ninane y Standaert, «La formation du contrat: conclusion dynamique et devoir d'information», 29-30.

186 Ninane y Standaert, «La formation du contrat: conclusion dynamique et devoir d'information», 28-31.

187 Lambert y Derval, «La conclusion dynamique du contrat», 77.

188 *Proposition de loi du 24 fevrier 2021 portant le Livre 5 «Les obligations» du Code civil*, Doc. parl., Ch. repr., 2020-2021, n.° 55-1806, p. 25. Lo dispuesto en los trabajos preparatorios y positivizado en el art. 5.16 *Code civil* es expresivo de la ausencia en el Derecho belga de una obligación general de información que obligue a una parte a comunicar a la otra cualquier información que tenga, o incluso que considere que podría ser útil para la otra parte en el momento de la celebración del contrato. En este sentido, *vid.* la doctrina mencionada en Lambert y Derval, 76.

189 Entre los elementos «esenciales», el referido a las expectativas razonables ha de comprenderse como el grado de información que razonablemente podrían esperar dos partes prudentes y colocadas en las mismas circunstancias del caso concreto. No se

mutuamente por las partes y conlleva, no solo aportar la información debida, sino también la obligación de informarse por sí mismas en la medida de sus posibilidades. Es por ello por lo que la exigencia de este deber no será la misma entre profesionales que cuando una de las partes no lo sea[190]. Además, algunos autores defienden que es un deber que está sujeto a cierta graduación, pudiendo distinguirse entre la simple obligación de información, la obligación de advertencia y de consejo. La primera supone meramente la obligación de transmitir la información. La segunda demanda que el deudor de la obligación llame la atención del contratante sobre los riesgos materiales o jurídicos que puedan darse. La tercera implica el deber de informar a la contraparte del riesgo[191]. Independientemente de las consideraciones apuntadas, el mayor mérito de este precepto es que consagra expresamente que la buena fe pueda ser eventualmente el fundamento de un deber de información precontractual. A mayor abundamiento, debe analizarse en su contexto inmediato para comprender su interés general y, en particular, con la responsabilidad precontractual[192].

Tras haber abordado la libertad contractual, la de negociar y el deber de información, se cierra el parágrafo destinado a las negociaciones con la responsabilidad precontractual sita en el art. 5.17 *Code civil*. En él se preceptúa que:

> «Les parties peuvent engager leur responsabilité extracontractuelle l'une envers l'autre pendant les négociations précontractuelles.
>
> En cas de rupture fautive des négociations, cette responsabilité implique que la personne lésée soit remise dans la situation dans laquelle elle se serait trouvée s'il n'y avait pas eu de négociations. Lorsque la confiance légitime que le contrat serait sans aucun doute conclu a été suscitée, cette responsabilité peut impliquer la réparation de la perte des avantages nets attendus du contrat non conclu.
>
> Outre la responsabilité précontractuelle, la violation d'un devoir d'information peut conduire à la nullité du contrat s'il est satisfait aux exigences prévues à l'article 5.33».

---

interpretará, pues, como las expectativas razonables concretas de las partes. Otros elementos para tener en cuenta para determinar el grado de información que ha de facilitarse pueden ser las condiciones en las que se facilita la información, las necesidades expresadas por las partes, las circunstancias específicas del caso, etc. No obstante, en su mayoría pueden deducirse indirectamente a partir de las expectativas razonables de las partes. *Vid.* LAMBERT Y DERVAL, 77-78, NINANE Y STANDAERT, «La formation du contrat: conclusion dynamique et devoir d´information», 30-31.

190 MONTERO, «Les obligations d'information, de renseignement, de mise en garde et de conseil des fabricants et vendeurs professionnels», 324-29, WOUTERS, «Obligation d'information précontractuelle: la bonne foi plus actuelle que jamais», 270.

191 MONTERO, «Les obligations d'information, de renseignement, de mise en garde et de conseil des fabricants et vendeurs professionnels», 312-13, Glansdorf, «Introduction générale», 14-15.

192 LAMBERT Y DERVAL, «La conclusion dynamique du contrat», 78, NINANE Y STANDAERT, «La formation du contrat: conclusion dynamique et devoir d´information», 31.

Con esta norma, el *Code civil* estatuye la concepción doctrinal y jurisprudencial de la *culpa in contrahendo*, previamente discutida en los trabajos preparatorios y que podrá tener lugar bajo dos escenarios distintos: la ruptura injustificada de las negociaciones y el incumplimiento del deber de informar en el momento de la celebración del contrato[193]. Al referirse al primero de estos escenarios, la norma resuelve la controversia previamente existente sobre si su fundamento se encontraba en un comportamiento culposo *ex* art. 1382 del antiguo *Code civil*, en la buena fe o en la prohibición del abuso del derecho[194]. Lo solventa indicando que la responsabilidad precontractual es de naturaleza extracontractual[195]. Entre las causas más frecuentes de responsabilidad precontractual en el curso de las negociaciones, se encuentra la ruptura abrupta de éstas, afectando las expectativas legítimas que tenía una de las partes en la celebración del contrato a la vista de lo avanzado de aquellas. Tal y como se ha señalado anteriormente, la libertad de negociar *ex* art. 5.15 *Code civil* permite que las partes inicien, mantengan y rompan libremente las negociaciones precontractuales, ahora bien, conforme se avance en las conversaciones, tal libertad irá mermando en contra de la libertad de no contratar. Por ello, para que la retirada de las negociaciones sea libre, habrá de estar debidamente justificada para no dañar las expectativas que la otra parte había depositado legítimamente en la celebración del contrato. De ahí que la apariencia, aunque no se contemple como fuente de obligación específica en el *Code civil*, sea un elemento clave tanto durante las negociaciones como al inicio de éstas. Así, el mero inicio de las negociaciones sin el propósito de concluirlas o para lograr información confidencial de la otra parte, también podría dar lugar a la debida responsabilidad precontractual[196].

Ante la ruptura injustificada de las negociaciones, el segundo párrafo del art. 5.17 *Code civil* se hace eco de los principios regidores de la responsabilidad civil extracontractual, ya que el responsable habrá de restaurar al perjudicado en la situación en la que se habría encontrado de no haber incurrido aquel en culpa[197]. En la reparación pueden participar el interés negativo y el positivo.

---

193 *Proposition de loi du 24 fevrier 2021 portant le Livre 5 «Les obligations» du Code civil*, Doc. parl., Ch. repr., 2020-2021, n.° 55-1806, p. 26. *Cfr.* VANDERMEERSCH, «La formation dynamique du contrat», 87-93.

194 DURANT, «La rupture unilatérale des pourparlers ou l'exercice d'une liberté surveillée», 46-66, JAFFERALI, *La rétroactivité dans le contrat*, 781-93.

195 LAMBERT Y DERVAL, «La conclusion dynamique du contrat», 79, VANDERMEERSCH, «La formation dynamique du contrat», 79.

196 SAMOY Y STIJNS, «La Confiance Légitime En Droit Des Obligations», 87-88, DURANT, «La rupture unilatérale des pourparlers ou l'exercice d'une liberté surveillée», 61-65. Por todos, *cfr.* VANDERMEERSCH, «La formation dynamique du contrat», 80-81.

197 DURANT, «La rupture unilatérale des pourparlers ou l'exercice d'une liberté surveillée», 67-69.

El interés negativo supone situar a la víctima en la situación en la que se encontraría si no hubiera iniciado las negociaciones. Está previsto en el primer inciso del párrafo segundo del mencionado precepto. Siguiendo lo dispuesto en los trabajos preparatorios, se podrán compensar como intereses negativos los costes incurridos durante las negociaciones como la pérdida de las oportunidades de concluir un contrato con un tercero[198]. Asimismo, la doctrina belga ha entendido que en esta partida también pueden incluirse el perjuicio moral y el daño a la reputación de la víctima[199]. Ahora bien, aquellos gastos generales en los que igualmente se hubiera incurrido con independencia de las negociaciones, no serán indemnizables, aunque en parte se hubieran asignado a éstas[200]. Si la ruptura de las negociaciones supone una violación de la confianza, los gastos a indemnizar se cuentan desde que se gestó tal confianza. Sin embargo, si la responsabilidad precontractual nace de haber inducido negociaciones sin intención de concluirlas, se deben resarcir todos los gastos ocasionados[201]. En cualquiera de estos casos, habrá de existir una relación causal entre la ruptura de las negociaciones y el daño, y, además, habrá de tenerse en consideración la posible culpa de la víctima que incurrió en gastos siendo consciente del riesgo de que las negociaciones no concluyeran en contrato[202].

El interés positivo, que supone situar a la víctima en el punto en el que estaría si se hubiera celebrado y ejecutado el contrato, está previsto en el segundo inciso del párrafo segundo del art. 5.17 *Code civil*[203]. Esta incorpo-

---

198 *Proposition de loi du 24 fevrier 2021 portant le Livre 5 «Les obligations» du Code civil*, Doc. parl., Ch. repr., 2020-2021, n.° 55-1806, p. 26.

199 Delforge y De Coninck, «La Rupture Des Négociations et Le Retrait Intempestif de l'offre. Régime Général et Sanctions», 88, de Boeck, «De tussenkomst van de rechter in de precontractuele fase: mogelijkheden en grenzen», 230-31. Ambos en cita de Vandermeersch, «La formation dynamique du contrat», 82-83. Igualmente, se puede consultar Lambert y Derval, «La conclusion dynamique du contrat», 80-82, Ninane y Standaert, «La formation du contrat: conclusion dynamique et devoir d´information», 32-34.

200 *«...dépenses qui auraient été exposées en toute hypothèse n'entrent pas en ligne de compte pour l'indemnisation», vid. Proposition de loi du 24 fevrier 2021 portant le Livre 5 «Les obligations» du Code civil*, Doc. parl., Ch. repr., 2020-2021, n.° 55-1806, p. 26. *Vid.* Durant, «La rupture unilatérale des pourparlers ou l'exercice d'une liberté surveillée», 70-71.

201 Ninane y Standaert, «La formation du contrat: conclusion dynamique et devoir d´information», 33-34.

202 *Proposition de loi du 24 fevrier 2021 portant le Livre 5 «Les obligations» du Code civil*, Doc. parl., Ch. repr., 2020-2021, n.° 55-1806, p. 26. Vandermeersch, «La formation dynamique du contrat», 82-83. En cita de este autor, *cfr.* Delforge y De Coninck, «La Rupture Des Négociations et Le Retrait Intempestif de l'offre. Régime Général et Sanctions», 88.

203 Jafferali, *La rétroactivité dans le contrat*, 875, de Boeck, «De tussenkomst van de rechter in de precontractuele fase: mogelijkheden en grenzen», 231, Ninane y Standaert, «La formation du contrat: conclusion dynamique et devoir d´information», 34. Este último, en cita de Vandermeersch, «La formation dynamique du contrat», 83.

ración al *Code civil* belga es expresiva de la teoría de la confianza legítima y se aparta de la doctrina mayoritaria belga, que entiende que la relación causal entre la ruptura y el daño no está suficientemente establecida[204]. El sector mayoritario plantea sus dudas en tanto en cuanto no se puede afirmar, categóricamente, que, si no se hubieran interrumpido las negociaciones, el contrato se habría celebrado[205]. A mayor abundamiento, las partes son libres de no contratar, por lo que la reparación del interés positivo podría traducirse en una conclusión forzada del contrato que coarta la libertad de las partes[206]. Otros argumentos esgrimidos en contra del interés positivo son la inseguridad jurídica y la dificultad conceptual que puede suponer la inclusión de la teoría de la confianza legítima. Conceptualmente, crea una zona intermedia entre la negociación y la celebración de contratos, consagrando una aplicación particular de la teoría de la confianza. Sin embargo, a pesar de que la línea divisoria entre las negociaciones y la celebración de un contrato sea muy delgada, la realidad es que el contrato se concluye o no. La inseguridad jurídica deviene del hecho de que la teoría de la confianza supone la incorporación de un elemento subjetivo, ya que los jueces y tribunales habrán de valorar si la víctima pudiera esperar legítimamente que el contrato se celebraría. Pues bien, tal inclusión subjetiva es susceptible de sumar dificultades al proceso judicial[207].

No obstante, frente a la mayoría hay un sector minoritario de la doctrina a favor del *Code civil* belga ya que defiende el interés positivo. Considera que, a pesar de que no sea suficiente con que las negociaciones estén muy avanzadas, sí se puede llegar a un punto a partir del cual no cabe retirarse legítimamente de aquellas. Asimismo, se tendrá que demostrar que, sin la ruptura, el contrato se habría celebrado[208]. Aunque el *Code civil* belga haya

---

204 *Proposition de loi du 24 fevrier 2021 portant le Livre 5 «Les obligations» du Code civil*, Doc. parl., Ch. repr., 2020-2021, n.° 55-1806, p. 18. *Vid.* Durant, «La rupture unilatérale des pourparlers ou l'exercice d'une liberté surveillée», 74-75.

205 Vandermeersch, «La formation dynamique du contrat», 83, Ninane y Standaert, «La formation du contrat: conclusion dynamique et devoir d´information», 35-36. En esta línea de razonamiento, en lo que se refiere a una pérdida de oportunidad de evitar cierta desventaja, se puede citar la sentencia en Bélgica de la *Cour de cassation*, 28 janvier 2021, C.18.0341.F, en la que se afirma que *«La perte d'une chance est un dommage spécifique qui consiste en la perte certaine d'un avantage probable. Celui qui perd un avantage certain ne peut réclamer la réparation du dommage distinct que constitue la perte d'une chance».*

206 Durant, «La rupture unilatérale des pourparlers ou l'exercice d'une liberté surveillée», 75, de Boeck, «De tussenkomst van de rechter in de precontractuele fase: mogelijkheden en grenzen», 225.(este último, en cita de Vandermeersch, «La formation dynamique du contrat», 83) .

207 Lambert y Derval, «La conclusion dynamique du contrat», 82-87.

208 De Boeck, «De tussenkomst van de rechter in de precontractuele fase: mogelijkheden en grenzen», 89. En cita de Vandermeersch, «La formation dynamique du contrat», 84.

acogido el interés positivo, es una disposición de aplicación excepcional[209]. Así, en aras de la certidumbre, requiere que los elementos del contrato estén determinados[210]. Igualmente, cuando se calcule la cuantía del interés positivo habrán de restarse los gastos que la víctima hubiera realizado para la ejecución del acuerdo. Es más, incluso se ha afirmado que el culpable podría reclamar la indemnización de los intereses positivos con el objetivo de reducir su indemnización, por lo que éstos no siempre serán en beneficio de la víctima[211]. En cuanto al medio de reparación, buena parte de la doctrina se muestra contraria al principio en materia de responsabilidad extracontractual, ya que la ejecución *in natura* en la ruptura de las negociaciones supondría la conclusión forzada del contrato y, en consecuencia, un ataque a la libertad de no contratar. De ahí que, lo más habitual, sea la indemnización de daños e intereses[212].

Si el primero de los escenarios planteados en el art. 5.17 *Code civil* es la ruptura injustificada de las negociaciones, el segundo consiste en la responsabilidad precontractual en los supuestos en los que se forma un contrato. Al fin y al cabo, ésta solo exige que su hecho constitutivo tenga lugar con anterioridad a la formación del contrato. De ahí que el tercer y último párrafo del precepto plantee que el incumplimiento del deber de información pueda dar paso a la nulidad del contrato si se dieran los requisitos de los vicios del consentimiento *ex* art. 5.33 *Code civil*[213]. Pues bien, en el escenario de la formación de un contrato con responsabilidad precontractual se pueden plantear dos supuestos: la anulación del contrato o la pervivencia de éste.

En efecto, la anulación del contrato por cualquiera de los vicios del consentimiento del art. 5.33 *Code civil* (error, dolo, violencia o abuso de las cir-

---

209 *Proposition de loi du 24 fevrier 2021 portant le Livre 5 «Les obligations» du Code civil*, Doc. parl., Ch. repr., 2020-2021, n.° 55-1806, p. 18.

210 Hay oposición a que el artículo se interprete como una autorización a los jueces y tribunales para fijar los elementos sustanciales del contrato esperado para evaluar los beneficios asignados a la víctima como daños en intereses. Lambert y Derval, «La conclusion dynamique du contrat», 85.

211 Lambert y Derval, 85-87, Ninane y Standaert, «La formation du contrat: conclusion dynamique et devoir d'information», 35-36.

212 Delforge y De Coninck, «La Rupture Des Négociations et Le Retrait Intempestif de l'offre. Régime Général et Sanctions», 94.

213 Art. 5.33 Code civil. Vices de consentement
Il n'y a pas de consentement valable lorsqu'il est la conséquence d'une erreur, d'un dol, d'une violence ou d'un abus de circonstances, pour autant que le vice de consentement soit déterminant.
A moins que la loi n'en dispose autrement, un contrat entaché par un vice de consentement est frappé de nullité relative, sans préjudice de la responsabilité précontractuelle telle que visée à l'article 5.17.
Le dol, la violence et l'abus de circonstances émanant du complice du cocontractant ou d'une personne dont ce dernier doit répondre sont assimilés à ceux du cocontractant.

cunstancias) puede traducirse en responsabilidad precontractual. Por ejemplo, en el caso de error en la contratación, habrá de probarse la negligencia u omisión culpable. Para que exista dolo, la transmisión voluntaria de la información tendrá que ser incorrecta, aunque también podrá tener lugar si se omite información cuando exista la obligación de transmitirla. Asimismo, si nos centramos en la víctima, ha de tenerse presente que, aunque se invoque su imprudencia o negligencia grave e inexcusable, no se eximirá por ello al autor del dolo que condujo a la anulación del contrato, que habrá de reparar íntegramente el perjuicio[214]. Puesto que la causa de la anulación del contrato es generadora de responsabilidad precontractual, también se podrá solicitar la indemnización por daños y perjuicios junto a la anulación[215]. En dicha indemnización participan los intereses negativos y pueden resarcirse los gastos en los que se incurrió para negociar o celebrar el contrato, así como la pérdida de oportunidades de celebrar un contrato con un tercero[216]. En cuanto a los intereses positivos, éstos tan solo están previstos para el supuesto de incumplimiento de las negociaciones[217].

Los supuestos de responsabilidad precontractual con formación del contrato también hacen referencia tanto a los casos en los que la víctima no opta por la nulidad del contrato, como a los que el vicio del consentimiento no conduce a ésta. En estas situaciones, la víctima tendrá derecho a reclamar lo daños y perjuicios y, puesto que el contrato está vigente, no podrá incluir una partida por interés positivo en su indemnización[218].

Para finalizar, se debe apuntar que el parágrafo «*Les négotiations*» ha tenido la virtud de hacer frente a toda una serie de interrogantes legales previamente existentes en torno al periodo precontractual y a los principios implicados en el mismo.

---

214 *Proposition de loi du 24 fevrier 2021 portant le Livre 5 «Les obligations» du Code civil*, Doc. parl., Ch. repr., 2020-2021, n.° 55-1806, p. 41-43. Estos supuestos referentes al dolo están normados en el art. 5.35 *Code civil*, según el cual:

«Le dol n'est une cause de nullité que lorsqu'une partie a été trompée par les manoeuvres que son cocontractant a pratiquées intentionnellement.

Une manoeuvre peut consister en une rétention intentionnelle d'informations dont on dispose et que l'on devait communiquer en vertu de l'article 5.16.

Le dol est une cause de nullité indépendamment du caractère excusable de l'erreur qui en résulte.

Le dol ne se présume pas mais doit être prouvé».

215 VANDERMEERSCH, «La formation dynamique du contrat», 87.

216 JAFFERALI, *La rétroactivité dans le contrat*, 800.

217 Así se señaló en los trabajos preliminares (*Proposition de loi du 24 fevrier 2021 portant le Livre 5 «Les obligations» du Code civil*, Doc. parl., Ch. repr., 2020-2021, n.° 55-1806, p. 26) y lo confirma el art. 5.17 *Code civil*.

218 *Proposition de loi du 24 fevrier 2021 portant le Livre 5 «Les obligations» du Code civil*, Doc. parl., Ch. repr., 2020-2021, n.° 55-1806, p. 26.

En España, el vigente CC no hace mención expresa a la libertad contractual ni a la buena fe como principios generales que van más allá del ámbito contractual. No obstante, dentro del ordenamiento jurídico español, la libertad civil, junto con la buena fe y la honradez de los tratos, constituyen principios básicos del Derecho civil catalán *ex Ley 29/2002, de 30 de diciembre, primera Ley del Código Civil de Cataluña*, que tiene por objeto establecer la estructura y la sistemática del Código civil de Cataluña y aprobar su libro primero[219]. En ella se pone de manifiesto que el Derecho civil catalán ha entrado en una etapa de codificación cuyo código, abierto, pone de relieve la influencia del código civil neerlandés y de las nuevas codificaciones europeas[220]. En los artículos 111-6 a 111-9, sitos en el Título I «*Disposiciones preliminares*» del Libro I «*Disposiciones generales*», se enuncian los principios jurídicos básicos del Derecho civil catalán. El primero de ellos, la libertad civil, supone el reconocimiento de la facultad de la ciudadanía de excluir la ley aplicable siempre que ésta no sea imperativa, y, en consecuencia, la libertad contractual más amplia para otorgar contratos y delimitar su contenido[221]. Su relevancia es patente ya que, como el propio Preámbulo señala, «*El artículo 111-6, recogiendo como disposición preliminar el principio de libertad civil, remarca que, a diferencia del artículo 1255 del Código civil español, no se limita a la autonomía contractual, sino que tiene carácter de principio general*». A la libertad civil le sigue el principio general de la buena fe *ex* art.111-7, que aparece como un principio informador de los actos propios normados en el art. 111-8[222]. La buena fe, como tal, demanda un comportamiento objetivamente ético de las partes en la relación jurídica y, por ello, aparece vinculada a la honradez en los tratos[223]. En efecto, tal y como preceptúa el art. 111-7, de rúbrica «*Buena fe*», estatuye que:

> «En las relaciones jurídicas privadas deben observarse siempre las exigencias de la buena fe y de la honradez en los tratos».

---

219 https://www.boe.es/eli/es-ct/l/2002/12/30/29/con

220 Vaquer Aloy, «El Derecho civil Catalán», 69 ss., Vaquer Aloy, «La codificación del derecho patrimonial en Cataluña: en busca de modelos comparados (2002/11-12)», 1234 ss.

221 *Artículo 111-6 Código civil de Cataluña. Libertad civil. Las disposiciones del presente Código y de las demás leyes civiles catalanas pueden ser objeto de exclusión voluntaria, de renuncia o de pacto en contrario, a menos que establezcan expresamente su imperatividad o que ésta se deduzca necesariamente de su contenido. La exclusión, la renuncia o el pacto no son oponibles a terceros si pueden resultar perjudicados por ellos.*

222 *Artículo 111-8 Código civil de Cataluña. Actos propios. Nadie puede hacer valer un derecho o una facultad que contradiga la conducta propia observada con anterioridad si ésta tenía una significación inequívoca de la cual derivan consecuencias jurídicas incompatibles con la pretensión actual.*

223 Vaquer Aloy, «El Derecho civil Catalán», 80.

Sobre su carácter general se insiste en el propio *Preámbulo* de la ley, que dicta que la buena fe «*se incorpora porque en la tradición del derecho catalán, en la línea del derecho continental europeo del que forma parte, es un principio que tiene carácter general y que, por lo tanto, no puede limitarse al ámbito contractual*» y, a continuación, lo diferencia de la honradez de los tratos afirmando que el art. 111-7 «*También se refiere a la honradez de los tratos, como concepto diferenciado, porque, de acuerdo con la más reciente evolución del derecho privado europeo, quiere destacar su aspecto objetivo, independiente del conocimiento o la ignorancia de cada uno de los sujetos de la relación jurídica*». Al concebir la buena fe como un principio general, el Código civil catalán le otorga un campo de actuación que, sin lugar a duda, alcanza la fase de negociaciones y a todo el *iter* contractual.

A diferencia de la PMDOC y de la PMDOCR, el CC vigente no norma de forma expresa la buena fe en la fase precontractual[224]. No obstante, la doctrina mayoritaria sí ha venido reconociendo su viabilidad en dicho periodo tomando como fundamento preceptos de alcance más general[225]. Entiende que su exigencia puede derivarse de la aplicación analógica del artículo 1258 del CC, que preceptúa que «*Los contratos se perfeccionan por el mero consentimiento, y desde entonces obligan, no sólo al cumplimiento de lo expresamente pactado, sino también a todas las consecuencias que, según su naturaleza, sean conformes a la buena fe, al uso y a la ley*». La pretensión es aplicarlo de forma analógica también en la fase de negociaciones, es decir, como fuente de integración del contrato aplicable a esta etapa[226]. En este sentido, se puede traer a colación la STS de 12 de julio de 2002[227], en la que se afirma que «*... la buena fe a que se refiere el art. 1258 es un concepto objetivo, de comportamiento honrado, justo, leal (Sentencias de 26 de octubre de 1995, 6 de marzo de 1999, 30 de junio y 25 de julio de 2000, entre otras) que opera en relación íntima con los principios que la conciencia*

---

224 Tanto la PMDOC como la PMDOCR contemplan que los contratos sean negociados de conformidad con las exigencias de la buena fe.

225 ALONSO PÉREZ, «La responsabilidad precontractual», 868, ASÚA GONZÁLEZ, *La culpa in contrahendo*, 244, GARCÍA RUBIO, *La responsabilidad precontractual en el derecho español*, 41-42, GARCÍA RUBIO, «Artículo 1258», 1373-74, GARCÍA RUBIO, «La responsabilidad precontractual», 363 ss., MANZANARES SECADES, «Responsabilidad precontractual o culpa in contrahendo», 982-83, MANZANARES SECADES, «La responsabilidad precontractual en la hipótesis de ruptura injustificada de las negociaciones preliminares», 708, MEDINA ALCOZ, «La ruptura injustificada de los tratos preliminares», 79.

226 La buena fe como fuente de integración del contrato ha sido comentada, entre otros, por ALONSO PÉREZ, «La responsabilidad precontractual», 916, ASÚA GONZÁLEZ, *La culpa in contrahendo*, 253-54, GARCÍA RUBIO, *La responsabilidad precontractual en el derecho español*, 41, LACRUZ BERDEJO *et al.*, *Derecho de obligaciones. II. Volumen primero. Parte general. Teoría general del contrato*, 380, LASARTE ÁLVAREZ, *Principios de derecho civil. III, Contratos*, 76.

227 STS de julio de 2012, RJ 2002/6047.

social considera como necesarios, aunque no hayan sido formulados por el legislador, ni establecidos por la costumbre o el contrato (Sentencia de 22 de septiembre de 1997). Supone una exigencia de comportamiento coherente y de protección de la confianza ajena (Sentencias de 16 de noviembre de 1979, 29 de febrero y 2 de octubre de 2000), de cumplimiento de las reglas de conducta incitas en la ética social vigente, que vienen significadas por las reglas de honradez, corrección, lealtad y fidelidad a la palabra dada y a la conducta seguida (Sentencias de 26 de enero de 1980, 21 de septiembre de 1987 y 29 de febrero de 2000)»[228].

Igualmente, la exigencia de la buena fe en el periodo precontractual puede justificarse en sede de la cláusula general del artículo 7.° 1 CC, según el cual:

> «Los derechos deberán ejercitarse conforme a las exigencias de la buena fe».

No obstante, quedaría fuera de su alcance lo relacionado con el cumplimiento de las obligaciones y los actos jurídicos[229]. Así lo indicó el Alto Tribunal en la sentencia de 21 de noviembre de 2003[230], afirmando que «*el art. 7.1.*° del Código Civil, como ya expresó la sentencia de 8 de julio de 1981, es una norma que en su profundo sentido obliga a la exigencia, en el ejercicio de los derechos, de una conducta ética significada por los valores de honradez, lealtad, justo reparto de la propia responsabilidad y atenimiento a las consecuencias que todo acto consciente y libre puede provocar en el ámbito de la confianza ajena»[231].

Además, el respeto a la buena fe en la fase de negociaciones puede fundamentarse en su reconocimiento como principio general del Derecho *ex* art. 1.° 4 CC, que estatuye que «*Los principios generales del derecho se aplicarán en defecto de ley o costumbre, sin perjuicio de su carácter informador del ordenamiento jurídico*»[232]. Tal y como afirmara Díez Picazo: «*Otra cosa distinta es el principio general de la buena fe. Aquí la buena fe no es ya un puro elemento de un supuesto de hecho normativo, sino que engendra una norma jurídica completa, que, además, se eleva a la categoría o al rango de un principio general del derecho: todas las personas, todos los miembros de una comunidad jurídica deben comportarse de buena fe en sus recíprocas relaciones. Lo que significa varias cosas: que deben adoptar un comportamiento leal en toda*

---

228 A mayor abundamiento, *vid.* las SSTS de 21 de noviembre de 2003 y 30 de enero de 2003, RJ 2003/2024.

229 Así lo han expresado autoras como Asúa González, *La culpa in contrahendo*, 253-54, García Rubio, *La responsabilidad precontractual en el derecho español*, 40-41.

230 STS de 21 de noviembre de 2003, RJ 2003/8085.

231 La buena fe en el sentido objetivo del art. 7.1.° CC también fue analizada en las SSTS de 8 de julio de 1981, RJ 1981/3053, 21 de mayo de 1982, RJ 1982/2588, 21 de septiembre de 1987, RJ 1987/6186 y de 15 de octubre de 2001, RJ 2001/9441.

232 *Cfr.* García Rubio, *La responsabilidad precontractual en el derecho español*, 41-42.

la fase previa a la constitución de tales relaciones (diligencia in contrahendo), y que deben también comportarse lealmente en el desenvolvimiento de las relaciones jurídicas ya constituidas entre ellos. Este deber de comportarse según buena fe se proyecta a su vez en las dos direcciones en que se diversifican todas las relaciones jurídicas: derechos y deberes. Los derechos deben ejercitarse de buena fe, las obligaciones tienen que cumplirse de buena fe»[233].

Por lo tanto, la buena fe tendrá sentido objetivo; se aplicará antes, durante y después de la relación contractual; y el comportamiento contrario a la misma en el periodo precontractual generará responsabilidad, tal y como hasta ahora ha manifestado tímidamente la jurisprudencia, con el debido respaldo de la doctrina[234]. A título de ejemplo, el Alto Tribunal, en su sentencia de 31 de octubre de 2001[235], nos recordaba que «*Los tratos negociales preparatorios a la formación de los contratos, han de estar salvaguardados por la buena fe y pueden generar responsabilidad civil por razón de culpa "in contrahendo"*». En la misma línea, en la STS de 25 de junio de 2013[236], el Tribunal Supremo reconoció que el comportamiento contrario a la buena fe conlleva una ruptura injustificada de las negociaciones. Igualmente, y en relación con los tratos preliminares, el Tribunal Superior de Justicia de Madrid, en su sentencia de 14 de diciembre de 2012[237], indicaba que «*La posible ruptura de los mismos y la responsabilidad derivada no es objeto de tratamiento por nuestro legislador si bien la doctrina mayoritaria entiende que dicha doctrina puede ser construida sobre la base de los principios generales del derecho, extraídos de algunos preceptos fragmentarios de dicho cuerpo legal, arts. 1725, 1270 ap. 2., 1468 ap. 2 y especialmente el 1902, sobre todo, el de buena fe, que "obliga a las partes a no faltar a ella o contradecirla en los tratos previos a la perfección del contrato"*».

Hemos de tener presente que, como consecuencia del principio general de la buena fe, en el periodo de los tratos preliminares dimanan toda una serie de deberes. Entre ellos figura el deber de negociar de buena fe, que impediría la ruptura injustificada de las negociaciones que conlleva un supuesto de *culpa in contrahendo*[238]. Igualmente, se generaría respon-

---

233 Díez Picazo, «Prólogo a la obra "El principio general de la buena fe"», 12.

234 García Rubio, *La responsabilidad precontractual en el derecho español*, 44, García Rubio y Otero Crespo, «La responsabilidad precontractual en el Derecho contractual europeo», 25 ss., García Rubio, «Artículo 1258», 1374, García Rubio, «La responsabilidad precontractual», 359-91.

235 STS de 31 de octubre de 2001, RJ 2001/9639.

236 STS 330/2013 de 25 de junio, RJ 2014\4929.

237 Sentencia del Tribunal Superior de Justicia de Madrid de 14 diciembre de 2012, JUR 2013/31821.

238 La responsabilidad precontractual, o *culpa in contrahendo*, es un supuesto de responsabilidad que encuentra sus raíces en la relación de confianza nacida entre las partes durante el periodo previo a la celebración del contrato. Diversos comportamientos pueden provocar

sabilidad precontractual si el desprecio de la buena fe exigida en sede de negociaciones conduce a la violación de los deberes de confidencialidad y de información, con la consiguiente indemnización que podría resolverse a nivel extracontractual e, incluso, contractual, si las negociaciones concluyeran con la celebración de un contrato[239]. Lo anterior justifica un análisis doctrinal, jurisprudencial y normativo en nuestro ordenamiento jurídico tanto de la ruptura injustificada de los tratos preliminares como de los deberes de confidencialidad e información.

Antes de sumergirnos en la ruptura injustificada de las negociaciones, conviene recordar que en dicho periodo convergen los principios de libertad contractual y de buena fe[240]. La vertiente negativa del primero de ellos legitima la retirada de las negociaciones, siempre que no se quebrante ningún deber de actuación procedente de la buena fe objetiva imperante en el periodo precontractual. Esta relación entre la libertad contractual y la buena fe fue resumida en palabras del Alto Tribunal, que en la sentencia de 15 de octubre de 2011[241] señaló que «*Es cierto que las partes, del mismo modo que son libres de entablar negociaciones dirigidas a la formación de los contratos, también lo son para, una vez iniciadas, abandonarlas en cualquier momento, sin responder por ello. Sin embargo, quienes intervienen en los llamados tratos previos han de acomodar su comportamiento a la buena fe, esto es, al modelo de conducta admisible en la situación de que se trate. La buena fe opera como un imperativo que condiciona y, al fin, limita aquella libertad*».

---

un quebranto en la antedicha relación de confianza. Entre ellos, destaca especialmente la ruptura injustificada de las negociaciones, pero hay otros supuestos, tales como hacer creer que se trata de negociaciones en exclusiva cuando en realidad no lo son, incitar a negociar y celebrar un contrato que de antemano se conoce que será ineficaz, o demorar innecesariamente unas conversaciones que se sabe no van a resultar en contrato, entre otros. *Cfr.* García Rubio, «La responsabilidad precontractual», 366-76, González Gozalo, «La formación del contrato», 837.

239 García Rubio, «La responsabilidad precontractual», 363 ss., Asúa González, «Responsabilidad en la formación del contrato (responsabilidad precontractual)», 143 ss., Morales Moreno, «¿Es posible construir un sistema precontractual de remedios? Reflexiones sobre la Propuesta de Modernización del Derecho de Obligaciones y Contratos en el marco del Derecho Europeo», 404 ss., Carrasco Perera, *Derecho de contratos*, 148-52, García Vicente, «Deberes de confidencialidad y culpa "in contrahendo"», 191 ss.

240 En este punto conviene señalar que, entre las características de los principios generales del Derecho, como elementos que sostienen y dan unidad al sistema en la jurisprudencia, figura el hecho de que no rigen sin excepción y pueden entrar entre sí en contraposición. Es connatural a los principios generales del Derecho entrar en conflicto los unos con los otros y apuntar a «soluciones contrapuestas cuando cada uno de ellos se toma por sí solo. Por consiguiente, ha de alcanzarse un compromiso, con arreglo al cual se asigne a cada principio un determinado ámbito de aplicación. Se trata de la recíproca limitación entre los principios...». *Vid.* Canaris, *El sistema en la jurisprudencia*, 56-61, 113-14.

241 STS 693/2011 de 15 de octubre, RJ 2011\7400, ECLI:ES:TS:2011:6635.

Aunque, históricamente, la responsabilidad precontractual se haya fundamentado en la actuación dolosa, eso no obsta a que, en la actualidad, también quepa sustentarla en la omisión de un deber de conducta derivado de la buena fe[242]. Consecuentemente, la responsabilidad aflora cuando una de las partes conculca un deber de conducta resultante de la buena fe que acarrea un daño a la contraparte o un enriquecimiento injusto, lo que puede tener lugar tanto cuando se violan los deberes de información y confidencialidad, como cuando se produce una ruptura injustificada de las negociaciones[243].

El calificativo «injustificada» exige un estudio de las circunstancias que rodean a cada caso concreto ya que, *«en materia de responsabilidad precontractual, para que la ruptura de los tratos preliminares sea calificada como conducta antijurídica, la doctrina científica exige la concurrencia de los siguientes elementos: a) la suposición de una razonable situación de confianza respecto a la plasmación del contrato; b) el carácter injustificado de la ruptura de los tratos; c) la efectividad de un resultado dañoso para una de las partes; y d) la relación de causalidad entre este daño y la confianza suscitada»*[244]. Por lo tanto, generar una confianza razonable en la viabilidad de las negociaciones, iniciarlas con el firme propósito de alcanzar un acuerdo, no prolongarlas innecesaria-

---

242 Morales Moreno, «El dolo como criterio de imputación de responsabilidad al vendedor por los defectos de la cosa», 591 ss., Morales Moreno, «¿Es posible construir un sistema precontractual de remedios? Reflexiones sobre la Propuesta de Modernización del Derecho de Obligaciones y Contratos en el marco del Derecho Europeo», 405, García Rubio, «La responsabilidad precontractual», 369. Aunque el dolo no sea el único motivo que pueda dar lugar a responsabilidad precontractual, es cierto que la jurisprudencia recurre a él frecuentemente. Así sucedió en la STS 762/2012 de 14 de diciembre, RJ 2013\376, ECLI:ES:TS:2012:8304, donde se desestimó la alegación de infracción del art. 1902 CC al no haberse concedido la indemnización por culpa «in contrahendo», ya que, entre otras razones, no existió «actuación culposa». A más abundamiento, en el FJ 2.° de la STS 329/2013 de 6 mayo, RJ 2013\4945, ECLI:ES:TS:2013:3068, el Tribunal Supremo se opuso a la alegación de *culpa in contrahendo* al entender que no se había probado que la parte demandada incurriera *en «conducta culpable que haya causado daño a la demandante».*

243 García Rubio, «La responsabilidad precontractual en la propuesta de modificación del derecho de obligaciones y contratos», 1627.

244 FJ 2.° de la STS 527/1999 de 14 junio, RJ 1999\4105. Uno de los requisitos planteados en esta sentencia es la confianza. Al analizarla, se ha dudado que sea una confianza depositada en la conclusión del contrato, ya que no sería protegible ni daría lugar a resarcimiento. Si la confianza versa sobre el comportamiento correcto durante las negociaciones, no habrá lugar a resarcimiento de los gastos realizados por la cuenta y riesgo de aquél que los hizo en la confianza, no defendible en sí, de la conclusión del contrato. Se cuestiona que exista una relación necesaria entre la confianza razonable y los acuerdos sobre los elementos esenciales, ya que entonces se protegería sólo la confianza en la formación del contrato, y no la confianza en la equidad de la negociación. Al fin y al cabo, si nos situamos ante un acuerdo probado sobre los elementos esenciales, el problema no radica en la ruptura de las negociaciones, sino en la existencia del contrato. Lo que quedaría por concretar es si se protege la expectativa razonable de tener un contrato o la expectativa de que la otra parte no engañe al negociar. *Cfr.* Carrasco Perera, *Derecho de contratos*, 139-43.

mente, no realizarlas para dañar a un tercero, serán aspectos dirimentes para que la jurisprudencia se pronuncie en uno u otro sentido. Así lo ha expresado el Tribunal Supremo con sentencias como la de 11 de febrero de 2016[245], en la que declaró que «*En efecto, en la responsabilidad precontractual por ruptura injustificada de las negociaciones, aparte de a la producción del daño y a su relación de causalidad, hay que atender, correlativamente, a la necesaria creación de una razonable confianza en la conclusión del contrato proyectado y al carácter injustificado de la ruptura de las negociaciones*», o la de 14 junio de 1999[246], donde le dio la razón al recurrente al considerar que su comportamiento no creó en ningún momento un «*estado de esperanza fundada que hiciera presumir que el contrato se iba a consumar*». Al fin y al cabo, hemos de tener presente que la mera entrada en negociaciones e, incluso, alcanzar un grado avanzado en ellas, no religue a las partes que, en ejercicio de la libertad contractual, pueden desvincularse de éstas mientras no hayan transitado al acuerdo contractual. Así lo manifestó la Sala de lo Social del Alto Tribunal en su sentencia de 9 de marzo de 1998[247], al constatar que «*... en un proceso negociador, se van produciendo acuerdos en aspectos parciales de esa finalidad de alcanzar pactos que persiguen los interesados en la negociación, pero ese concierto en el consentimiento, salvo decisión expresa de los interesados carece de valor si no se logra el acuerdo global que desean los negociadores*», a lo que añadió que «*Existe la obligación de negociar y respetar mientras los acuerdos que se fuesen alcanzando, en tanto en cuanto, no estén condicionados al acuerdo total*». En la misma línea, en la STS 516/1998 de 3 de junio[248], se afirmó que «*las partes son libres de llegar a acuerdos vinculantes para ellas, pero no para exigirse obviamente el cumplimiento de lo que todavía no existe, y pueden desistir de sus tratos*».

De lo anterior se deduce que la delimitación de los periodos precontractual y contractual ha sido, es y será uno de los aspectos más problemáticos a resolver por parte de la jurisprudencia, que habrá de dirimir aquellos supuestos en los que las partes no hayan limitado voluntariamente su libertad de ruptura de las negociaciones mediante pactos como los acuerdos de intenciones, por citar alguno[249]. En cualquier caso, quien reclame la responsabili-

245 *Cfr.* FJ 2.º de la STS 40/2016 de 11 de febrero, RJ 2016\564, ECLI:ES:TS:2016:502.

246 STS 527/1999 de 14 de junio, RJ 1999\4105.

247 STS (Sala de lo Social) de 9 de marzo, RJ 1998\2372. Esta sentencia se tiene como una de las más relevantes en materia de tratos preliminares por parte de autores como García Rubio, «La responsabilidad precontractual en la propuesta de modificación del derecho de obligaciones y contratos», 1629, Carrasco Perera, «Cartas de intenciones, precontratos, responsabilidad in contrahendo y obligatoriedad de los tratos en la Jurisprudencia Española», 2369 ss.

248 STS 516/1998 de 3 de junio, RJ 1998\3715.

249 Como medida de protección ante la exenta regulación existente en torno a la fase precontractual, no es de extrañar que, a la hora de limitar la libertad de ruptura de las negociaciones, las partes normen la fase de negociaciones mediante acuerdos de diversa naturaleza,

dad deberá probar el daño causado y la relación de causalidad entre éste y la actuación contraria a la buena fe[250].

Sobre la cuantía del daño resarcible, la norma a seguir es excluir el interés positivo, que es el «*beneficio que podría obtener la parte perjudicada si se hubiese celebrado el contrato*»[251]. Sí incluye el interés negativo o de confianza, que sería el que el afectado hubiera prescindido si no hubiese confiado en que la otra parte se ceñiría a los deberes inherentes a la buena fe durante las negociaciones[252]. Ahora bien, en torno al alcance de dicho interés negativo, la posición de la doctrina y de la jurisprudencia no es unánime. Por ejemplo, en cuanto a la pérdida de otras oportunidades, frente a sentencias que apuestan por su reconocimiento como concepto de la indemnización, se disponen otras que la rechazan sin más[253]. Autores como DÍEZ PICAZO en un

---

siendo las cartas o acuerdos de intenciones uno de ellos. En ellos alcanzan diversos compromisos, como abstenerse a llevar negociaciones paralelas con terceras personas, mantener la confidencialidad y otros de análoga naturaleza. *Cfr.* DÍEZ PICAZO, «La existencia del contrato», 179 ss. En conexión con las cartas y acuerdos de intenciones, se recomienda la lectura de CARRASCO PERERA, «Las cartas de intenciones», CARRASCO PERERA, «Cartas de intenciones, precontratos, responsabilidad in contrahendo y obligatoriedad de los tratos en la Jurisprudencia Española», CARRASCO PERERA, «Las cartas de intenciones y el proceso contractual», CARRASCO PERERA, *Derecho de contratos,* 93 ss.

250 En la STS 762/2012 de 14 de diciembre, RJ 2013\376, ECLI:ES:TS:2012:8304, se desestimaron los recursos porque la parte recurrente *«no precisó adecuadamente la relación causal entre la supuesta responsabilidad de la demandada y el daño cuya indemnización reclama».* En la misma senda, en la STS 330/2013 de 25 junio, RJ 2014\4929, se constató que, aunque el demandado no actuó de buena fe cuando suscribió la carta de intenciones, *«no se acreditó la existencia de un daño, y por lo tanto no puede indemnizar un daño no acreditado»*, y que el recurrente no precisó *«la relación causal entre la responsabilidad de la demandada y los daños cuya indemnización reclama»*.

251 FJ 7.° de la STS 330/2013 de 25 de junio, RJ 2014\4929, ECLI:ES:TS:2014:3845.

252 GARCÍA RUBIO, *La responsabilidad precontractual en el derecho español*, 232, GARCÍA RUBIO, «Cour de Cass., 26.11.2003 - Perte de Chance (Expectation Interest) and Liability of a Third Person in Case of Breaking Off Negotiations», 450, GARCÍA RUBIO, «La responsabilidad precontractual», 370 ss., GARCÍA RUBIO Y OTERO CRESPO, «La responsabilidad precontractual en el Derecho contractual europeo», 42. El interés negativo también se ha definido como aquél que permite «restaurar la situación en la que se estaría de no haber iniciado las negociaciones». *Cfr.* ASÚA GONZÁLEZ, «Responsabilidad en la formación del contrato (responsabilidad precontractual)», 156-57.

253 En el FJ 4.° de la STS 693/2011 de 15 de octubre, RJ 2011\7400, se acoge en cierto modo la posibilidad de que la pérdida de oportunidades sea parte de la indemnización, ya que se recrimina a la recurrente que no reclamara *«ser indemnizada en medida que le dejara en la situación en que se encontraría si el demandado no hubiera emitido su discutida declaración —así, por los gastos derivados del fracaso de la ejecución del acuerdo de ampliación— ni siquiera por la pérdida de otras oportunidades como efecto de haber confiado los presentes en su declaración».* En sentido contrario, en la STS 330/2013 de 25 de junio, RJ 2014\4929, ECLI:ES:TS:2014:3845, el Tribunal Supremo excluye la pérdida de oportunidades como concepto de la indemnización e indica que ésta alcanzará *«el interés negativo que da lugar al reembolso de los gastos realizados, sin que ello suponga impedir que dentro del*

principio la excluyeron del interés negativo, que solo estaría integrado por los gastos realizados a resultas de los tratos preparatorios[254]. No obstante, posteriormente este autor perfiló su posicionamiento al reconocer que el interés negativo también comprende el lucro cesante o la ventaja que la parte dañada hubiera podido obtener si, como resultado de las negociaciones, hubiera perdido una oportunidad más beneficiosa de contratar[255]. GONZÁLEZ GOZALO excluye las pérdidas de oportunidades vinculadas a la celebración del contrato negociado, pero se plantea si cabe indemnizar aquellas ajenas al contrato negociado y que «*se han desbaratado por haber continuado esa negociación*»[256]. Por su parte, GARCÍA RUBIO se anticipó a este autor al defender que en el interés negativo se incluyeran tanto los gastos efectivamente realizados y que deban ser reintegrados, como la frustración de ganancias o lucros cesantes, que a su vez se concreta en la pérdida de oportunidades de contratar con un tercero. Asimismo, y haciendo uso del Derecho comparado, esta autora se cuestiona si ha de contabilizarse la pérdida de oportunidad de obtener las ganancias derivadas del negocio frustrado y que no siempre se equiparan con el interés contractual positivo[257].

Otro aspecto para considerar, e íntimamente relacionado con la naturaleza de la ruptura injustificada de las negociaciones, es el relativo a la responsabilidad por terceros[258]. Si aquélla se concibe como una responsabilidad precontractual en puridad, ésta no tendría lugar. Ahora bien, que al tercero no se le pueda imputar la responsabilidad precontractual, no obsta a que su proceder equivalga a un ilícito civil *ex* art. 1902 CC. Si el afectado demuestra la culpa o dolo del tercero, la entidad del daño y la relación de causalidad entre su actuación y la lesión generada por las malogradas negociaciones, nos encontraríamos ante un caso de responsabilidad extracontractual que, a su vez, no exoneraría de responsabilidad a la parte negociadora que rompió los tratos.

---

interés negativo se indemnice el daño patrimonial sufrido, debidamente probado (STS 16 de diciembre de 1999 (RJ 1999, 8978))», pero se opone a incluir la pérdida de oportunidades como concepto de la indemnización.

254 DÍEZ PICAZO, *Fundamentos del Derecho civil patrimonial. Volumen primero. Introducción. Teoría del contrato*, 325.

255 *Vid.* DÍEZ PICAZO, «La existencia del contrato», 190.

256 GONZÁLEZ GOZALO, «La formación del contrato», 839.

257 GARCÍA RUBIO, *La responsabilidad precontractual en el derecho español*, 232-33, GARCÍA RUBIO, «Cour de Cass., 26.11.2003 - Perte de Chance (Expectation Interest) and Liability of a Third Person in Case of Breaking Off Negotiations», 451, GARCÍA RUBIO, «La responsabilidad precontractual en la propuesta de modificación del derecho de obligaciones y contratos», 1630-31, GARCÍA RUBIO, «La responsabilidad precontractual», 371-72.

258 Según se señaló anteriormente, a diferencia de lo que sucede en Francia, España o Italia, el BGB sí ha contemplado la responsabilidad por *culpa in contrahendo* de los terceros que, haciendo uso de la confianza personal, influyen significativamente en las negociaciones contractuales o en la conclusión del contrato. *Cfr.* LOOSCHELDERS, *Derecho de obligaciones. Parte general*, 159-60.

Es decir, nos situaríamos ante un supuesto en el que la responsabilidad precontractual del contratante desleal se suma a la extracontractual del tercero, de manera que ambos podrían ser declarados responsables solidarios frente al lesionado[259].

En cuanto a la naturaleza jurídica de la ruptura injustificada de las negociaciones, hay cierta unanimidad en su adjetivación como extracontractual, pero diversidad en los fundamentos normativos[260]. Así, se ha defendido la aplicación de los arts. 1902 ss. CC por incumplimiento del deber genérico de no dañar, pero, tal y como apuntaba Díez Picazo, en estos casos habrá de demostrarse por qué se puede hablar de lesión[261]. Asimismo, se ha encauzado a los arts. 1902 ss. CC partiendo de la doctrina del abuso del derecho[262]. Se ha estimado que el daño generado injustamente durante la fase de negociaciones genera la obligación de indemnizar si se hizo defraudando la confianza depositada[263]. También se ha planteado la prolongación del principio general de la buena fe del art. 1258 CC al periodo precontractual, de manera que su incumplimiento se solvente en los arts. 1902 ss. CC[264]. En cualquier caso, la doctrina mayoritaria opta por considerarla extracontractual, algo que reporta considerables repercusiones prácticas, como es el periodo de prescripción, que será el de un año previsto en el art. 1968.2.º CC para las acciones por responsabilidad civil por incumplimiento del art. 1902 CC, en lugar de los cinco años dispuestos en el art. 1964.2 CC para las acciones personales por incumplimiento contractual. Son diversos los motivos alegados a favor de considerar la ruptura injustificada de las negociaciones como un supuesto de responsabilidad extracontractual[265]. Entre ellos se encuentra que no se puede sostener la indemnización de una expectativa de cumplimiento de contrato

---

259 García Rubio, «La responsabilidad precontractual», 373-74. En torno a este tipo de supuestos destaca el análisis que a la sazón se llevó a cabo sobre la sentencia de la *Cour de Cassation de 26 de noviembre de 2003* por García Rubio, «Cour de Cass., 26.11.2003 - Perte de Chance (Expectation Interest) and Liability of a Third Person in Case of Breaking Off Negotiations».

260 Díez Picazo, *Fundamentos del Derecho civil patrimonial. Volumen primero. Introducción. Teoría del contrato*, 318-20, González Gozalo, «La formación del contrato», 837-40.

261 Díez Picazo, *Fundamentos del Derecho civil patrimonial. Volumen primero. Introducción. Teoría del contrato*, 319.

262 Su máximo exponente es Moreno Quesada, *La oferta de contrato*, 42-46. También constató esta posibilidad García Rubio, *La responsabilidad precontractual en el derecho español*, 131-34. En la STS 1091/1999 de 16 diciembre, RJ 1999\8978, se reconoce que la responsabilidad extracontractual se puede derivar de la tesis jurisprudencial sostenida en la violación del principio «neminem laedere», así como en *«la teoría del abuso del derecho, como determina cierta doctrina española»*.

263 Alonso Pérez, «La responsabilidad precontractual», 920.

264 Manzanares Secades, «Responsabilidad precontractual o culpa in contrahendo», 1009.

265 *Cfr.* Pantaleón Prieto, «Responsabilidad precontractual: propuestas de regulación para un futuro Código Latinoamericano de Contratos», 911, Carrasco Perera, *Derecho de*

y que el resarcimiento se deba circunscribir al daño resultante de mantener una negociación infructuosa. Asimismo, no se puede postular la responsabilidad del principal ajeno a la conducta no autorizada de su agente auxiliar negociador, algo que habría que defender si se pretendiera que hay algún tipo de obligación de conducir correctamente la negociación, pues el deudor principal tendría que responder del incumplimiento de su agente auxiliar. Otra razón a favor de la responsabilidad extracontractual se sitúa en que sería injusto alegar por el responsable una causa de exención de responsabilidad prevista en un contrato que no llegó a celebrarse.

El sentir de la doctrina es compartido por la jurisprudencia, donde impera la tendencia a favor de su caracterización como extracontractual[266]. No obstante, no deja de ser llamativo que la preeminencia de la naturaleza extracontractual de la responsabilidad precontractual, o *culpa in contrahendo*, no sea del todo compartida en los países de nuestro entorno, máxime si se tiene en cuenta que, en unos ordenamientos, un mismo caso puede resolverse en la esfera de la responsabilidad contractual mientras que, en otros, lo hace bajo la bandera de la responsabilidad extracontractual. Por ello, el legislador comunitario, temeroso del solapamiento de instrumentos contractuales y extracontractuales, optó por una calificación autónoma de la *culpa in contrahendo*. Así lo señala en el Considerando 30 del Reglamento Roma II, según el cual «*La culpa in contrahendo a efectos del presente Reglamento es un concepto autónomo y no debe interpretarse necesariamente dentro del sentido de la legislación nacional*»[267]. Con el propósito de mantener la coherencia entre los Reglamentos en materia de Derecho aplicable (Roma I y II) y Derecho procesal, el Reglamento Roma II califica la responsabilidad precontractual como responsabilidad extracontractual, y el propio Reglamento Roma I excluye a las obligaciones extracontractuales del Roma II de su ámbito de aplicación[268]. No obstante, su exclusión del Roma I no impide que la ley aplicable sea la

contratos, 152, García Rubio, «La responsabilidad precontractual», 372-73, González Gozalo, «La formación del contrato», 837 ss.

266 STS 1091/1999 de 16 de diciembre, RJ 1999\8978, STS 527/1999 de 14 de junio, RJ 1999\4105, STS 693/2011 de 15 de octubre, RJ 2011\7400, STS 330/2013 de 25 de junio, RJ 2014\4929.

267 Reglamento (CE) n.° 864/2007, del Parlamento Europeo y del Consejo, de 11 de julio de 2007, relativo a la ley aplicable a las obligaciones extracontractuales (Roma II), DO L 199 de 31.7.2007, p. 40. Entre los estudios de la responsabilidad precontractual en el Reglamento Roma II se recomienda la lectura del artículo de Arenas García, «La regulación de la responsabilidad precontractual en el Reglamento Roma II», 1-27.

268 El Considerando 10 del Reglamento (CE) n.° 593/2008, del Parlamento Europeo y del Consejo, de 17 de junio de 2008 sobre la ley aplicable a las obligaciones contractuales (Roma I) (DO L 177, 4.7.2008, p.6), dispone que «*Las obligaciones que se derivan de los tratos previos a la celebración de un contrato están reguladas por el artículo 12 del Reglamento (CE) no 864/2007. Por consiguiente, dichas obligaciones deben excluirse del ámbito de aplicación del presente Reglamento*». En materia procesal, *vid.* Reglamento (UE) n.° 1215/2012, del Parlamento Europeo y del Consejo, de 12 de diciembre de 2012, relativo a la compe-

misma que la del contrato frustrado o celebrado toda vez que, según dicta el apartado 1 del artículo 12 «*Culpa in contrahendo*» del Reglamento Roma II:

> «La ley aplicable a una obligación extracontractual que se derive de los tratos previos a la celebración de un contrato, con independencia de que el contrato llegue o no a celebrarse realmente, será la ley aplicable al contrato o la que se habría aplicado al contrato si este se hubiera celebrado»[269].

Se establece así una suerte de puente entre la adjetivación de la responsabilidad precontractual como extracontractual y su vínculo con la materia contractual[270].

Tal y como se señaló desde el principio, la ruptura injustificada de las negociaciones carece de una regulación específica en nuestro ordenamiento. No obstante, sí ha sido tratada en la PMDOC y en la PMDOCR. Esta última será analizada en profundidad en el epígrafe final de este trabajo, donde se comentará la regulación que se propone para el periodo precontractual. Como anticipo a dicho análisis, precede indicar lo dispuesto para el periodo precontractual en la PMDOC ya que, al fin y al cabo, ha sido su punto de par-

---

tencia judicial, el reconocimiento y la ejecución de resoluciones judiciales en materia civil y mercantil (DO L 351, 20.12.2012, p. 1). Por todo, *vid.* ARENAS GARCÍA, 4.

269 Este apartado 1 del art. 12 se complementa con lo dispuesto en su apartado 2, según el cual: *«Cuando la ley aplicable no pueda determinarse mediante el apartado 1, la ley aplicable será: a) la ley del país en el que se haya producido el daño, independientemente del país en el que se haya producido el hecho generador del daño e independientemente del país o países en los que se hayan producido las consecuencias indirectas del hecho en cuestión, o b) cuando las partes tengan su residencia habitual en el mismo país en el momento en el que se produjo el hecho generador del daño, la ley de ese país, o c)si del conjunto de las circunstancias se desprende que la obligación extracontractual que se derive de los tratos previos a la celebración de un contrato presenta vínculos manifiestamente más estrechos con otro país distinto del indicado en las letras a) y b), se aplicará la ley de este otro país»*. Su aplicación no ha de hacerse literalmente, sino a la luz de la norma general del art. 4 para así ajustarlo a la lógica del Reglamento. GARCIMARTÍN ALFÉREZ, «La unificación del derecho conflictual en Europa», ARENAS GARCÍA, «La regulación de la responsabilidad precontractual en el Reglamento Roma II», 18.

270 ARENAS GARCÍA, «La regulación de la responsabilidad precontractual en el Reglamento Roma II», 14, GARCÍA RUBIO, «La responsabilidad precontractual en la propuesta de modificación del derecho de obligaciones y contratos», 1635. En este orden de cosas, ASÚA GONZÁLEZ considera que en la normativa comunitaria hay cierta tensión entre la contractualidad y extracontractualidad de la *culpa in contrahendo*. Según señala esta autora, *«en la norma europea hay una consideración de la responsabilidad precontractual como extracontractual aunque ello sea para no tratarla como tal...»*, de manera que *«aunque la responsabilidad precontractual sea considerada extracontractual según la ley de los Estados, en el Reglamento la ley aplicable no se determinará según ese criterio (esto es, la extracontractualidad se refiere fundamentalmente a la, posible y frecuente, consideración de los Estados)»*. ASÚA GONZÁLEZ, «Responsabilidad en la formación del contrato (responsabilidad precontractual)», 145-46.

tida[271]. La ruptura de las negociaciones está normada en el único precepto que conforma la Sección primera «*De las negociaciones*» del Capítulo II «*De la formación del contrato*» de la PMDOC, a saber, el art. 1245, en cuyos apartados 1, 2, 4 y 5 se dispone lo siguiente:

> «1. Las partes son libres para entablar negociaciones dirigidas a la formación de un contrato, así como para abandonarlas o romperlas en cualquier momento.
>
> 2. En la negociación de los contratos, las partes deberán actuar de acuerdo con las exigencias de la buena fe.
>
> 4. La parte que hubiera procedido con mala fe al entablar o interrumpir las negociaciones será responsable de los daños causados a la otra.
>
> En todo caso, se considera contrario a la buena fe entrar en negociaciones o continuarlas sin intención de llegar a un acuerdo.
>
> 5. La infracción de los deberes de que tratan los apartados anteriores dará lugar a la indemnización de daños y perjuicios. En el supuesto del apartado anterior, la indemnización consistirá en dejar a la otra parte en la situación que tendría si no hubiera iniciado las negociaciones».

Sus dos primeros puntos recogen el respeto por los principios de buena fe y libertad de negociación como vertebradores de este periodo, siguiendo así la pauta establecida en el moderno Derecho de contratos, según la cual, la libertad de negociación no es absoluta, sino que su ejercicio está limitado por el respeto al principio de la buena fe[272]. En la PMDOC se respeta dicha pauta y las partes serán libres de toda responsabilidad en su retirada de las negociaciones salvo que conculquen el principio de la buena fe[273].

Podría plantearse la supresión del apartado 4 del precepto por varios motivos. La concreción del supuesto de actuación contraria a la buena fe contenido en el párrafo 2.º se podría deducir sin más en aplicación del art. 1245.2 PMDOC. Aunque no excluya el resto de las actuaciones contrarias a la buena fe, parece que la sitúa en una posición preeminente respecto al resto. Asimismo, la imposición de la responsabilidad por daños a quien proceda de mala fe resulta reiterativa si se tiene en cuenta que, el primer inciso del art. 1245.5 PMDOC, ya señala que la infracción del deber de actuar de buena fe conlleva la indemnización de daños y perjuicios. Además, el léxico de este último es más adecuado, ya que cuando en el art. 1245.4 PMDOC se habla de proceder de mala fe, parece que exija un comportamiento doloso como

---

271 Sección Primera de Derecho Civil de la Comisión General de Codificación, *Propuesta de modernización del Código Civil en materia de obligaciones y contratos*, 21.

272 *Cfr.* epígrafe II.1 de este estudio.

273 García Rubio, «La responsabilidad precontractual en la propuesta de modificación del derecho de obligaciones y contratos», 1627.

requisito de la responsabilidad que, en atención a nuestra doctrina y jurisprudencia, no siempre es pertinente[274].

El inciso final del art. 1245.5 PMDOC se ocupa del alcance de la indemnización, que consistirá en colocar a la otra parte en la situación que tendría si no hubiera iniciado las negociaciones. Es decir, se indemniza el interés negativo prescindiendo de la indemnización por el interés derivado de la celebración de un contrato frustrado cuya imposición no procede. Se sigue así lo dispuesto en el moderno Derecho de contratos que, como ya se dijo, no considera oportuno incluir el interés positivo porque ello equivaldría a dar efecto a un contrato que nunca existió[275]. Este posicionamiento también es el que hemos visto en nuestra doctrina y jurisprudencia. Al igual que en los textos del *soft law*, el inciso adolece de concreción, ya que no describe el contenido de este interés negativo, de manera que no resuelve los interrogantes que en atención a la jurisprudencia vimos que recogía nuestra doctrina, tales como la inclusión o no de la pérdida de oportunidades[276].

Según se ha señalado previamente, entre los deberes a respetar durante el periodo precontractual se sitúa la confidencialidad. En principio, la libertad de negociar conlleva que la información intercambiada se trate, por defecto, como no confidencial. Ello no obsta a que exista un deber precontractual de confidencialidad, que supone el deber de mantener en secreto la información confidencial transmitida durante las negociaciones en atención a la buena fe[277]. La confidencialidad de la información puede derivarse de acuerdos implícitos, del mero comportamiento de las partes o de la naturaleza

274 Morales Moreno, «El dolo como criterio de imputación de responsabilidad al vendedor por los defectos de la cosa», 591 ss., Morales Moreno, «¿Es posible construir un sistema precontractual de remedios? Reflexiones sobre la Propuesta de Modernización del Derecho de Obligaciones y Contratos en el marco del Derecho Europeo», 405, García Rubio, «La responsabilidad precontractual», 369, 374-76, García Rubio, «La responsabilidad precontractual en la propuesta de modificación del derecho de obligaciones y contratos», 1627.

275 *Cfr.* apartado II.1 de esta monografía.

276 *Vid.* epígrafe II.1 de este estudio.

277 García Rubio, «La responsabilidad precontractual», 376-80, García Rubio, «La responsabilidad precontractual en la propuesta de modificación del derecho de obligaciones y contratos», 1632, García Rubio, *La responsabilidad precontractual en el derecho español*, 53-54, García Rubio y Otero Crespo, «La responsabilidad precontractual en el Derecho contractual europeo», 31-32, Asúa González, «Responsabilidad en la formación del contrato (responsabilidad precontractual)», 143 ss., Morales Moreno, «¿Es posible construir un sistema precontractual de remedios? Reflexiones sobre la Propuesta de Modernización del Derecho de Obligaciones y Contratos en el marco del Derecho Europeo», 404 ss, Carrasco Perera, *Derecho de contratos*, 148-52, García Vicente, «Deberes de confidencialidad y culpa "in contrahendo"», 191 ss., Cuadrado Pérez, *Oferta, aceptación y conclusión del contrato*, 49-50, Aznar Giner, *Las negociaciones o tratos preliminares al contrato*, 76, de Ángel Yágüez, «Lealtad en el período precontractual (La conducta de las partes en las negociaciones preliminares, según proyectos de Derecho contractual europeo y conforme a otros trabajos prelegislativos)», 588-89.

intrínseca de la información, de manera que incurrirá en responsabilidad quien la transmita a un tercero sin autorización previa. Si bien es cierto que habitualmente la transmisión de esta información causa un enriquecimiento injusto y/o un perjuicio a la contraparte negociadora, también lo es que el nacimiento de esta responsabilidad no exige que se perjudique a aquél que aportó la información confidencial, y todo ello independientemente de que finalmente se celebre o no un contrato[278].

Cabe plantearse si la responsabilidad por incumplimiento de este deber puede tener encuadre en nuestro ordenamiento. Si se celebra el contrato, puede subsumirse como incumplimiento contractual. Ciertamente, si la confidencialidad se desvirtúa antes de la celebración del contrato, el daño se transmite a un interés que aún persiste en éste, de modo que puede ser planteado como el ataque a una perspectiva contractual. Si se infringe con posterioridad, podremos acudir al art. 1258 CC y hacerlo extensible al deber de confidencialidad nacido con anterioridad a la conclusión del contrato[279].

Ahora bien, si el contrato no llegara a celebrarse, podríamos caracterizar como antijurídica cualquier conducta reveladora de secretos, ya que se desvirtúa el deber de confidencialidad nacido de la extensión del principio general de la buena fe al periodo precontractual. Dicha conducta antijurídica cabría tipificarla como un acto delictivo *ex* arts. 278 y 279 del Código Penal[280]. Igualmente, se podría postular su incardinación como una actuación desleal que la Ley de 3/1991 de Competencia Desleal deriva a la legislación de secretos empresariales[281]. En efecto, el artículo 13 de la ley 3/1991 preceptúa que:

> «Se considera desleal la violación de secretos empresariales, que se regirá por lo dispuesto en la legislación de secretos empresariales»[282].

---

278 García Rubio, «La responsabilidad precontractual en la propuesta de modificación del derecho de obligaciones y contratos», 1632, García Rubio, «Perspectiva y prospectiva en tres casos de responsabilidad surgida en la etapa de negociación de un contrato», 269 ss., García Rubio y Otero Crespo, «La responsabilidad precontractual en el Derecho contractual europeo», 31-32.

279 Carrasco Perera, *Derecho de contratos*, 150-51.

280 En los artículos 278 y 279 del Código Penal (Ley Orgánica 10/1995, de 23 de noviembre, del Código Penal, https://www.boe.es/eli/es/lo/1995/11/23/10/con) se tipifican como delitos el apoderamiento, difusión, revelación, o cesión de secretos empresariales por aquél que tuviere legal o contractualmente obligación de guardar reserva. *Cfr.* García Rubio, «La responsabilidad precontractual en la propuesta de modificación del derecho de obligaciones y contratos», 1631 ss., García Rubio, «La responsabilidad precontractual», 378-80, Carrasco Perera, *Derecho de contratos*, 150-51.

281 *Cfr.* García Rubio, «La responsabilidad precontractual en la propuesta de modificación del derecho de obligaciones y contratos», 1631 ss., García Rubio, «La responsabilidad precontractual», 378-80, Carrasco Perera, *Derecho de contratos*, 150-51.

282 Ley 3/1991, de 10 de enero, de Competencia Desleal, https://www.boe.es/eli/es/l/1991/01/10/3/con.

Si acudimos a la Ley de 1/2019 de Secretos Empresariales podríamos postular que la conculcación del deber de confidencialidad precontractual tiene cabida en lo dispuesto en su artículo 3.2, en el que se dispone que:

> «La utilización o revelación de un secreto empresarial se consideran ilícitas cuando, sin el consentimiento de su titular, las realice quien haya obtenido el secreto empresarial de forma ilícita, quien haya incumplido un acuerdo de confidencialidad o cualquier otra obligación de no revelar el secreto empresarial, o quien haya incumplido una obligación contractual o de cualquier otra índole que limite la utilización del secreto empresarial»[283].

Es más, se podría considerar la aplicación del artículo 3.3 de la ley 1/2019, en virtud del cual:

> «La obtención, utilización o revelación de un secreto empresarial se consideran asimismo ilícitas cuando la persona que las realice, en el momento de hacerlo, sepa o, en las circunstancias del caso, debiera haber sabido que obtenía el secreto empresarial directa o indirectamente de quien lo utilizaba o revelaba de forma ilícita según lo dispuesto en el apartado anterior».

Pues bien, entre las acciones civiles dispuestas por el art. 9.1 de la ley 1/2019 contra los actos de violación de secretos empresariales figura «*La indemnización de los daños y perjuicios, si ha intervenido dolo o culpa del infractor, que será adecuada respecto de la lesión realmente sufrida como consecuencia de la violación del secreto empresarial*». Esta acción de indemnización sería una suerte de acción de enriquecimiento por intromisión que haría posible la restitución de los beneficios obtenidos por la otra parte ya que, cuando se establece el cálculo de los daños y perjuicios en el artículo 10.1 de la ley 1/2019, se preceptúa que:

> «Al fijarse la indemnización de daños y perjuicios se tendrán en cuenta todos los factores pertinentes, como son los perjuicios económicos, incluido el lucro cesante, que haya sufrido el titular del secreto empresarial, el enriquecimiento injusto obtenido por el infractor y, cuando proceda, otros elementos que no sean de orden económico, como el perjuicio moral causado al titular del secreto empresarial por su obtención, utilización o revelación ilícitas. También podrán incluirse, en su caso, los gastos de investigación en los que se haya incurrido para obtener pruebas razonables de la comisión de la infracción objeto del procedimiento judicial.
>
> Con carácter alternativo, se podrá fijar, según los casos, una cantidad a tanto alzado en concepto de indemnización de daños y perjuicios, atendiendo, al menos y entre otros aspectos, al importe que la parte demandada habría tenido que pagar al titular del secreto empresarial por la concesión de una licencia que le hubiera permitido utilizarlo durante el período en el que su utilización podría haberse prohibido».

---

283 Ley 1/2019, de 20 de febrero, de Secretos Empresariales, https://www.boe.es/eli/es/l/2019/02/20/1.

Por lo tanto, esta norma sería equivalente a una acción de enriquecimiento injustificado en la que se postula que, si el daño deriva de la utilización y explotación de bienes y derechos ajenos, el autor del ilícito ha de restaurar todo el valor obtenido por él, y no solo el menoscabo patrimonial producido en el patrimonio del titular de derecho subjetivo[284]. A pesar de este ofrecimiento, la realidad es que la misma ley 3/1991 limita la aplicación de la acción de enriquecimiento injusto al indicar en su art. 32.1 que «*sólo procederá cuando la conducta desleal lesione una posición jurídica amparada por un derecho de exclusiva u otra de análogo contenido económico*». Esto se traduce en una reducción significativa de las posibilidades de restitución de los beneficios obtenidos por la otra parte[285]. Y eso, a pesar de sentencias como la de la Audiencia Provincial de Navarra (Sección 3.ª) 133/1998 de 10 junio[286], en la que se constataba que «*En el ámbito empresarial, además de los derechos exclusivos mencionados, existe una serie de conocimientos, informaciones, técnicas o ideas que por su valor competitivo recibe o debe de recibir un cierto amparo o protección del ordenamiento jurídico en aras de fomentar la investigación, el progreso y, en definitiva, la competitividad, que resulte indispensable para un aceptable funcionamiento de la economía de mercado*». No obstante, e independientemente de que se pueda recurrir o no a la acción de enriquecimiento por intromisión, también es cierto que el perjudicado tendría a su disposición la acción de responsabilidad por daños extracontractuales que, a su vez, es compatible y acumulable con la anterior si no genera el enriquecimiento del inicialmente perjudicado[287].

En definitiva, nuestro ordenamiento, a pesar de contener diversas acciones que permitirían el resarcimiento por los daños debidos a la violación del deber de confidencialidad, carece de un precepto que lo norme *ex profeso*, de ahí que se haya planteado su inclusión en una posible reforma del Derecho de obligaciones y contratos. Consecuentemente, y como antesala al estudio del deber de confidencialidad en la PMDOCR, procede llevar a cabo un breve análisis de éste en la PMDOC. Según dispone el art. 1245.3 PMDOC:

> «Si durante las negociaciones, una de las partes hubiera facilitado a la otra una información con carácter confidencial, el que la hubiera recibido sólo podrá revelarla o utilizarla en la medida que resulte del contenido del contrato que hubiera llegado a celebrarse».

---

284 Díez Picazo, *La doctrina del enriquecimiento injustificado,* 114.

285 García Rubio, «La responsabilidad precontractual en la propuesta de modificación del derecho de obligaciones y contratos», 1634.

286 Sentencia de la Audiencia Provincial de Navarra (Sección 3.ª) 133/1998 de 10 de junio, AC 1998\1455.

287 Díez Picazo, *Fundamentos del Derecho civil patrimonial. Volumen primero. Introducción. Teoría del contrato*, 126, García Rubio, «La responsabilidad precontractual en la propuesta de modificación del derecho de obligaciones y contratos», 1634, García Rubio, «La responsabilidad precontractual», 380.

Se propone, pues, el mismo criterio que, como ya se indicó, impera en el moderno Derecho de contratos. De manera que, se parte del presupuesto de ausencia de un deber general de tratar como confidencial toda la información transmitida durante las negociaciones, y se condena la revelación o uso injustificado de aquella que tenía un carácter confidencial[288].

En cuanto al resarcimiento, ya se señaló, en ocasión de la ruptura de negociaciones, que el primer inciso del art. 1245.5 PMDOC concreta que:

> «La infracción de los deberes de que tratan los apartados anteriores dará lugar a la indemnización de daños y perjuicios».

Aquí la PMDOC difiere del moderno Derecho de contratos, cuyos textos prevén que la indemnización incluya los beneficios generados con la información desvelada o empleada, aunque la otra parte no padeciera daño alguno[289]. Por lo tanto, la regulación del deber de confidencialidad en la PMDOC es menos garante que en las normas del *soft law*, quedando al descubierto los supuestos que no generan daños, toda vez que no se incluye la regla de restitución de beneficios. No sorprende que la ausencia de esta norma se haya criticado, ya que su incorporación permitiría paliar la devaluación que sufren las empresas en sus activos de propiedad industrial e intelectual cuando se violan los deberes de confidencialidad[290]. A mayor abundamiento, la solución indemnizatoria puede ser exigua, ya sea por la dificultad en el cálculo de los daños causados, porque en puridad no quepa valorarlos o porque su cuantía esté muy por debajo del enriquecimiento generado a la contraparte[291]. No obstante, los comentarios críticos hechos a la regulación del deber de confidencialidad en la PMDOC han permitido su mejora mediante la PMDOCR, que sí dispone de un artículo *ex profeso* y diferenciado del destinado a la ruptura de las negociaciones, que incorpora la regla de la restitución de los

288 *Cfr.* apartado II.1 de esta monografía.

289 *Vid.* epígrafe II.1 de este trabajo.

290 Siguiendo a García Rubio, lo que se produce es un beneficio por intromisión en derecho ajeno al afluir a una persona valores patrimoniales que no le corresponden, que han sido obtenidos mediante una invasión indebida de bienes ajenos y que normalmente están protegidos mediante derechos de carácter absoluto sobre los que existe lo que la doctrina ha venido en denominar «monopolio de explotación». *Cfr.* García Rubio, «Restitución de beneficios obtenidos por intromisión en derecho ajeno, por incumplimiento contractual y por ilícito extracontractual», 91. Además, hay que considerar que el beneficio logrado podemos traducirlo en un ahorro de los costes de investigación y desarrollo cuando la información confidencial se haya empleado en beneficio propio. *Vid.* Kleinheisterkamp, «Formation I: Arts. 2.1.1-2.1.18-General Provisions on Formation», 308-9.

291 García Rubio, «La responsabilidad precontractual en la propuesta de modificación del derecho de obligaciones y contratos», 1633-34, García Rubio, «La responsabilidad precontractual», 379-80.

beneficios y mejora la técnica legislativa, toda vez que las consecuencias jurídicas de una y otra ruptura no siempre serán coincidentes[292].

Finalmente, se debe abordar el deber precontractual de información dimanante de la buena fe en las negociaciones. Su objeto lo conforma la información pertinente para una formación adecuada de la voluntad y carente de vicios. Consecuentemente, el deber precontractual de información comparte protagonismo con el deber impuesto a cada parte de informarse diligentemente sobre las circunstancias que le sean esenciales y cuyo acceso esté a su alcance. Especialmente clarificadora es en este sentido la STS de 22 de mayo de 2006[293], en la que se indica que «*se niega al error la eficacia invalidante del contrato cuando pudo ser salvado empleando una diligencia media o regular, para lo cual habrá que atender a las circunstancias de toda índole e incluso a las personales (análogamente a como lo hace el artículo 1484, in fine, del Código Civil para los defectos de la cosa vendida), valorando las respectivas conductas según el principio de la buena fe (artículo 1258), pues si el adquirente tiene el deber de informarse, el mismo principio de responsabilidad negocial le impone al enajenante el deber de informar... las particularidades del caso en orden a la excusabilidad del error han de ponderarse "desde el Ángulo de la 'Bona Fides' y del principio de confianza, a los que habrá de darse la relevancia que merecen en el tráfico jurídico", teniendo en cuenta siempre que la necesidad de excusabilidad del error —supuesta la existencia del mismo— tiene como finalidad primordial la protección del lógico y lícito interés negocial de la otra parte*»[294]. Esto equivale a afirmar que el deber precontractual de información no es absoluto y se encuentra limitado[295]. Es un deber que puede versar sobre aquellas circunstancias cuyo desconocimiento supone un desembolso de inversiones por parte del desinformado que no tendrían lugar si las conociera, pero que la otra parte ha decidido mantener en la oscuridad. Sin embargo, no sería objeto de este deber la información precontractual la

292 Una crítica constructiva de lectura recomendada se encuentra en García Rubio, «La responsabilidad precontractual en la propuesta de modificación del derecho de obligaciones y contratos», 1631-34, García Rubio, «La responsabilidad precontractual», 376-80.

293 STS 501/2006 de 22 de mayo, RJ 2006\3280.

294 Otras sentencias relativas al deber de informarse y de informar serían la STS 113/1994 de 18 de febrero, RJ 1994\1096, la STS 896/1996 de 6 de noviembre, RJ 1996\7912 y la STS 754/2001 de 23 de julio, RJ 2001\8413.

295 García Rubio, *La responsabilidad precontractual en el derecho español*, 45, Cuadrado Pérez, «La responsabilidad precontractual en la reforma proyectada: ¿una ocasión perdida? (Parte I)», 1727, Díez Picazo, *Fundamentos del Derecho civil patrimonial. Volumen primero. Introducción. Teoría del contrato*, 312, de la Maza Gazmuri, *Los límites del deber precontractual de información*, 244 ss., de la Maza Gazmuri, «Casos realmente difíciles», 1711, Jiménez Muñoz, «Los deberes de información precontractual en la legislación actual y en las distintas propuestas de modernización del Derecho de Obligaciones», 2260, de Ángel Yágüez, «Lealtad en el período precontractual (La conducta de las partes en las negociaciones preliminares, según proyectos de Derecho contractual europeo y conforme a otros trabajos prelegislativos)», 588.

que desvele el verdadero precio del activo que se está negociando, lo que no obsta a que si el contrato se celebra quede abierta la reclamación por la vía del art. 1270 CC o por defectos ocultos de la cosa. Igualmente, no se exige transmitir la información confidencial que pierde valor para su propietario si, al ser conocida por la otra parte, el contrato no llega a celebrase[296].

En nuestro ordenamiento jurídico, el análisis del deber precontractual de información exige que se tenga en consideración la estrecha relación de éste con los vicios del consentimiento. En efecto, la transmisión de información defectuosa en las negociaciones, con la consiguiente desvirtuación del deber precontractual de información, puede traducirse en la celebración de un contrato que adolezca de vicios de la voluntad. Los vicios del consentimiento tratarán la problemática del riesgo de la información defectuosa desde la voluntad necesaria para la formación del contrato, ofreciendo como remedio la anulación del contrato, así como la indemnización, si el vicio fuera imputable al otro contratante. Asimismo, el defecto de información en las negociaciones puede tratarse bajo la esfera de la responsabilidad precontractual o *culpa in contrahendo*, partiendo para ello desde el daño o lesión que genera la celebración de un contrato desfavorable mediado por la conducta culposa de uno de los contratantes. Por ello, el remedio previsto es la indemnización de la lesión o daño[297]. Como distribuidoras del riesgo de información defectuosa, ambas figuras jurídicas, esto es, los vicios del consentimiento y la culpa *in contrahendo*, han sido las elegidas habitualmente para llevar a cabo un tratamiento jurídico precontractual del incumplimiento de los deberes precontractuales de información[298]. Esta preeminencia no ha obstado a que MORALES MORENO haya planteado un tratamiento alternativo que estima más adecuado que el precontractual si la información precontractual genera

296 CARRASCO PERERA, *Derecho de contratos*, 148.

297 MORALES MORENO Y GREGORACI FERNÁNDEZ, «El riesgo de defectuosa información contractual y su distribución entre los contratantes: figuras jurídicas y remedios», 745 ss., GARCÍA RUBIO, «La responsabilidad precontractual en la propuesta de modificación del derecho de obligaciones y contratos», 1636 ss., GARCÍA RUBIO, «La responsabilidad precontractual», 380 ss.

298 En cuanto a la distribución del riesgo de información defectuosa, conviene traer a colación el análisis de MORALES MORENO Y GREGORACI FERNÁNDEZ, «El riesgo de defectuosa información contractual y su distribución entre los contratantes: figuras jurídicas y remedios», 747-49. Nos explican que la eficacia normal del contrato asigna, a cada parte, las repercusiones desfavorables de contratar bajo una información incorrecta relativa a las circunstancias presentes, o con unas previsiones futuras que finalmente se modifican. Esta atribución del riesgo puede alterase mediante pacto y mediante normas jurídicas especiales y generales. Entre las generales, en nuestro ordenamiento se reconocen al error y al dolo y, junto a estos vicios del consentimiento, también tendría cabida la responsabilidad precontractual. La tercera figura jurídica sería la base del negocio, pero su aplicación en nuestro ordenamiento ha sido cuestionada. En este sentido, se puede consultar DE CASTRO Y BRAVO, *El negocio jurídico*, 325. No obstante, nuestra jurisprudencia ha mencionado este concepto jurídico en alguna de sus sentencias (STS 129/2001, de 20 de febrero y STS 514/2010, de 21 de julio, entre otras).

problemas de cumplimiento al proyectarse sobre el objeto o contenido del contrato. En concreto, postula que se deba atraer hacia la responsabilidad contractual el incumplimiento de los deberes precontractuales de información que resulta en la lesión de los intereses de cumplimiento e integridad[299].

Tras este breve *excurso* por la información defectuosa y su posible tratamiento en sede precontractual y contractual, procede analizar en profundidad el régimen de responsabilidad por los daños ocasionados por la transgresión del deber precontractual de información que, a su vez, fue debida a los vicios del consentimiento inducidos por la información defectuosa facilitada por uno de los contratantes que indujo al otro a celebrar un contrato desfavorable. En efecto, durante las negociaciones una parte, por acción u omisión, puede recurrir a información defectuosa para viciar el consentimiento de la otra e inducirla a formalizar un contrato desfavorable. En tales supuestos, el contratante que induce el vicio vulnera el deber de información debido en los tratos preliminares, dando lugar a la correspondiente responsabilidad precontractual. Dicha responsabilidad ofrece como posibles respuestas las siguientes: si se trata de vicios invalidantes, se podrá anular el contrato y, en su caso, demandar la correspondiente indemnización de los daños; si los vicios no se estiman suficientes para anular el contrato, quedará disponible la indemnización para devolver al afectado al estado en que estaría si en la celebración del contrato no hubiera mediado vicio de la voluntad[300].

A diferencia de lo que sucede con el incumplimiento, el vigente CC carece de un sistema precontractual de remedios que, compuesto por la anulación, la indemnización de daños e, incluso, por la adaptación del contrato, nos permita abordar los vicios del consentimiento, tal y como sí se contempla en el moderno Derecho de contratos y en la PMDOCR[301]. Potencialmente, cada uno de estos remedios ofrece protección al contratante que ha celebrado un contrato cuyo contenido, a resultas del error o el dolo, no pretendía y que,

---

299 Morales Moreno, *Incumplimiento del contrato y lucro cesante*, 90 ss.

300 García Rubio, «La responsabilidad precontractual», 308 ss. Se recomienda especialmente la lectura de la obra relativa a los vicios del consentimiento y la *culpa in contrahendo* como posibles remedios ante la información defectuosa, así como de los comentarios sobre el sistema precontractual de remedios en general, escritas por Morales Moreno y Gregoraci Fernández, «El riesgo de defectuosa información contractual y su distribución entre los contratantes: figuras jurídicas y remedios», 745 ss., Morales Moreno, «¿Es posible construir un sistema precontractual de remedios? Reflexiones sobre la Propuesta de Modernización del Derecho de Obligaciones y Contratos en el marco del Derecho Europeo», 400 ss.

301 La indemnización, así como la anulación y adaptación del contrato, ya fueron comentados en el apartado II.1 de este estudio, al que me remito. En cuanto a estos remedios en la PMDOCR, se comentan brevemente en este mismo epígrafe, y más en profundidad en el apartado IV de esta monografía. No obstante, sobre la PMDOCR cabe decir aquí que, a pesar de la fuerte influencia del moderno Derecho de contratos, se diferencia de éste en que no prevé la adaptación del contrato como remedio en lo que a responsabilidad precontractual se refiere.

además, puede ser económicamente dañoso. Así, en el caso de la anulación, sería un remedio con efecto sanatorio o indemnizatorio *(restitutio integrum)* y en el que, además, no se tiene que probar el daño. Por su parte, la indemnización sería el recurso indicado para aquellos supuestos en los que el contenido del contrato, a resultas del dolo incidental o de la información incorrecta aportada, no es el que el contratante hubiera establecido. En cuanto a la adaptación, permitiría satisfacer el interés del contratante legitimado para anular el contrato sin necesidad de anularlo. Es un remedio que constituye una clara manifestación del principio de conservación del contrato y que demuestra que lo que subyace bajo los vicios de la voluntad no es un mero problema de voluntad, sino de organización de intereses, de daños en definitiva[302]. A pesar de las ventajas que en materia de seguridad jurídica podría aportar el sistema articulado de remedios precontractuales descrito, la realidad es que, desde un punto de vista estrictamente legal, nuestro ordenamiento jurídico solo regula: en caso de error o dolo invalidante, la anulación del contrato (arts. 1265, 1266, 1269, 1270.I, 1300 y 1302 CC); y, en caso de dolo incidental, la indemnización de daños y perjuicios (art. 1270.II CC). Por lo tanto, carecerían de regulación expresa los supuestos de indemnización por vicio invalidante, ya sean error o dolo, y por error no invalidante. Esto ha sido comentado por la doctrina ya que, de ceñirnos a los dictados del CC, la anulación del contrato no siempre sería suficiente para atender las consecuencias derivadas del contrato celebrado con información defectuosa, tal y como sucedería si no se indemnizara por error no esencial[303]. De ahí que la acción indemnizatoria de daños y perjuicios por responsabilidad precontractual derivada de los vicios invalidantes y por error no invalidante haya sido estudiada profusamente por la doctrina más señalada y asentada, sobre todo en lo que al dolo grave se refiere, que aquí será el más comentado, toda vez que la indemnización de daños y perjuicios para el dolo incidental está expresamente reconocida en el art. 1270.II CC[304].

302 Morales Moreno, «¿Es posible construir un sistema precontractual de remedios? Reflexiones sobre la Propuesta de Modernización del Derecho de Obligaciones y Contratos en el marco del Derecho Europeo», 409 ss.

303 A su favor Morales Moreno, 415, Morales Moreno y Gregoraci Fernández, «El riesgo de defectuosa información contractual y su distribución entre los contratantes: figuras jurídicas y remedios», 749 ss., Asúa González, «Responsabilidad en la formación del contrato (responsabilidad precontractual)», 159, Gómez Calle, *Los deberes precontractuales de información*, 43 ss.

304 De Cossío y Corral, *El dolo en el derecho civil*, Rojo Ajuria, *El dolo en los contratos*, Morales Moreno y Gregoraci Fernández, «El riesgo de defectuosa información contractual y su distribución entre los contratantes: figuras jurídicas y remedios», 745 ss., Morales Moreno, «¿Es posible construir un sistema precontractual de remedios? Reflexiones sobre la Propuesta de Modernización del Derecho de Obligaciones y Contratos en el marco del Derecho Europeo», 400-422, Morales Moreno, «El dolo como criterio de imputación de responsabilidad al vendedor por los defectos de la cosa», 591-684, Morales Moreno, *El error en los contratos*, Verda y Beamonte, *Error y responsabilidad en el contrato*, Verda y Beamonte, «El dolo in con-

Sobre su relación con la acción de anulación, se ha afirmado que son acciones distintas e independientes. En efecto, el dolo, tiene una doble naturaleza jurídica en tanto en cuanto es un vicio del consentimiento para quien lo sufre y un ilícito civil llevado a cabo por su autor. Como vicio del consentimiento, se violenta una norma de validez que permite la anulación del contrato y la reparación de los daños y perjuicios causados, si los hubiere. Como ilícito, genera responsabilidad y la consecuente obligación de reparar el daño mediante la correspondiente indemnización[305]. Esta compatibilidad de acciones ha sido argumentada en diversas sedes. A favor tanto de la aplicación analógica del art. 1124 CC como de la interpretación extensiva del art. 1270.II CC se mostró De Cossío y Corral[306]. Por su parte, Morales Moreno razona que la dicción del art. 1270.II CC tan solo indica que el único efecto admitido para el dolo incidental es la indemnización, lo que no excluye en absoluto que ante el dolo causal sean compatibles las acciones de indemnización y de anulación del contrato[307]. La compatibilidad de las acciones también se ha fundamentado en que la anulabilidad del contrato puede no ser suficiente para atender los perjuicios de la víctima del dolo causal, y en que, si el dolo incidental es suficiente para alegar la indemnización de daños y perjuicios, con mayor motivo lo será el dolo causal, que es más trascendente que el incidental[308].

Más allá de la compatibilidad de acciones, se ha analizado la naturaleza de la acción de indemnización de daños y perjuicios por responsabilidad precontractual, toda vez que su calificación como extracontractual o contractual da pie a relevantes consecuencias prácticas.

En lo que al plazo de ejercicio de la acción se refiere, si se califica de extracontractual, se dispondría de un año, *ex* art. 1968.2.° CC, y si se considera contractual, el plazo para la acción llegaría a los cinco años, *ex* art. 1964.2 CC. Estos plazos, que son de prescripción, nada tienen que ver con el plazo de caducidad de cuatro años previsto para la acción de anulación del con-

---

trahendo», 25-69, Fenoy Picón, «El dolo en el periodo precontractual», 1331-1449. En relación con el dolo en el periodo precontractual, destaca por su extensión y profundidad el análisis en Derecho comparado de fenoy Picón, 1331-1499. A mayor abundancia, se recomienda la consulta de su extenso libro sobre el dolo en el que, entre otras consideraciones, estudia los efectos del dolo en el derecho civil estatal, en el derecho catalán y en el derecho navarro. fenoy Picón, *Dolo, ventaja injusta y rescisión por lesión en los contratos*.uno de los vicios del consentimiento contractual es el dolo. En esta monografía se analizan los requisitos del dolo causal y sus efectos (anulación o/e indemnización de daños y perjuicios

305 Rojo Ajuria, *El dolo en los contratos*, 76 ss., 118 ss., De Cossío y Corral, *El dolo en el derecho civil*, 365 ss., Fenoy Picón, *Dolo, ventaja injusta y rescisión por lesión en los contratos*, 153 ss., Fuenteseca, *El dolo recíproco*, 99.

306 De Cossío y Corral, *El dolo en el derecho civil*, 320, 367 ss.

307 Morales Moreno, «El dolo como criterio de imputación de responsabilidad al vendedor por los defectos de la cosa», 603.

308 Gómez Calle, *Los deberes precontractuales de información*, 43 ss.

trato *ex* art. 1301 CC. De ahí que, si la acción de indemnización no se ejercita en el primer año, solo restará la nulidad del contrato[309].

Entre aquellos que defienden su naturaleza extracontractual, los hay que entienden que, independientemente de que la víctima ejercite o no la acción de anulación, el dolo tuvo lugar fuera del contrato, en el momento de su perfección, lo que explica que la acción de indemnización sea extracontractual. Al fin y al cabo, si se razona que, en los supuestos en los que se mantenga el contrato, el ejercicio de la acción de indemnización tendría tintes contractuales, mientras que si se ejercitase tras haber pedido la anulación del contrato, la acción indemnizatoria tendría un cariz extracontractual, se podría llegar a la paradoja de que una misma acción tuviera una naturaleza distinta en función de que se ejercite o no la acción de anulación del contrato que, a su vez, es independiente y ajena a la de indemnización[310]. Igualmente, se ha postulado que en nuestro ordenamiento jurídico la responsabilidad precontractual debida a los vicios del consentimiento es más fácilmente reconducible hacia la esfera extracontractual, toda vez que el daño se expresa fuera del ámbito estrictamente contractual y, además, se dispone del art. 1902 CC[311]. A mayor abundamiento, entre los que defienden la naturaleza extracontractual de la acción de indemnización, se ha afirmado que la ausencia de un contrato válido, o el ejercicio de la acción de nulidad, convierten en ineluctable el fundamento extracontractual[312].

Entre los que se posicionan a favor de la naturaleza contractual de la acción de indemnización por dolo *in contrahendo*, se arguye que «*no sería razonable tratar de modo diferente al contratante que incumple su obligación, que el que maliciosamente hace creer que puede cumplir en términos en los que no será posible hacerlo*»[313]. Asimismo, y para demostrar la vis contractual de la mentada acción de indemnización, se ha partido de la premisa de que el contrato viciado por dolo no es un contrato inexistente, sino anulable, de manera que, si se opta por mantener la vigencia del contrato, la acción de resarcimiento por el interés positivo tendría naturaleza contractual. Se cierra esta argumentación afirmando que, si en lugar de mantener el contrato, se anula, la acción de indemnización de daños y perjuicios también debería considerarse contractual ya que, al igual que la de resarcimiento, tendría su origen en el dolo[314]. A mayor abundamiento, se considera que, para privar a esta acción de su naturaleza contractual, resulta insuficiente argumentar que tiene su origen en la infracción de deberes de conducta en la etapa pre-

309 De Cossío y Corral, *El dolo en el derecho civil*, 370.

310 De Cossío y Corral, 370-71.

311 García Vicente, «Artículo 1270», 9134.

312 Asúa González, «Responsabilidad en la formación del contrato (responsabilidad precontractual)», 160.

313 Morales Moreno, «Arts. 1269, 1270», 432 ss.

314 Llobet i Aguado, *El deber de información en la formacion de los contratos*, 186.

contractual, máxime si se tiene en cuenta que existen numerosas acciones típicamente contractuales que derivan de comportamientos reprobables en dicho periodo previo al contrato[315].

Por último, quedaría el sector doctrinal que entiende que la acción de indemnización puede tener naturaleza extracontractual, *ex* art. 1902 CC, y contractual, *ex* art. 1270.II CC. Entre sus máximos representantes, la autora García Rubio viene afirmando que, la actitud dolosa de aquel negociador que mediante engaño induce al otro a contratar constituye, si le genera a éste un daño, un claro ilícito civil subsumible en el art. 1902 CC, con independencia de que el contrato se celebre o no y de que, de haberse celebrado, se anule o mantenga. Además, si el contrato pervive, la autora plantea la posibilidad de que, por interpretación extensiva del art. 1270.II CC, nos encontremos ante una acción de naturaleza contractual. Es decir, nos situaríamos ante la posibilidad de que un hecho dañoso encaje en los supuestos fácticos de normas tanto de responsabilidad obligacional como aquiliana[316]. En esta senda también se han pronunciado de modo similar otros autores al entender que, a pesar de que la acción indemnizatoria presente una naturaleza contractual, ello no obsta a que el comportamiento malicioso que incita una voluntad de contratar viciada deje de ser una hipótesis susceptible de encuadrarse en los arts. 1902 ss. CC; es decir, que una misma conducta es encuadrable tanto en el art. 1270.II CC como en el 1902 CC[317].

En lo que se refiere a la extensión de los daños indemnizables por vicios del consentimiento en el periodo precontractual, cabe apuntar que, ya en el estudio de De Cossío y Corral sobre el dolo *in contrahendo* a mediados del siglo pasado, se hacía una clara distinción entre dos grupos de supuestos, a saber, aquellos en los que se procede a la anulación del contrato frente a los que éste se mantiene[318]. Dicha distinción será nuestro hilo conductor.

En el primer grupo de supuestos, el perjudicado, a resultas de la infracción del deber de información, padece un vicio del consentimiento invalidante que, como tal, le otorga una acción de anulación del contrato cuyo ejercicio le permite solicitar los daños y perjuicios causados por la ineficacia del contrato, es decir, el interés negativo, interés de confianza o interés en no haber contratado de no haber padecido la circunstancia invalidante, y que se traduce en situar al indemnizado en la misma posición patrimonial en la que estaría si no hubiese celebrado el contrato impugnado[319]. En cuanto a las par-

---

315 Gómez Calle, *Los deberes precontractuales de información*, 44.

316 García Rubio, *La responsabilidad precontractual en el derecho español*, 166 ss., 212 ss.

317 Gómez Calle, *Los deberes precontractuales de información*, 44, Cabanillas Sánchez, «El ámbito de responsabilidad precontractual o culpa in contrahendo», 769.

318 De Cossío y Corral, *El dolo en el derecho civil*, 365-72.

319 De Cossío y Corral, 369-70, Verda y Beamonte, «El dolo in contrahendo», 64, García Rubio y Otero Crespo, «La responsabilidad precontractual en el Derecho contractual

tidas del interés negativo, es mayoritaria la doctrina que incluye el daño constituido por los gastos que, a resultas de la impugnación del negocio, pierden su utilidad, es decir, los gastos derivados de la contratación que finalmente fue frustrada, o daño emergente, junto al lucro cesante, que representa la pérdida de posibles oportunidades de contratar con un tercero[320]. Conviene señalar que, en los supuestos de anulabilidad por dolo, la cuantía puede ser potencialmente superior a los casos de anulabilidad por error, toda vez que el art. 1107.II CC nos señala que:

> «En caso de dolo responderá el deudor de todos los que conocidamente se deriven de la falta de cumplimiento de la obligación»[321].

Aunque el sentir mayoritario sea que la indemnización solo comporta el interés de confianza, también se ha señalado que, ante una declaración de nulidad del contrato basada en el dolo, no se debe excluir la indemnización del interés positivo o interés en el cumplimiento, argumentándose que la confianza generada y cuya frustración ha de indemnizarse, no es tanto la confianza en la validez del contrato, sino la de lograr, a través de éste, la satisfacción de un determinado interés[322]. Sin embargo, la posición dominante es que esta exigencia del interés de positivo, aunque en ocasiones haya sido reconocida por la jurisprudencia[323], solo debe considerarse cuando el deber precontractual de información se integre en el contrato, convirtiéndose entonces en una auténtica obligación cuya desvirtuación origine los correspondientes remedios por incumplimiento, tales como la resolución con

europeo», 48, Asúa González, «Responsabilidad en la formación del contrato (responsabilidad precontractual)», 161, Gómez Calle, *Los deberes precontractuales de información*, 35 ss., Pantaleón Prieto, «Responsabilidad precontractual: propuestas de regulación para un futuro Código Latinoamericano de Contratos», 921.

320 En el daño emergente cabría incluir los costes del contrato, los costes hechos para la adquisición de transporte, los créditos, los costes de instalación, los derivados de la imposibilidad de cumplir los compromisos celebrados con terceros con ocasión del contrato frustrado, los gastos derivados de los defectos del bien, etc. *Vid.* Gómez Calle, *Los deberes precontractuales de información*, 35 ss. A favor de incluir el lucro cesante en el interés negativo se han manifestado De Cossío y Corral, *El dolo en el derecho civil*, 370, Verda y Beamonte, «El dolo in contrahendo», 64, García Rubio y Otero Crespo, «La responsabilidad precontractual en el Derecho contractual europeo», 48, García Rubio, *La responsabilidad precontractual en el derecho español,* 241-42, Gómez Calle, *Los deberes precontractuales de información*, 35 ss., 49.

321 Gómez Calle, *Los deberes precontractuales de información*, 49.

322 Su máximo representante ha sido Morales Moreno, con base en el Derecho Romano y en jurisprudencia del Tribunal Supremo, que en la STS 289/2009, de 5 de mayo, incluyó como daños previsibles del que cometió el dolo conceptos encuadrables en el interés positivo. *Vid.* Morales Moreno y Gregorazi Fernández, «El riesgo de defectuosa información contractual y su distribución entre los contratantes: figuras jurídicas y remedios», 756, Morales Moreno, «Arts. 1269, 1270», 378-440.

323 STS 289/2009, de 5 de mayo de 2009.

interés positivo o interés en el cumplimiento[324]. En otro orden de cosas, restaría por responder a la pregunta de si los remedios por incumplimiento contractual (en especial, la resolución más la indemnización del interés positivo) son o no compatibles con los remedios precontractuales (la indemnización del interés negativo), y ante la cual no hay una respuesta unánime, tal y como se apuntó al hablar del moderno Derecho de contratos[325].

En el segundo grupo de supuestos se mantiene la vigencia del contrato, ya sea porque la infracción del deber de información no sea constitutiva de un vicio del consentimiento invalidante, ya sea porque, ante el vicio invalidante, el perjudicado no ejercite la acción de nulidad al confirmar el contrato o al cumplirse el plazo de caducidad[326]. En cualquier caso, se ha afirmado que la solicitud de los daños producidos por el contrato equivale a la confirmación del negocio anulable, lo que conlleva la imposibilidad de una ulterior solicitud de anulación, toda vez que el autor del vicio del consentimiento podría oponerse argumentando que el actor está yendo contra sus propios actos[327]. Se reclama el interés contractual positivo, en el cual no cabrían todas las ganancias inicialmente prometidas, ya que éstas no constituían un lucro posible, sino todas aquellas que se dejaron de obtener por la conclusión del contrato y todos los daños que el mismo le ha causado[328]. En otras palabras, solo cabría exigir la indemnización de los daños ocasionados al vincularse a un contrato que no se ciñe a lo que fue determinante para su celebración, de manera que podría pretenderse una reducción del precio y el aporte de aquellos gastos que, efectuados en consideración a lo que se esperaba adquirir, finalmente se mostraron inútiles. Ahora bien, no procederán ni los gastos que presuponen la anulación, tales como los gastos del contrato, ni el lucro cesante por haber rechazado una ocasión más beneficiosa con ocasión del contrato celebrado y mantenido[329]. Para Pantaleón Prieto, esta indemnización será el equivalente a la diferencia entre el valor de la prestación contractual que se realizó a favor del infractor del deber de información y el valor de la prestación recibida, a lo que cabría añadir ulteriores perjuicios derivados

324 García Rubio y Otero Crespo, «La responsabilidad precontractual en el Derecho contractual europeo», 48, Pantaleón Prieto, «Responsabilidad precontractual: propuestas de regulación para un futuro Código Latinoamericano de Contratos», 921.

325 *Cfr.* apartado II.1 de este trabajo. Respecto de la compatibilidad o no de los remedios contractuales y precontractuales, Asúa González se posiciona a favor de aquella, pero, si tuviera que elegir, considera que en los supuestos de error serían preferibles los remedios contractuales que canalizasen la desvinculación del contrato mediante la resolución de éste. Asúa González, «Responsabilidad en la formación del contrato (responsabilidad precontractual)», 166.

326 Pantaleón Prieto, «Responsabilidad precontractual: propuestas de regulación para un futuro Código Latinoamericano de Contratos», 921-22.

327 De Cossío y Corral, *El dolo en el derecho civil*, 369.

328 De Cossío Y Corral, 370.

329 Gómez Calle, *Los deberes precontractuales de información*, 49-50.

de la celebración del contrato. Dicho autor también matiza que, ante una eventual culpa concurrente, o una infracción del deber de mitigar el daño por parte del afectado por el vicio, se podrá reducir la cuantía indemnizatoria[330].

A la escasa atención prestada por el vigente CC y a la disparidad de opiniones expresadas por la doctrina, cabe sumar que la jurisprudencia, al pronunciarse sobre supuestos que vulneran los deberes precontractuales de información mediando los vicios del consentimiento, no ha sido capaz de articular un sistema ordenado y comprehensivo de remedios.

Así, en cuanto al dolo, en la conocida STS de 18 de enero de 2007[331], ante el interrogante de si tenía cabida «primero, la acción de anulación de contrato y reclamación de indemnización de daños y perjuicios (acumulación de dos acciones), segundo, la acción de anulación, sin reclamación de indemnización (una sola acción) y, tercero, la acción de reclamación de indemnización de daños y perjuicios, sin ejercitar la acción de anulación (una sola acción, es el caso presente)», el Tribunal Supremo respondió afirmativamente «tanto porque no hay norma que excluya cualquiera de las tres posibilidades, como porque sí hay una norma aplicable a un caso similar de ineficacia, que es la resolución que contempla el artículo 1124 del Código civil (LEG 1889, 27), que admite como perfectamente compatibles y, al tiempo, independientes, la acción de resolución y la de resarcimiento, que pueden ser ejercitadas conjunta o independientemente, sin que la posibilidad de ineficacia excluya la indemnización, ni viceversa, ni la acumulación». Es decir, que en principio el Tribunal Supremo reconocía la compatibilidad de las acciones de resolución y de resarcimiento aplicando analógicamente el art. 1124 CC, si bien se ha afirmado que hubiera sido preferible que lo hiciera mediante la interpretación extensiva del art. 1270.II CC[332]. No obstante, si atendemos a sentencias más recientes en sede de productos financieros, este criterio no se ha mantenido[333]. En ellas se defiende una jurisprudencia confirmada que rechaza

330 Pantaleón Prieto, «Responsabilidad precontractual: propuestas de regulación para un futuro Código Latinoamericano de Contratos», 922 ss.

331 STS 1/2007 de 18 enero, RJ 2007\529.

332 García Rubio, «La responsabilidad precontractual», 382-83.

333 En relación con los servicios o productos de las entidades de crédito, se puede traer a colación el art. 5 de la *Ley 10/2014, de 26 de junio, de ordenación, supervisión y solvencia de entidades de crédito*. Este artículo, con rúbrica *«Protección del cliente de entidades de crédito»*, dispone que *«Las entidades de créditos deberán actuar de manera honesta, imparcial, transparente y profesional»*, de manera que *«Toda información dirigida a su clientela, incluida la de carácter publicitario, deberá ser clara, suficiente, objetiva y no engañosa»* (art. 5.1). Y continúa en su párrafo 2.a) habilitando al Gobierno a dictar disposiciones relativas a la información precontractual que ha de facilitarse a los clientes de servicios o productos financieros. Aunque se trata de una norma de Derecho público, a su través se exige una actuación de buena fe en el aporte de información a la clientela de entidades financieras, lo que supone un ámbito de actuación que alcanza a todos los clientes de dichas entidades, es decir, tanto consumidores como profesionales. Ante el desconocimiento generalizado de

que, ante una vulneración del deber precontractual de información, quepa deducir la resolución del contrato *ex* art. 1124 CC, ciñendo las consecuencias a la indemnización por daños y perjuicios del art 1101 CC[334]. Tal y como se declara en la STS de 11 de marzo de 2020[335]:

> «Conforme a la jurisprudencia de esta sala, no puede fundarse una acción de resolución de un contrato de adquisición de productos financieros en el incumplimiento de deberes previos a la contratación, al amparo del art. 1124 CC, "dado que el incumplimiento, por su propia naturaleza, debe venir referido a la ejecución del contrato, mientras que aquí el defecto de asesoramiento habría afectado a la prestación del consentimiento" (sentencia 491/2017, de 13 de septiembre (RJ 2017, 3756)).
>
> Pero sí cabe, como recuerda la sentencia 677/2016, de 16 de noviembre (RJ 2016, 6302), con cita de otras anteriores, que, en el marco de una relación de asesoramiento prestado por una entidad de servicios financieros y a la vista del perfil e intereses de inversión del cliente, puede surgir una responsabilidad civil al amparo del art. 1101 CC, por el incumplimiento o cumplimiento negligente de las obligaciones surgidas de esa relación de asesoramiento financiero, que causa al inversor un perjuicio consistente en la pérdida total o parcial de su inversión, siempre y cuando exista una relación de causalidad entre el incumplimiento o cumplimiento negligente y el daño indemnizable. Esta doctrina ha sido reiterada en resoluciones posteriores, recientemente por las sentencias 62/2019, de 31 de enero (RJ 2019, 388), y 303/2019, de 28 de mayo (RJ 2019, 2167)»

En lo que se refiere a la naturaleza de la acción indemnizatoria, el Tribunal Supremo parece mostrarse a favor de adjetivarla como contractual. Un buen ejemplo de ello lo conforma la STS de 24 de abril de 2009[336], en la que se afirma que «*En el caso de ejercicio de la acción de responsabilidad por dolo in contrahendo, se ha de convenir con la más autorizada doctrina en que la acción de responsabilidad es de naturaleza contractual, y por ende en cuanto a la prescripción se regiría por el artículo 1964 del Código civil. A esta con-*

---

disposiciones específicas gubernamentales (órdenes ministeriales) que contengan la exigencia de un deber de información precontractual sustantivo, y al que pueda recurrirse en la defensa de los intereses de la clientela, cabe plantearse si se puede recurrir a este artículo 5 para reclamar a una futura autoridad de control (como la que se contempla en el *Proyecto de Ley por la que se crea la Autoridad Administrativa Independiente de Defensa del Cliente Financiero para la resolución extrajudicial de conflictos entre las entidades financieras y sus clientes*, publicado el 24 de abril en el *Boletín Oficial de las Cortes Generales*) el respeto a lo dispuesto en el mentado artículo. Incluso, podría plantearse el recurso a este artículo 5 ante los tribunales ya que, aunque se encuentre inserto en una norma administrativa o pública de ordenación del sector, incide de forma directa en las relaciones entre particulares y se constituye, en realidad, como una cláusula general de los productos financieros.

334 *Cfr.* STS 172/2018 de 23 de marzo, RJ 2018\1487, ECLI:ES:TS:2018:1110, STS 62/2019 de 31 de enero, RJ 2019\388, STS 303/2019 de 28 de mayo, RJ 2019\2167, ECLI:ES:TS:2019:1719, STS 165/2020 de 11 marzo, RJ 2020\885, ECLI:ES:TS:2020:780.

335 STS 165/2020 de 11 de marzo, RJ 2020\885.

336 STS 263/2009, de 24 de abril de 2009.

clusión se llega tanto al considerar que la presencia de un contrato en vigor aparta el tema de los supuestos de responsabilidad precontractual, cuanto si se estima que la moderna dogmática contractual exige la incorporación de las declaraciones efectuadas durante los tratos preliminares como promesas contractuales, lo que ya se establece de modo expreso para la protección de los consumidores en la legislación protectora...».

Sobre el alcance de la indemnización en supuestos de dolo, nos encontramos con sentencias que lo limitan al interés negativo junto a otras que contienen partidas indemnizatorias encuadrables en el interés positivo[337]. En la STS de 5 de marzo de 2010[338], el Tribunal Supremo defiende que la indemnización solo debe consistir en el interés negativo. En su razonamiento, trae a colación la STS de 19 de junio de 1981[339], donde se advierte que «*la declaración de nulidad del contrato lleva de suyo aparejada el reintegro de aquello que el comprador hubiera abonado, abonos que comprenden, además de la devolución del precio y de sus intereses, la de todos los gastos por el mismo sufragados, como consecuencia de la transmisión...*». Además, continúa el pronunciamiento de la STS de 5 de marzo de 2010 afirmando que la doctrina matiza que «*la indemnización alcanza al interés negativo o "interés de confianza" que resulta de cotejar la situación en que estaría la parte perjudicada si no hubiese celebrado el contrato o hubiese conocido desde el principio su invalidez, con la situación actual en que se encuentra ahora, sin que alcance al llamado interés positivo que resulta de comparar la situación provocada por la invalidez, con la que existiría si hubiese habido validez y cumplido los efectos del contrato*»[340].

Sin embargo, también hay sentencias en las que se han aceptado como parte de la indemnización conceptos encuadrables en el interés positivo. En efecto, en la STS de 5 mayo de 2009[341], tras afirmar que «*concurren todos los requisitos que exige el Código Civil y doctrina jurisprudencial para apreciar la existencia de dolo "in contrahendo", y, por consiguiente, resulta procedente la declaración de nulidad contractual*», reconoce la idoneidad del resarcimiento de los daños y perjuicios causados, y estima que procede la indemnización de los daños emergentes y del lucro cesante. En dicho lucro figuran partidas que parecen superar el interés negativo, como son las relativas a «*la frustración del negocio, hasta que se produjo (por la decisión judicial de la paralización definitiva de las obras) la posibilidad para la actora de llevar a cabo la inversión económica en otra zona*».

---

337 *Vid.* Morales Moreno y Gregoraci Fernández, «El riesgo de defectuosa información contractual y su distribución entre los contratantes: figuras jurídicas y remedios», 755-56, García Rubio, «La responsabilidad precontractual», 381-84, Quicios Molina, «Sentencia de 5 de mayo de 2009», 351-77.

338 STS 29/2010 de 5 marzo, RJ 2010\2390.

339 STS de 19 de junio de 1981, RJ 1981/2529.

340 FJ 4.° de la STS 29/2010 de 5 marzo, RJ 2010\2390.

341 STS 289/2009 de 5 de mayo, RJ 2009\2907.

A mayor abundamiento, en la ya mencionada STS de 24 de abril de 2009[342], se mantiene que la responsabilidad por dolo *in contrahendo* comprende tanto el interés negativo como el positivo. En efecto, en su fundamento de derecho 3.º se constata que «*Las representaciones efectuadas durante la fase de tratos preliminares pueden configurar el comportamiento que se espera del deudor y servir de pauta para determinar la existencia de un incumplimiento. Además, esta responsabilidad comprendería no sólo el llamado "interés contractual negativo", sino el "interés contractual positivo", pues la indemnización por dolo ha de referirse a la totalidad del daño provocado por el engaño que ha frustrado el desarrollo normal del contrato y ha impedido la satisfacción del interés del deceptus*».

La vulneración de los deberes de información precontractual que conduce a error también ha sido reconocida por la jurisprudencia. Así sucedió en la STS de 20 de julio de 2017[343], donde se indicó que se había incurrido en responsabilidad por incumplimiento de las obligaciones de información y contravención de la buena fe. Se concluyó que, aunque por motivos de caducidad no procedía la acción de nulidad por error del contrato de inversión del producto complejo, si cabía el resarcimiento de los daños y perjuicios causados.

Como anticipo al comentario relativo a la regulación de deber de información en la PMDOCR, conviene reseñar, brevemente, el tratamiento dado por la PMDOC a los supuestos de vulneración del deber de información precontractual que vician la voluntad de los contratantes y que, consecuentemente, los legitiman para solicitar los remedios correctores de los perjuicios generados[344]. Dichos remedios se regulan en el Capítulo IX «*De la nulidad y anulación de los contratos*» del Título II «*De los contratos*», emulando así al vigente CC y, en parte, al moderno Derecho de contratos[345]. Resulta bastante significativo que la dicción de los arts. 1298 y 1300 PMDOC, que definen el error esencial y el dolo, sean coincidentes con lo dispuesto en los textos del *soft law*[346]. En la propuesta, el error esencial y el dolo grave permiten la anulación del contrato, pero la indemnización solo se reconoce explícitamente en los supuestos de dolo incidental[347]. Por lo tanto, se mantiene el mismo criterio que en el vigente CC en cuanto a los remedios disponibles para cada uno

342 STS 263/2009, de 24 de abril, ECLI:ES:TS:2009:3275.

343 STS 472/2017 de 20 de julio, ECLI: ES:TS:2017:3016.

344 Dicho comentario se llevará a cabo en el Capítulo IV de esta monografía.

345 En los PICC y PECL, los deberes de información y sus remedios se incardinan en el capítulo destinado a la validez del contrato. Por su parte, en los DCFR y ACQP, aunque los deberes de información se regulen en el capítulo relativo a los deberes precontractuales, tienen referencias cruzadas hacia capítulos o libros específicos en los que se tratan los remedios por incumplimiento, además de no excluir los previstos para el error. *Cfr.* epígrafe II.1 de este trabajo.

346 *Cfr.* arts. 3.2.2 PICC, 3.2.5 PICC, 4:103 PECL, 4:107 PECL, II. – 3:101 DCFR, 2:201 ACQP, previamente comentados en el epígrafe II.1 de esta monografía.

347 En efecto, el artículo 1306 PMDOC señala los efectos restitutorios de la anulación del contrato, pero no los indemnizatorios.

de estos vicios del consentimiento, al igual que se reitera la distinción entre dolo incidental y causante[348]. No obstante, como novedades se incluyen la mención a la ocultación maliciosa de información como un supuesto de dolo, y la anulación del contrato si el vicio fue debido a la actuación de un tercero del que responda o tenga conocimiento el otro contratante, siguiendo así la senda del moderno Derecho de contratos[349].

A diferencia de lo comentado anteriormente en el moderno Derecho de contratos, la PMDOC no menciona la indemnización cuando se procede a la anulación del contrato, continuando así la omisión que se contiene en nuestro CC[350]. Consecuentemente, tampoco indica qué comportaría la indemnización, como sí hacen los textos del *soft law* en que se inspira[351]. Esta ausencia ha sido severamente criticada por la doctrina, abogando por seguir el camino trazado en el moderno Derecho de contratos, y ha surtido efecto ya que, según se verá posteriormente, la PMDOCR sí norma la indemnización con independencia de que el contrato se anule o no[352].

Al igual que el CC, en la PMDOC la indemnización solo está prevista para el dolo incidental, tal y como se apuntó anteriormente. Adolece así de un precepto genérico que disponga, ante la eventualidad de que el contrato viciado perviva, la reclamación de los daños y perjuicios generados por la vulneración de los deberes precontractuales de información[353]. A pesar de ser un

---

348 Esta diferenciación entre dolo incidental y causante operada por el art. 1270 CC no ha sido suficiente para que de la jurisprudencia emane una doctrina nítida en cuanto a la indemnización por dolo incidental, tal y como puso de manifiesto Díez Picazo, «Notas sobre la indemnización del daño causado por el dolo incidental», 1043 ss.

349 Para el caso de la ocultación maliciosa de información, *cfr.* art. 4:107 PECL, cuyo contenido, al igual que en el art. 1300 PMDOC, supone la existencia de dolo negativo si no se revela la información debida a la buena fe, tal y como señalaron Díez Picazo, Roca i Trías, y Morales Moreno, *Los principios del derecho europeo de contratos*, 230-31. En cuanto a la actuación de terceros, el art. 1302 PMDC dispone que *«También puede anular el contrato la parte que ha sufrido el error, el dolo o el perjuicio a que se refiere el artículo anterior, cuando hayan sido causados o provocados por un tercero de cuyos actos responda o tenga conocimiento el otro contratante»*. Su redacción denota la influencia del art. 4:111 PECL. *Vid.* García Rubio, «La responsabilidad precontractual en la propuesta de modificación del derecho de obligaciones y contratos», 1636 ss., García Rubio, «La responsabilidad precontractual», 384 ss.

350 *Vid.* arts. 3.2.16 PICC, 4.:117 PECL, II. – 3:109 DCFR, 2:207 ACQP, analizados en el apartado II.1 de este estudio.

351 Tal y como se indicó en el epígrafe II.1 de esta monografía al estudiar los arts. 3.2.16 PICC, 4:117 PECL, II. – 7:214 DCFR, la indemnización prevista en dichos textos es el interés negativo.

352 García Rubio, «Perspectiva y prospectiva en tres casos de responsabilidad surgida en la etapa de negociación de un contrato», 280, García Rubio, «La responsabilidad precontractual», 386, García Rubio, «La responsabilidad precontractual en la propuesta de modificación del derecho de obligaciones y contratos», 1640-41.

353 El art. 1306 PMDOC sólo contiene los efectos restitutorios de la anulación, pero nada dice de los indemnizatorios.

supuesto contemplado en los tribunales y con sentencias que dieron lugar a sendos comentarios, la PMDOC volvió a distanciarse del moderno Derecho de contratos, que, como ya se vio, prevé la indemnización y su contenido independientemente de que el contrato se celebre o no[354]. No obstante, la crítica operada por la doctrina ha servido para que la PMDOCR sí incluya la indemnización del daño causado por el error imputable, el dolo, la violencia, la intimidación y la ventaja injusta en caso de mantenimiento del contrato[355].

Al contrario de lo que sucede en el CC, que no contiene una norma expresa que permita al que padece vicio del consentimiento, o una ventaja injusta, adaptar el contrato, en la PMDOC se incluye esta previsión, al igual que se hace en el moderno Derecho de contratos[356]. Se contempla para los supuestos de error *ex* art. 1298.4 PMDOC, y también está prevista para los casos de ventaja excesiva en el segundo inciso del art. 1301.II PMDOC[357]. Sobre la adaptación del contrato teñido de abusivo, García Rubio ha planteado la idoneidad de hacerla extensible a todos los supuestos de responsabilidad precontractual proyectada sobre el contrato desventajoso, tal y como ya hace el Texto refundido de la Ley General para la Defensa de Consumidores y Usuarios (TRLGDCU)[358] en los supuestos de omisión de información precontractual relevante[359].

---

354 *Vid.* apartado II.1 de esta monografía, donde se analizaron los arts. 3.2.16 PICC, 4.:117 PECL, II. – 3:109 DCFR, 2:207 ACQP. Sobre la posibilidad de instar la reclamación de indemnización de daños y perjuicios sin necesidad de instar la acción de anulación, destaca la STS 1/2007 de 18 enero, RJ 2007\529, analizada en profundidad por Tomás, «Damages for Fraud in Case of not Avoiding Contract», 65-75, Díez Picazo, «Notas sobre la indemnización del daño causado por el dolo incidental», 1043-46. En lo que se refiere a la cuantía de la indemnización, a pesar de que en el moderno Derecho de contratos se proponga el interés negativo (*cfr.* epígrafe II.1 de este estudio), en nuestra jurisprudencia se han dado casos que van más allá de éste. Así sucedió en la STS 289/2009 de 5 mayo, RJ 2009\2907, comentada por Quicios Molina, «Sentencia de 5 de mayo de 2009», 351-77.

355 *Cfr.* art. 1306.2 PMDOCR, apartado IV.1.3 de esta monografía y García Rubio, «La responsabilidad precontractual en la propuesta de modificación del derecho de obligaciones y contratos», 1638 ss., García Rubio, «La responsabilidad precontractual», 386 ss.

356 *Vid.* arts. 4:105 PECL, 4:109 PECL, II. – 7:203 DCFR, II. – 7:207 DCFR, 3.2.10 PICC y 3.2.7 PICC, analizados previamente en el epígrafe II.1 de este estudio.

357 Artículo 1298.4 PMDOC. Tampoco podrá anularse el contrato cuando la otra parte contratante, tras ser informada del error, comunique sin dilación su voluntad de ejecutarlo en los términos pretendidos por la parte que lo ha sufrido.
Artículo 1301.II PMDOC. A petición de la parte perjudicada, puede el Juez introducir en el contrato aquellas modificaciones que sean necesarias para adaptarlo a las exigencias de la buena fe y lo que sea usual en el tráfico jurídico.

358 Real Decreto Legislativo 1/2007, de 16 de noviembre, por el que se aprueba el texto refundido de la Ley General para la Defensa de los Consumidores y Usuarios y otras leyes complementarias (https://www.boe.es/buscar/act.php?id=BOE-A-2007-20555).

359 Artículo 65 TRLGDCU. Integración del contrato. Los contratos con los consumidores y usuarios se integrarán, en beneficio del consumidor, conforme al principio de buena fe objetiva, también en los supuestos de omisión de información precontractual relevante.

Según se apuntó previamente, la información defectuosa precontractual puede suscitar vicios del consentimiento ante los cuales cabe oponer tanto los remedios precontractuales por el error y el dolo, como los remedios contractuales por incumplimiento. Es una posibilidad que ha sido abordada por el moderno Derecho de contratos, si bien es cierto que no lo hace de una forma uniforme ya que, mientras algunos textos favorecen la compatibilidad de los remedios contractuales y precontractuales, otros excluyen la opción de la anulación por error si pueden emplearse los remedios del incumplimiento, de manera que parece que optan por la prevalencia de unos remedios sobre otros en lugar de por la libre elección[360]. Ante esta diatriba, y al igual que sucede con el vigente CC, la PMDOC no aporta una respuesta clara para los supuestos de hecho en que pueda darse la concurrencia entre los remedios del error, del dolo y del incumplimiento. Fenoy Picón considera que la PMDOC ha sido imprecisa con el propósito de que sean los intérpretes del Derecho los encargados de decidir y argumentar si procede o no la compatibilidad. Defiende esta autora que, a la luz de nuestro ordenamiento jurídico, la balanza se inclina a favor de la compatibilidad entre los remedios precontractuales (la anulación y la *culpa in contrahendo*) y los contractuales por incumplimiento[361].

Tras este recorrido por la libertad contractual y la buena fe en los países del *civil law*, se constata la creciente inclusión del periodo precontractual en los códigos civiles que se han ido reformando. En ellos, se norma la buena fe y los deberes de conducta que de ella se derivan. Unos y otros habrán de conjugarse con la libertad contractual, resultando de todo ello un nivel de confianza y libertad adecuado para que las partes negocien justamente y en defensa de sus propios intereses. Fruto de esas negociaciones en las que se manifiesta el equilibrio debido entre la buena fe y la libertad contractual, pueden resultar acuerdos y contratos preparatorios de otros contratos, a los cuales se dedicarán los siguientes capítulos.

Vid. García Rubio, «La responsabilidad precontractual en la propuesta de modificación del derecho de obligaciones y contratos», 1641.

360 *Vid.* apartado II.1 de esta monografía.

361 Fenoy Picón, «La modernización del régimen del incumplimiento del contrato», 124-25. No obstante, esta autora, partiendo de la tesis de Morales Moreno, estima que para el caso del error es técnicamente más adecuado que rija la norma de la incompatibilidad, de manera que los remedios contractuales prevalezcan. *Cfr.* Morales Moreno, «Adaptación del Código civil al Derecho Europeo», 1626, Fenoy Picón, *El sistema de protección del comprador,* 187. Respecto de la compatibilidad o no de los remedios contractuales y precontractuales, Asúa González se posiciona a favor de aquella, si bien es cierto que, al igual que Fenoy Picón, considera que en los supuestos de error serían preferibles los remedios contractuales que canalizasen la desvinculación del contrato mediante la resolución de éste. Asúa González, «Responsabilidad en la formación del contrato (responsabilidad precontractual)», 166.

CAPÍTULO III

LOS ACUERDOS Y CONTRATOS PREPARATORIOS DE OTROS CONTRATOS EN EL MODERNO DERECHO DE CONTRATOS Y EN EL DERECHO COMPARADO

A continuación, y ante la variedad de figuras susceptibles de encajar en la rúbrica «*acuerdos precontractuales*», se comentarán los más ubicuos en la doctrina y en la jurisprudencia de los países del *common* y del *civil law*. En el marco de influencia anglosajona, el foco del análisis se centrará en las *letters of intent, lock-in agreements* (también denominados *contracts to negotiate* o *agreements to negotiate*), *agreements with open terms* y *confidentiality agreements.* En los países de la órbita del Derecho continental, el estudio se dirigirá hacia actos y contratos preparatorios de otros contratos como las cartas o acuerdos de intenciones (*accord de négociation, accord de principie* o *contrat de pouparlers*), los contratos con términos abiertos, la promesa de celebrar un contrato, el contrato de opción, el pacto de preferencia y el precontrato.

III.1. Los acuerdos y contratos preparatorios de otros contratos en los países del *common law*

III.1.1. *Letters of intent* o cartas de intenciones

La dificultad de dar un concepto unívoco de las conocidas como *letters of intent* (o «cartas de intenciones», en su traducción más habitual) comienza porque, a menudo, se redactan de forma ambigua, lo que dificulta el establecimiento *a priori* de su naturaleza jurídica, ya que se desconoce si las partes las emplearon con una vocación meramente exploratoria, negociadora o para concluir un acuerdo vinculante[362]. En principio, parece un problema de fácil solución, ya que bastaría con que las partes indicaran claramente si pretenden vincularse con ellas o si, al contrario, se trata de un documento en el que meramente recogen los términos a negociar en otro tipo de documento[363]. Sin embargo, la realidad es bien distinta y, a pesar de los repetidos intentos de doctrina y jurisprudencia por delimitar su naturaleza y efectos, nos enfrentamos con pronunciamientos judiciales contradictorios, incluso cuando las circunstancias que rodean a los supuestos, así como la redacción de las cartas empleadas, son, al menos, similares en apariencia[364].

En cuanto a la vinculatoriedad o no de las cartas, se pueden mencionar dos casos en los que las *District Courts* estimaron que la *letter of intent* no era vinculante, mientras que en apelación sí se consideraron vinculantes. En *Arnold Palmer Gold Co. v. Fuqua Industries Inc.*, la *Court of Appeal*, siguiendo el caso *Itek Corp. v. Chicago Aerial Industries*, dictó que, la decisión de si las partes tenían la intención de entrar en un contrato, debe basarse en una evaluación de las circunstancias que rodean las conversaciones. A pesar de que la *District Court* determinó que el documento de seis páginas firmado por las dos partes no era un contrato, ya que manifestaba el interés de las partes de no vincularse contractualmente, la *Court of Appeal* revocó la decisión[365]. Por su parte, en *Itek Corp. v. Chicago Aerial Industries*[366], la *District Court* decidió que *Iter Corp.* y *Chicago Aerial Industries (CAI)* no tenían intención de vincularse basándose en la última sentencia del párrafo segundo de la *letter of intent* en la que se afirmaba que «*If the parties fail to agree upon and execute such a contract they shall be under no further obligation to one another*». Sin embargo, la *Supreme Court of Delaware*, considerando el documento entero junto con otras evidencias aportadas por el demandante, se pronunció en sentido contrario al dictado por la *District Court*. En efecto, la *Supreme Court of Delaware* pronunció que «*We have examined the record before us and are of the opinion that there is evidence which, if accepted by the trier of fact, would support the conclusion that on January 15, 1965 both*

362 DRAETTA, «The Pennzoil Case and the Binding Effect of the Letters Intent in the International Trade Practice», 156 ss., DRAETTA Y LAKE, «Letters of Intent and Precontractual Liability», 835, FURMSTON, *The Law of Contract*, 444. En cuanto a las *letters of intent*, en *British Steel Corp. v. Cleveland Bridge Engineering Co.*, [1984] 1 All E.R. 504, el juez GOFF llevó a cabo un estudio de éstas y concluyó que, en función de su literalidad y del contexto, podrían tener tres posibles efectos: i) constituir una oferta de un contrato bilateral, ii) ser una oferta de un contrato unilateral por la cual el emisor solicita al destinatario la realización de un determinado trabajo y le promete pagar por dicho trabajo en caso de que lo lleve a cabo, iii) y no tener efecto contractual alguno.

363 OMALU, «Precontractual Agreements in the Energy and Natural Resources Industries», 310.

364 *Cfr.* FONTAINE, M. Y DE LY, F., *Drafting International Contracts*, FURMSTON, «Letters of Intent», 21 ss.

365 *Arnold Palmer Gold Co. v. Fuqua Industries Inc.*, U.S.C.A. Sixth Circuit, 1976 (541 F.2d 584).

366 *Itek Corp. v. Chicago Aerial Industries*, 248 A.2d 625 (Del. 1968).

Itek and CAI intended to be bound, the former to purchase and the latter to sell all the assets of CAI. There is also evidence which, if accepted by the trier of fact, would support the conclusion that subsequently, in order to permit its stockholders to accept a higher offer, CAI willfully failed to negotiate in good faith and to make "every reasonable effort" to agree upon a formal contract, as it was required to do».

La clasificación de estos acuerdos según sus efectos trae su causa en la disparidad de decisiones judiciales emitidas en torno a ellos[367]. En *Damon Cia. S.A. v. Hapag-Lloyd International S.A., Wilson Smithett &* Cape *(Sugar) Ltd. v. Bangladesh Sugar and Food Industries Corpn.* y *Pennzoil Company, Appellant v. Texaco, Inc.*, se les reconoce un efecto contractual. En *Damon Cia. S.A. v. Hapag-Lloyd International S.A.*[368], a pesar de que la *letter of intent* hacía referencia a un futuro contrato formal, el tribunal encontró que era obvio que ya había sido alcanzado un acuerdo, aunque estuviera pendiente la firma del memorándum que recogía los términos previamente acordados por las partes. Así se pronunció en la resolución del caso el juez FOX, que entendió que la no firma del memorándum o carta de intenciones enviado no impedía dar efecto a los términos previamente acordados por las partes. Por su parte, en *Wilson Smithett &* Cape *(Sugar) Ltd. v. Bangladesh Sugar and Food Industries Corpn*[369], se mantuvo que la carta enviada por los demandados era contractual porque contenía una declaración específica de la cantidad y precio de los bienes y fue redactada correctamente como una aceptación de la oferta de los demandantes. Finalmente, en *Pennzoil Company, Appellant v. Texaco, Inc.*[370], el reconocimiento por parte del Alto Tribunal de que la *letter of intent* que *Pennzoil* y *Getty Oil* se habían intercambiado para la adquisición de esta última por *Pennzoil* tenía efecto contractual, dio lugar a que Texaco tuviera que indemnizar a *Pennzoil* ya que su intervención en las negociaciones frustró la compra de *Getty Oil* por parte de *Pennzoil*.

El reverso de la moneda estaría en los pronunciamientos que desestiman la vinculatoriedad del documento e insisten en su utilidad declarativa o negociadora[371]. Así sucedió en *Interway v. Alagna*[372], *Empro Manufacturing*

---

367 FURMSTON, «Letters of Intent», 21 ss.

368 *Damon Cia. S.A. v. Hapag-Lloyd International S.A*, [1985] 1 All E.R. 475.

369 *Wilson Smithett &* Cape *(Sugar) Ltd. v. Bangladesh Sugar and Food Industries Corpn.*, [1986] 1 Lloyd's Rep. 378.

370 *Texaco, Inc. v. Pennzoil Co.*, 729 S.W. 2d 768 (1987), *cert. denied*, *Pennzoil Company, Appellant v. Texaco, Inc.*, 485 U.S. 994 (1988). Sobre esta sentencia, *cfr.* GARCÍA RUBIO, «Perspectiva y prospectiva en tres casos de responsabilidad surgida en la etapa de negociación de un contrato», 263.

371 CARREÑO MENDOZA, *Acuerdos de intenciones y gestión de la incertidumbre en adquisiciones de empresa*, 19-24.

372 *Interway v. Alagna*, 407 N.E.2d 615 (Ill. Appl., 1980).

Co. V. Ball-Co.[373], *Hunneman Real State Co. V. The Norwood Realty Inc.*[374] y en *Bocek v. JGA Associates*[375], por citar algunos. En *Interway v. Alagna*[376], el núcleo de la discusión se encontraba en una carta de intenciones suscrita durante un proceso de negociación para la adquisición de *Alagna* por parte de *Interway*. *Alagna*, a pesar de haber suscrito la *letter of intent*, se retiró de las negociaciones y no firmó el contrato de compraventa previsto en la carta firmada por las partes. *Interway* demandó a *Alagna* por incumplimiento del contrato, pero el tribunal concluyó que la carta no era vinculante, ya que en ella aparecían expresiones como «*sujeto a*» que indicaban el carácter declarativo o negociador de la misma y la necesidad de concretar los términos definitivos del contrato. Por lo tanto, el documento que las partes suscribieron no resultaba vinculante. Otro caso que, a título de ejemplo, se puede comentar es *Citadel Group Limited v. Washington Regional Medical Center*[377], en el que las partes suscribieron un acuerdo para la construcción y posterior entrega en *leasing* de un centro médico. Sin embargo, tras la firma del acuerdo, *Citadel Group Limited* remitió una propuesta a *Washington Regional Medical Center* alterando la fórmula del cálculo de los cánones, lo que acarreaba un aumento en los costes para el desarrollo del proyecto que habían planeado que incitó a que *Washington Regional Medical Center* prescindiera de *Citadel Group Limited* en el desarrollo del centro médico. Ante esta negativa, *Citadel Group Limited* decidió demandar a *Washington Regional Medical Center* por incumplimiento del contrato y, subsidiariamente, por incumplimiento de un acuerdo de negociar de buena fe. Ninguna de estas pretensiones fue aceptada por el tribunal. En lo que se refiere al supuesto incumplimiento del contrato, se indicó que las partes solo habrían quedado vinculadas por el acuerdo si de su contenido se podía deducir, sin ningún género de duda, la intención de vincularse, algo que no sucedió por la indeterminación de los términos relevantes del contrato. Si hubieran pactado un acuerdo de negociar de buena fe, en el acuerdo que celebraron tendrían que haber pactado expresamente la obligación de negociar de buena y, sin embargo, acordaron que se podría desistir libremente de la operación. Por lo tanto, el acuerdo que suscribieron las partes tenía una función meramente declarativa o negociadora y no era vinculante.

Probablemente, el denominador común de los casos en los que las *letters of intent* han sido abordadas en sede judicial sea la variedad de argumentos empleados a favor y en contra de su vinculatoriedad. Así, no es de extrañar que se haya llegado a afirmar que «*... businessmen insist on receiving letters of intent which deny any legally binding effect because they expect that, regardless*

373 *Empro Manufacturing Co. V. Ball-Co.*, 870 F.2d 423 (7.º Cir., 1989).

374 *Hunneman Real State Co. V. The Norwood Realty Inc.*, 765 N.E.2d 800 (Mass., 2002).

375 Bocek v. JGA Assocaites, 537 Fed. Appx. 169 (4.º Cir., 2013).

376 *Interway v. Alagna*, 407 N.E.2d 615 (Ill. Appl., 1980).

377 *Citadel Group Limited v. Washington Regional Medical Center*, 692 F.3d 580 (7.º Cir., 2012).

of legal force, such a document obligues the other party to abide by what he has promised»[378]. Ante estas diferencias de criterio, resulta más que apropiado recordar lo expresado por el juez GOFF en *British Steel Corp. v. Cleveland Bridge Engineering Co.*[379], donde se hizo eco de la dificultad que entrañan este tipo de acuerdos al declarar que «*There can be no hard and fast answer to the question whether a letter of intent will give rise to a binding agreement: everything must depend on the circumstances of the particular case*».

En definitiva, no podemos presumir un efecto concreto que vaya ligado indisolublemente al término «*letter of intent*», sino que habremos de estar a la voluntad de las partes y a las circunstancias concretas de cada caso. De manera que, habrá supuestos en los que los elementos esenciales de un contrato figuren de tal modo en la *letter of intent* que, aunque no se exprese claramente la voluntad de las partes a obligarse, se deducirá que son documentos contractualmente vinculantes. Asimismo, en otros casos, la *letter of intent* carecerá de efecto contractual si así lo indican las partes expresamente, por lo que la finalidad del documento intercambiado no será la de vincularse, sino la de llevar a cabo negociaciones de las que se puedan retirar libremente y durante las cuales puedan perseguir sus intereses particulares y lograr las mayores ventajas a su favor.

III.1.2. *Lock-in agreements, contracts to negotiate, agreements to negotiate* o acuerdos para negociar

Los *lock-in agreements, contracts to negotiate o agreements to negotiate*, son acuerdos que expresan la intención de negociar sin comprometerse a alcanzar un acuerdo definitivo[380]. Su objetivo es, por tanto, entablar conversaciones, negociar. Son acuerdos cuya ejecución a menudo se ha cuestionado por la jurisprudencia. La línea argumental expuesta por el juez DENNING en *Courtney and Fairbairn Ltd. v. Tolaini Brothers (Hotels) Ltd.*[381], se ha convertido en la tónica imperante entre la jurisprudencia para delinear este tipo de acuerdos[382]. En palabras del propio juez: «*If the law does not recognise a contract to enter*

378 FURMSTON, «Letters of Intent», 20-21.

379 *British Steel Corp. v. Cleveland Bridge Engineering Co.*, [1984] 1 All E.R. 509, g.

380 FARNSWORTH, «Precontractual Liability and Preliminary Agreements», 263.

381 *Courtney and Fairbairn Ltd. v. Tolaini Brothers (Hotels) Ltd.*, [1975] 1 W.L.R. 297.

382 *Cfr. Mallozi v. Carapelli S.P.A.*, [1976] 1 Lloyd's Rep. 407, donde la *Court of Appeal* mantuvo que era imposible decir que había obligación legal alguna de negociar. También se pueden consultar *Scandinavian Trading Tanker Co. A.B. v. Flota Petrolera Ecuatoriana (The Scaptrade)*, [1981] 2 Lloyd's Rep. 425, 432, *Nile Co. for the Export of Agricultural Crops v. H. & J. M. Bennett (Commodities) Ltd.*, [1986] 1 Lloyd's Rep. 555, 587, *Voest Alpine Intertrading G.m.b.H. v. Chevron International Oil Co. Ltd.*, [1987] 2 Lloyd's Rep. 547, *Star Steamship*

into a contract (when there is a fundamental term yet to be agreed) it seems to me it cannot recognise a contract to negotiate. The reason is because it is too uncertain to have any binding force. No court could estimate the damages because no one can tell whether the negotiations would be successful or would fall through or if successful, what the result would be. It seems to me that a contract to enter into a contract, it is not a contract known to law»[383].

A ello se suma el limitado alcance de la buena fe en el *common law*, y que supone que, en muchos casos, no exista la obligación de negociar de buena fe[384]. Ésta decae en favor de los intereses de los particulares, que podrán retirarse libremente de las negociaciones en ausencia de dolo. Tal y como afirmó el juez Ackner en *Walford v. Miles*: «*How can a court be expected to decide whether, subjectively, a proper reason existed for the termination of negotiations? The answer suggested depends upon whether the negotiations have been determined "in good faith." However, the concept of a duty to carry on negotiations in good faith is inherently repugnant to the adversarial position the parties when involved in negotiations. Each party to the negotiations is entitled to pursue his (or her) own interest, so long as he avoids making misrepresentations. To advance that interest he must be entitled, if he thinks it is appropriated, to threaten to withdraw from further negotiations or to withdraw in fact in the hope that the opposite party may seek to reopen the negotiations by offering him improved terms... A duty to negotiate in good faith is as unworkable in practice as it is inherently inconsistent with the position of a negotiating party*»[385].

La jurisprudencia a menudo recurre a la incertidumbre o indefinición como argumento principal para no dictar la ejecución forzosa ni estimar los daños que se hayan podido generar a resultas de la desvirtuación de este tipo de acuerdos. Así, en *Coal Cliff Collieries Pty. Ltd. v. Sijehama Pty. Ltd.*[386], se discutió si la promesa de negociar de buena fe que aparecía dentro del encabezamiento de una compleja operación de *joint venture* para una mina de carbón, constituía un acuerdo cuyo cumplimiento podía ser forzado por los tribunales. La resolución de la *Court of Appeal* estableció que no se trataba de un acuerdo cuyo cumplimiento podía ser forzado, ya que el contenido de la promesa era incierto y la promesa en sí misma era ficticia. La reticencia a aceptar este tipo de pactos ha supuesto que no se reconozcan incluso

Society v. Beogradska Plovidba, [1988] 2 Lloyd's Rep. 583, *Mamidoil-Jetoil Greek Petroleum S.A. v. Okta Crude Refining A.D.*, [2001] E.W.C.A. Civ. 406, [2001] Lloyd's Rep. 76, [53], [59].

383 *Courtney and Fairbairn Ltd. v. Tolaini Brothers (Hotels) Ltd.*, [1975] 1 W.L.R. 297, 301-305.

384 García Rubio, «La responsabilidad precontractual en la propuesta de modificación del derecho de obligaciones y contratos», 1628-29, García Rubio y Otero Crespo, «La responsabilidad precontractual en el Derecho contractual europeo», 25.

385 *Walford v. Miles*, [1992] 1 All ER 453, 462.

386 *Coal Cliff Collieries Pty. Ltd. v. Sijehama Pty. Ltd.*, (1991) 24 N.S.W.L.R. 1, 26.

cuando hayan sido adjetivados por las partes como acuerdos para negociar de buena fe o como acuerdos para esforzarse al máximo en las negociaciones[387]. A título de ejemplo, en *Tramtrack Croydon Ltd. v. London Bus Services Ltd.*[388], las partes celebraron un acuerdo donde recogían la obligación de negociar de buena fe, actuando razonablemente, ciertas compensaciones económicas. Al resolver el caso, el tribunal sostuvo que las partes no limitaban su acuerdo por haber introducido la obligación de negociar de buena fe, la cual carece de todo contenido legal, sino por haber acordado actuar razonablemente. Se ponía así de manifiesto la preferencia por parte del tribunal de reconocer el criterio de la razonabilidad en las negociaciones frente al de la buena fe[389].

Una modalidad de los *agreements to negotiate* serían los *agreements to use best endeavours*, o acuerdos para esforzarse al máximo. Con relación a este tipo de acuerdos, en *Pinnacle Books Inc. v. Harlequin Enters*[390], se dispuso que la «cláusula de los mejores esfuerzos» no era obligatoria porque las partes sólo acordaron negociar y fallaron en declarar los estándares para medir sus esfuerzos durante las negociaciones. Por su parte, en *Little v. Courage*[391], el juez MILLET afirmó que *«(...) An undertaking to use one's best endeavours to obtain planning permission or an export licence is sufficiently certain and is capable of being enforced: an undertaking to use one's best endeavours to agree, however, is not different from an undertaking to agree, to try to agree, or to negotiate with a view to reaching agreement; all are equally uncertain and incapable of giving rise to an enforceable obligation (...)»*. A mayor abundamiento, en *Multiplex Constructions UK Ltd. v. Cleveland Bridge UK Ltd.*[392], el juez JACKSON mantuvo como inejecutable una disposición del acuerdo según la cual las partes se esforzarían razonablemente para acordar el reprogramar la terminación de los trabajos subcontratados y para acordar la suma global fijada y/o la suma subcontratada a reembolsar para la terminación de los trabajos subcontratados.

A pesar de la preponderancia de los razonamientos esgrimidos contra este tipo de pactos, algunos posicionamientos doctrinales y jurisprudenciales entienden que la incertidumbre, la dificultad inherente para hacer cumplir este tipo de contratos, la problemática para establecer el alcance de la obligación

387 En contra de los acuerdos para negociar de buena fe, *vid. Candid Prod., Inc. v. International Skating Union*, 530 F.Supp. 1330, 1337 (S.D.N.Y. 1982), *Reprosystem B.V. v. SCM Corp.*, 727 F.2d 257, 264 (2d Cir.), cert. denied 469 U.S. 828 (1984), *Jillcy Film Enters. v. Home Box Office*, Inc., 593 F.Supp. 515, 521 (S.D.N.Y. 1984), *Metromedia Broadcasting Corp. v. MGM/UA Entertainment Co.*, 611 F.Supp. 415,419-20 (C.D. Cal. 1985) y *Ridgeway Coal Co. v. FMC Corp.*, 616 F.Supp.404, 407 (S.D.W.Va. 1985).

388 *Tramtrack Croydon Ltd. v. London Bus Services Ltd.*, [2007] E.W.H.C. 107.

389 En relación con esta sentencia se recomienda consultar el análisis efectuado por BANAKAS, «Liability for Contractual Negotiations in English Law», 13.

390 *Pinnacle Books Inc. v. Harlequin Enters*, 519 F.Supp. 118, 121-122 & n. 2 (S.D.N.Y. 1981).

391 *Little v. Courage*, [1995] 70 P. & C.R. 469, 475.

392 *Multiplex Constructions UK Ltd. v. Cleveland Bridge UK Ltd.*, [2006] E.W.H.C. 1341.

de negociar de buena fe, o la dificultad en la estimación de los daños por la interrupción de las conversaciones, pueden superarse[393]. En el ya mencionado *Walford v. Miles*[394], aunque el juez BINGHAM reconocía la autoridad que negaba la validez de un contrato para negociar la buena fe y la dificultad inherente a hacer cumplir este tipo de contrato, no aceptaba la idea de que los acuerdos o contratos para negociar fueran imposibles. En sus propias palabras: «*If such a contract were recognised, breach could not of course be demonstrated merely by showing a failure to agree, and in negotiations were shown to have broken down it might be necessary for the court to decide whether the parties had reached a genuine impasse or whether one or the other party had for whatever ulterior reason aborted the negotiation. This could be hard to decide, but no harder than other matters which regularly fall for judicial decisión*»[395].

Entre las sentencias favorables a los *agreements to negotiate* se encuentra *Petromec Inc. v. Petroleo Brasileiro S.A. Petrobras*[396], donde las partes habían celebrado un contrato para renovar un buque y el juez LONGMORE dio por válida la cláusula de negociar de buena fe cualquier coste extra que la reparación del buque ocasionara. Por su parte, en *Neilson v. Stewart*[397], la *First Division* aceptó un acuerdo relativo a una venta y a un préstamo donde éste iba a ser negociado para la mutua satisfacción de las partes *(to be negotiated to our mutual agreement and satisfaction)*. En *Channel Home Centers Division of Grace Retail Corp. v. Grossman*[398], se corroboró la existencia de un contrato para negociar que obligaba a negociar de buena fe y a celebrar el contrato, de manera que la interrupción de las negociaciones constituía un incumplimiento del deber de negociar. Este reconocimiento es especialmente significativo, sobre todo si se tiene en cuenta que el documento solo recogía la obligación de negociar, y no la de hacerlo de buena fe ni la de celebrar el contrato. Asimismo, entre los votos particulares de *Coal Cliff Collieries Pty. Ltd. v. Sijehama Pty. Ltd.* [399], se apuntó que «*In many contracts it will be plain that the promise to negotiate is intended to be a binding legal obligation to which the parties should then be held*». En este sentido, en la comentada *Itek Corp. v. Chicago Aerial Industries*[400], del contenido de la *letter of intent* se dedujo que «*it is apparent*

393 FARNSWORTH, «Precontractual Liability and Preliminary Agreements», 263 ss., OMALU, «Precontractual Agreements in the Energy and Natural Resources Industries», 318, BROWN, «The Contract to Negotiate: A Thing Writ in Water?», 353 ss.

394 *Walford v. Miles*, [1991] 2 E.G.L.R. 185.

395 *Walford v. Miles*, [1991] 2 E.G.L.R. 185, 188 parágrafos F-G.

396 *Petromec Inc. v. Petroleo Brasileiro SA Petrobas (No.3)*, [2005] E.W.C.A. Civ. 891.

397 *Neilson v. Stewart*, [1990] S.L.T. 346.

398 *Channel Home Centers Division of Grace Retail Corp. v. Grossman*, 795 F. 2d.391 (3rd Cir. 1986).

399 *Collieries Pty. Ltd. v. Sijehama Pty. Ltd.*, (1991) 24 N.S.W.L.R. 1, 26.

400 *Itek Corp. v. Chicago Aerial Industries*, 248 A.2d 625 (Del. 1968).

that the parties obligated themselves to "make every reasonable effort" to agree upon a formal contract, and only if such effort failed were they absolved from "further obligation" for having "failed" to agree upon and execute a formal contract». Es decir, existía un *agreement to negotiate*.

Consecuentemente, este recorrido jurisprudencial pone de manifiesto que los acuerdos para negociar reciben un tratamiento diverso. Hemos visto que en ocasiones se tendrán como carentes de todo contenido legal, inciertos e impracticables, de manera que su realización equivale al entablamiento de unas meras conversaciones exentas de todo compromiso. Asimismo, hemos constatado que su desvirtuación por ruptura injustificada supone una responsabilidad precontractual que puede traducirse en daños y perjuicios e, incluso, en cumplimiento forzoso. En definitiva, incertidumbre, deber de negociar de buena fe, libertad de no contratar, actitud de las partes y demás considerandos determinarán el grado de reconocimiento de esta figura en los sistemas anglosajones en los que tienen su origen.

III.1.3. *Agreements with open terms* o acuerdos con términos abiertos

Existen situaciones en las que, por motivos de índole económica, comercial o incluso personal, ciertos puntos de un futuro contrato no pueden ser determinados en la fase de negociaciones. En estos supuestos, las partes suelen recurrir a los *agreements with open terms*, que pueden definirse como aquellos acuerdos precontractuales que contienen la mayoría de los términos del acuerdo definitivo, pero postponen la concreción de uno o algunos de sus puntos, sin dejar por ello de estar vinculadas por lo pactado[401].

Se podría postular que tienen cabida en el moderno Derecho de contratos, ya que éste apuesta por una aproximación al proceso de formación del contrato desde un punto de vista dinámico, en el que una secuencia de actos conduce a la perfección del contrato[402]. En ocasiones, la formación dinámica del contrato no implica la determinación *ex ante* de todos los elementos esenciales del contrato. Ello no obsta a su perfección, ya que el contrato se tendrá por concluido si las partes tienen intención de vincularse y han alcanzado un acuerdo suficiente que permita establecer a qué se comprometen. Como referencia podemos tomar el

---

401 Farnsworth, «Precontractual Liability and Preliminary Agreements», 253.

402 Marco Molina, «Las nuevas tendencias legislativas en materia de perfección del contrato», 14, Marco Molina, «Las nuevas tendencias legislativas en materia de perfección e interpretación del contrato: la aproximación entre el "civil" y el "common law" en las "nuevas leyes" o codificaciones internacionales del contrato», 592, Parra Lucán, *Negociación y perfección de los contratos*, 58 ss.

art. 2:101 (1) PECL, cuyo contenido se repite en los PICC, ACQP y DCFR[403]. Según nos indica el mencionado precepto:

> «A contract is concluded if: (a) the parties intend to be legally bound, and (b) they reach a sufficient agreement without any further requirement».

Es una fórmula que facilita la incorporación al moderno Derecho de contratos de los *agreements with open terms*. Es más, este tipo de acuerdos están explícitamente reconocidos en los PICC. En efecto, el art. 2.1.14, con rúbrica «*Contract with terms deliberately left open*», dispone que:

> «(1) If the parties intend to conclude a contract, the fact that they intentionally leave a term to be agreed upon in further negotiations or to be determined by one of the parties or by a third person does not prevent a contract from coming into existence.
>
> (2) The existence of the contract is not affected by the fact that subsequently
>
> (a) the parties reach no agreement on the term;
>
> (b) the party who is to determine the term does not do so; or
>
> (c) the third person does not determine the term, provided that there is an alternative means of rendering the term definite that is reasonable in the circumstances, having regard to the intention of the parties».

En su dicción, se acepta el perfeccionamiento del contrato cuando las partes han mostrado su interés por celebrar un contrato en el que han dejado deliberadamente sin concretar algunos de sus términos con el ánimo de hacerlo en posteriores negociaciones. Lo fundamental para reconocer esta figura será la voluntad de las partes de celebrar un contrato y que los aspectos del contrato remitidos a negociaciones posteriores hayan quedado deliberadamente abiertos[404]. La intención de las partes de quedar vinculadas tendrá que ser más patente si el término pendiente de cierre es de los considerados esenciales. Asimismo, si la intención de celebrar el contrato no ha sido manifestada expresamente, podrá inferirse a partir de circunstancias tales como el carácter no esencial de los términos, el grado de precisión del contrato, el hecho de que los términos que han quedado abiertos se refieran a materias que sólo pueden

---

403 *Cfr.* arts. 2.1.1 PICC, 4:101 ACQP y II.-4:101 DCFR y COMMISSION ON EUROPEAN CONTRACT LAW, *Principles of European Contract Law*, 137-38, KLEINHEISTERKAMP, «Formation I: Arts. 2.1.1-2.1.18-General Provisions on Formation», 217-18, SCHULZE, «Contract II: General Provisions, Delivery of Goods, Package Travel and Payment Services : Principles of the Existing EC Contract Law (Acquis Principles)», 183-84, BAR, CLIVE, Y SCHULTE-NOLTE, *Principles, Definitions and Model Rules of European Private Law*, 264-66, GARRO, RODRÍGUEZ OLMOS, Y PERALES VISCASILLAS, *Principios Unidroit sobre los contratos comerciales internacionales* 2010, 41-43, SÁNCHEZ LERÍA, «Los requisitos para la perfección del contrato en el moderno Derecho contractual europeo», 4 ss., PARRA LUCÁN, *Negociación y perfección de los contratos*, 70.

404 KLEINHEISTERKAMP, «Formation I: Arts. 2.1.1-2.1.18-General Provisions on Formation», 293-95, PARRA LUCÁN, *Negociación y perfección de los contratos*, 90-91.

determinarse posteriormente, o el hecho de que el contrato se haya cumplido en parte. En cuanto a la determinación de los términos abiertos, podrá hacerse en conversaciones posteriores, mediante mecanismos previstos en el acuerdo, así como por una de las partes, siempre y cuando lo haga de forma razonable[405].

Además, los textos del moderno Derecho de contratos contienen preceptos que disponen la celebración del contrato dejando abierto un elemento esencial, cual es singularmente el precio, de manera que un acuerdo que no deje cerrado el precio sería aceptado como vinculante, incluso en los supuestos en los que ni se indicó implícitamente ni se establecieron normas para fijarlo[406]. Se muestran así a favor del sistema conocido como *open price contract*, característico de los países del *common law* pero que ha ido extendiéndose en los últimos años a los países de tradición continental. Bajo ese sistema, la intención de las partes, y no la fijación del precio o el modo de determinarlo, será lo relevante para dar por válido el contrato[407]. Ya que el contrato se tiene por celebrado, para solventar la duda de cómo determinar el precio podremos acudir a cada uno de estos textos.

En el caso de la CISG, su art. 55 norma que:

> «Where a contract has been validly concluded but does not expressly or implicitly fix or make provision for determining the price, the parties are considered, in the absence of any indication to the contrary, to have impliedly made reference to the price generally charged at the time of the conclusion of the contract for such goods sold under comparable circumstances in the trade concerned».

En virtud de este artículo, cuando el precio no esté expresa ni tácitamente señalado, ni se haya estipulado un medio para determinarlo, se recurrirá al precio de mercado en el momento de la celebración del contrato. De manera que, al no haber acordado el precio, es como si las partes hubieran pactado una referencia implícita al precio de mercado[408]. Aquí se podría traer a colación *Pitted sour cherries case*[409], donde se aceptó el uso de acuerdos con términos abiertos al reconocer que la validez de un contrato no se veía afectada por el hecho de contener una cláusula que indicaba que el precio de las cerezas sería

---

405 KLEINHEISTERKAMP, «Formation I: Arts. 2.1.1-2.1.18-General Provisions on Formation», 295-98.

406 COMMISSION ON EUROPEAN CONTRACT LAW, *Principles of European Contract Law*, 307 ss., DÍEZ PICAZO, ROCA I TRÍAS, Y MORALES MORENO, *Los principios del derecho europeo de contratos*, 278-80, BAR, CLIVE, Y SCHULTE-NOLTE, *Principles, Definitions and Model Rules of European Private Law*, 594 ss., GARRO, RODRÍGUEZ OLMOS, Y PERALES VISCASILLAS, *Principios Unidroit sobre los contratos comerciales internacionales* 2010, 66.

407 FERRANTE, *Open Price y compraventa*, 120-21.

408 *Vid.* CABANILLAS SÁNCHEZ, «La compraventa internacional de mercaderías. Comentario de la Convención de Viena», 471.

409 *Pitted sour cherries case*, LG. Neubrandenburg, 3 de agosto de 2005 (http://cisgw3.law.pace.edu/cases/050803g1.html)).

fijado mediante acuerdo durante la temporada. En concreto, se afirmó que «*If the contractual term "To be fixed during the season" was to be interpreted as an agreement that the parties wanted to reach agreement on the price at a later point in time, this would not affect the validity of the contract either*».

Por su parte, el art. 5.1.7 PICC, con rúbrica «*Price determination*», preceptúa que:

> «(1) Where a contract does not fix or make provision for determining the price, the parties are considered, in the absence of any indication to the contrary, to have made reference to the price generally charged at the time of the conclusion of the contract for such performance in comparable circumstances in the trade concerned or, if no such price is available, to a reasonable price.
>
> (2) Where the price is to be determined by one party and that determination is manifestly unreasonable, a reasonable price shall be substituted notwithstanding any contract term to the contrary.
>
> (3) Where the price is to be fixed by one party or a third person, and that party or third person does not do so, the price shall be a reasonable price.
>
> (4) Where the price is to be fixed by reference to factors which do not exist or have ceased to exist or to be accessible, the nearest equivalent factor shall be treated as a substitute».

Mediante este artículo, los PICC complementan las previsiones de la CISG relativas al precio del mercado haciendo referencia al precio razonable en varios supuestos, al igual que lo hacen los PECL y DCFR en diversos preceptos cuyo contenido es común al de los PICC. En todos ellos se recurre al precio razonable en los supuestos en los que en el contrato no se haya fijado ni el precio ni el modo de determinarlo, pero no lo hacen del mismo modo ya que si en los PECL sólo se menciona el precio razonable, en los PICC y DCFR se adopta un doble criterio jerárquico donde el precio razonable es subsidiario al precio que se hubiera cobrado en el momento de la conclusión del contrato por prestaciones del mismo tipo y en circunstancias similares[410]. Si una parte es la encargada de la determinación del precio, y no lo hace de forma razonable, su precio será sustituido por uno que sí resulte razonable[411]. Igualmente, se podrá recurrir a dicho precio razonable si el tercero encargado de fijar el precio no pudo o no quiso hacerlo[412]. Además, si se pactó recurrir a

410 *Cfr.* arts. 6:104 PECL, II. – 9:104 DCFR y Bar, Clive, y Schulte-Nolte, *Principles, Definitions and Model Rules of European Private Law*, 596, Kleinheisterkamp, «Formation I: Arts. 2.1.1-2.1.18-General Provisions on Formation», 561-63, Garro, Rodríguez Olmos, y Perales Viscasillas, *Principios Unidroit sobre los contratos comerciales internacionales* 2010, 184, Ferrante, *Open Price y compraventa*, 155 ss.

411 *Vid.* arts. 6:105 PECL y II. – 9:105 DCFR.

412 *Cfr.* arts. 6:106 PECL y II. – 9:106 DCFR. Estos dos artículos son más completos que el art. 5.1.7 (3) PICC, ya que prevén que la autoridad judicial pueda designar a un tercero que sustituya al que fue inicialmente designado por las partes pero que no pudo o no quiso determinar el precio. Tal sustitución procederá sólo si no es contraria a los términos del contrato.

un factor de referencia para establecer el precio, cuando éste desaparezca o resulte inaccesible, se atenderá al factor equivalente más cercano[413].

Ahora bien, a pesar de la importancia de dicho «precio razonable», en los PICC y en el DCFR no se indica qué ha de tenerse por razonable. Esta duda sí queda resuelta en los PECL. Los PECL sí estatuyen lo que se debe entender por razonable mediante su art. 1:302, rubricado «*Reasonableness*», y en atención al cual:

> «Under these Principles reasonableness is to be judged by what persons acting in good faith and in the same situation as the parties would consider to be reasonable. In particular, in assessing what is reasonable the nature and purpose of the contract, the circumstances of the case, and the usages and practices of the trades or professions involved should be taken into account».

Es decir, que en virtud de los PECL lo razonable debe juzgarse en función de lo que considerarían las personas que actúan de buena fe y en la misma situación que las partes. Más concretamente, a la hora de valorar qué se entiende por razonable, se tendrá en cuenta la naturaleza y finalidad del contrato, las circunstancias del caso y los usos y oficial o profesiones implicados. Por lo tanto, si nos atenemos a los PECL, en la determinación del precio razonable influirán los usos y prácticas del comercio o del ramo de actividad a que el contrato se refiera, lo que en ocasiones equivale a afirmar que el precio razonable será el del mercado[414]. Sin embargo, el recurso al precio razonable o al del mercado pueden reputarse poco claros, indefinidos e inciertos. Por ello, en ocasiones han conducido a pronunciamientos contrarios a su aceptación como mecanismo de fijación del precio del contrato[415].

A la vista de que los textos del moderno Derecho de contratos contienen previsiones para asegurar la pervivencia de acuerdos con términos abiertos referidos al precio, tradicionalmente considerado un elemento esencial de los contratos, no parece descabellado hacer extensible tal posibilidad a cualquier cláusula del contrato. Por un lado, la celebración de este tipo de acuerdos sería expresiva de la libertad contractual de las partes y, por otro, el cierre de los términos abiertos pondría de manifiesto la buena fe de las partes al respetar el acuerdo suficiente que establecía a lo que se comprometían. En definitiva, son acuerdos cuya celebración y ejecución encauzan y coordinan la libertad contractual y la buena fe en la fase de negociaciones.

---

413 *Vid.* arts. 6:107 PECL y II. – 9:107 DCFR.

414 *Cfr.* COMMISSION ON EUROPEAN CONTRACT LAW, *Principles of European Contract Law*, 308-9, DÍEZ PICAZO, ROCA I TRÍAS, Y MORALES MORENO, *Los principios del derecho europeo de contratos*, 280.

415 TALLON, BABLET, Y BANDERET, *La détermination du prix dans les contrats*, 107, SCHLECHTRIEM, «Recent Developments in International Sales Law», 309 ss., FERRANTE, *Open Price y compraventa*, 157-58, 180-81.

Al igual que sucedía con los acuerdos analizados previamente, su escasa o nula delimitación legislativa y jurisprudencial favorece que el resultado del encuentro entre ambos principios sea incierto, máxime si la libertad de no contratar se sitúa junto a la obligación de negociar de buena fe que, por su parte, impide a las partes retirarse unilateralmente o insistir en condiciones disonantes con lo previamente pactado[416]. Así, aunque su celebración suponga negociar justamente los elementos pendientes de concreción, no son garantes de la celebración del contrato, incluso si las partes negocian de buena fe[417]. Al fin y al cabo, las partes, en ejercicio del acuerdo para negociar, pueden pactar retirarse de las negociaciones a resultas de un cambio en las circunstancias o de la aparición de diferencias irreconciliables entre ellas, expresando de este modo el debido juego entre la buena fe y la libertad contractual durante las negociaciones, vehiculado en este caso a través de acuerdos precontractuales[418]. No obstante, también pueden conducir al contrato cuyos términos eran objeto de negociación. Así sucedió en el caso *Borg-Warner Corp. v. Anchor Coupling Co.*[419]. En él, *Borg-Warner Corp.* y *Anchor Coupling Co.* entraron en negociaciones para la posible adquisición de *Anchor* por parte de *Borg-Warner Corp.*, durante las cuales *Borg-Warner* redactó una *letter of intent* para que se le diera una opción de compra en los términos recogidos en la misma. Esta carta fue respondida por responsables de *Anchor Coupling Co.* con otra carta en la que se ofrecía la compra de *Anchor Coupling Co.* en los términos recogidos en la carta de *Borg-Warner Corp.*, pero con cuatro excepciones, dos de las cuales habrían de ser negociadas. *Borg-Warner Corp.* aceptó la propuesta tras haberle sido asegurado que se trataba de una oferta, que los términos a negociar no eran esenciales y que las partes se obligaban a negociar de buena fe. El problema surgió cuando los responsables de *Anchor Coupling Co.* se negaron a su venta, afirmando que no había contrato al no haberse alcanzado un acuerdo sobre los términos abiertos. *Borg-Warner Corp.* llevó su caso a los tribunales solicitando el cumplimiento obligatorio del contrato o la indemnización por daños y perjuicios. La *Supreme Court* de Illinois consideró que el contrato era

416 *Teachers Insurance and Annuity Association of America v. Tribune Company*, 670 F.Supp. 498 (S.D.N.Y. 1987).

417 FARNSWORTH, «Precontractual Liability and Preliminary Agreements», 253, KNAPP, «Enforcing the Contract to Bargain», 685-88. Entre las sentencias favorables a la obligación de negociar de buena fe se puede citar *Teachers Insurance and Annuity Association of America v. Tribune Company*, 626 F. Supp. 1229 (S.D.N.Y. 1986), *Chase v. Consolidated Foods Corp.*, 744 F.2d 566 (7th Cir. 1984), *A/S Apothekernes Laboratorium v. I.M.C. Chemical*, 873 F.2d 155 (7th Cir. 1989), *Pan Am Corp. v. Delta Air Lines*, 175 Bankr. 438 (1994), *Tan v. Allwaste*, No. 96 C 3558, 1997 WL 337207 (N.D. Ill. June 11, 1997), *Euromotion v. BMW of N. Am.*, 136 F.3d 866 (1st Cir. 1998), *Copeland v. Baskin Robbins USA*, 117 Cal. Rptr. 2d 875 (Ct. App. 2002).

418 KNAPP, «Enforcing the Contract to Bargain», 685-88.

419 *Vid. Borg-Warner Corp. v. Anchor Coupling Co.*, 16 Ill. 2d 234, 156 N.E.2d 513 (1958).

vinculante y que el acuerdo preliminar con términos abiertos era un acuerdo cuyo cumplimiento podía ser forzado.

Asimismo, para garantizar la pervivencia de los acuerdos, los tribunales han llegado a suplir la voluntad de las partes, determinando para ello las cláusulas pendientes de negociación a partir de sus conocimientos sobre la materia, de sentencias previas, de los usos y costumbres y del sentido común[420]. Así sucedió en *American Cyanamid Co. v. Elizabeth Arden Sales Corp.*[421], donde el tribunal aportó varios términos que se dejaron sin concretar en la carta que recogía los términos del acuerdo para la venta de activos de una empresa. Es más, se ha llegado a sustituir la voluntad de las partes al entender que la indeterminación no era lo suficientemente relevante como para negar la intención de las partes a obligarse mutuamente respecto de los términos que ya habían pactado previamente[422]. A título de ejemplo, en *Pagnan SpA. v. Feed Products Ltd.*[423], se constató que el hecho de que las partes hubieran dejado sin concretar algunos aspectos del contrato no suponía que estuviese viciado, salvo que la indeterminación impidiera cumplirlo. Por su parte, en *Neilson v. Stewart*[424], la *House of Lords* mantuvo que, a pesar de que parte del precio se había dejado para un posterior pacto, eso no era suficiente para entender que el acuerdo no era obligatorio.

Consecuentemente, los *agreements with open terms* manifiestan la interacción de la buena fe y la libertad contractual durante las negociaciones. Las partes libremente se comprometen a negociar los términos pendientes del contrato, no estando obligadas a cerrar dichos términos, lo que no les exime de estar vinculadas por lo ya acordado y de respetar la buena fe en el cierre de dichos términos abiertos.

III.1.4. *Confidentiality agreements* o acuerdos de confidencialidad

Los acuerdos de confidencialidad tienen el propósito de evitar que la información transmitida durante las negociaciones sea empleada o divulgada sin permiso de quien la aportó, y ello con independencia del resultado de las

420 Entre otros, *Hillas & Co. Ltd. v. Arcos Ltd.*, (1932) 147 L.T. 503, *American Cyanamid Co. v. Elizabeth Arden Sales Corp.*, 331 F. Supp. 597 (S.D.N.Y. 1971), *Pagnan SpA. v. Feed Products Ltd.*, [1987] 2 Lloyd's Rep. 601, *Mamidoil-Jetil Greek Petroleum Co. S.A. v. Okta Crude Oil Refinery A.D.*, [2001] E.W.C.A. Civ. 406, [2001] Lloyd's Rep. 76, [2003] E.W.C.A. Civ. 1031, *Scammel v. Dicker*, [2005] E.W.C.A. Civ. 405, [2005] 3 All E.R. 838, [31], [40].

421 *American Cyanamid Co. v. Elizabeth Arden Sales Corp.*, 331 F. Supp. 597 (S.D.N.Y. 1971).

422 *Voest Alpine Intertrading GmbH v. Chevron International Oil Co. Ltd.*, [1987] 2 Lloyd's Rep. 547.

423 *Pagnan SpA. v. Feed Products Ltd.*, [1987] 2 Lloyd's Rep. 619.

424 *Neilson v. Stewart,* (1991) S.L.T. 523.

negociaciones, ya que es perfectamente factible acordar que la naturaleza de la información compartida sea confidencial más allá de los tratos preliminares, de modo que no pueda aprovecharse en beneficio propio ni de un tercero[425].

Su fundamento se encuentra en el deber de confidencialidad. En palabras del juez GOFF en *Attorney General v. Guardian Newspapers (No. 2)*[426], este deber «... *arises when confidential information comes to the knowledge of a person (the confidant) in circumstances where he has notice, or is held to have agreed, that the information is confidential, with the effect that it would be just in all the circumstances that he should be precluded from disclosing the information to others...*». De manera que, para que este deber se vea afectado, la información deberá ser confidencial, suficientemente original, identificable, ponerse de relieve en un producto final, tener cierto atractivo comercial, comunicarse en circunstancias que impongan una obligación de confidencialidad y/o ser empleada sin autorización[427].

A menudo, el propio acuerdo de confidencialidad recoge las consecuencias que supone su incumplimiento. No obstante, incluso si no se celebra un acuerdo de esta naturaleza, las partes no quedan desprotegidas ante la divulgación de la información confidencial. En estos supuestos, la jurisprudencia recurre a la equidad y lo hace, en cierta medida, porque le parece artificioso considerar que las partes se encuentren en una relación contractual cuando, en realidad, «*estaban negociando para ver si contratarían o no*»[428]. Además, si se tiene en cuenta que la *equity jurisdiction* no requiere ni la existencia de un contrato, ni el requisito de la *consideration*, ni la intención de que se produzca el incumplimiento del contrato, no resulta de extrañar que se acuda a ella ante la ausencia de ningún acuerdo de confidencialidad en el periodo precontractual[429]. Una muestra de ello fue *Seager v. Copydex Ltd.*[430], donde la *Court of Appeal* mantuvo que los demandados eran responsables de haber empleado en su propio beneficio la información confidencial que el demandante les había transmitido. El juez DENNING sustentó la obligación de no hacer un uso inapropiado de la información recibida en el principio

---

425 TOMPKINS, «Confidentiality Agreements in a Commerical Setting: Are They Necessary?», 209.

426 *Attorney General v. Guardian Newspapers (No. 2)*, [1990] 1 A.C. 109.

427 *Vid. Coco v. A.N. Clark (Engineers) Ltd.*, [1969] R.P.C. 41, 47 y *De Maudsley v. Palumbo*, [1996] F.S.R. 447.

428 GURRY, *Breach of Confidence*, 126. *Cfr. Interfirm Comparison (Australia) Pty. Ltd. v. Law Society of New South Wales*, [1977] R.P.C. 137, 150.

429 *Bents Brewery Co. Ltd. v. Hogan*, [1945] 2 All E.R. 570, *Hivac Ltd. v. Park Royal Scientific Instruments Ltd.*, [1946] 1 All E.R. 350, *Interfirm Comparison (Australia) Pty. Ltd. v. Law Society of New South Wales*, [1977] R.P.C. 137, 150, *Attorney General v. Guardian Newspapers Ltd.*, [1987] 3 All E.R. 316, 352-353 y 359-360.

430 *Seager v. Copydex Ltd.*, [1967] 1 W.L.R. 923.

de equidad. En concreto, afirmó que «*It depends on the broad principle of equity that he who was received information in confidence shall not take unfair advantage of it*». De nuevo, se pone de manifiesto la reticencia, en la tradición anglosajona, de acoger a la buena fe como un principio general del Derecho, que vertebre el *iter* contractual, que deje sentir su influencia en el periodo precontractual y del cual se deriven ciertos deberes, siendo el deber de confidencialidad uno de ellos.

III.1.5. *Lock-out agreements* o acuerdos de exclusividad

A menudo, cuando se celebran largas y complejas negociaciones con el propósito de celebrar un acuerdo, como pudiera ser la adquisición de una empresa o de un inmueble de elevado valor, las partes recurren a los *lock-out agreements*¸ o acuerdos de exclusividad, que son aquellos mediante los cuales las partes se comprometen a no llevar a cabo negociación alguna con terceros[431]. No resulta ajeno a la práctica comercial que, antes de cualquier adquisición, la parte adquirente lleve a cabo una serie de inversiones para conocer la rentabilidad de la empresa o bien cuya compra persigue, y cuyo coste le impulsa a celebrar un *lock-out agreement* para, en cierto modo, disponer de cierta ventaja negociadora frente a otras empresas adquirentes ya que, mientras dure el acuerdo, la empresa en venta no podrá aceptar ofertas de otros adquirentes[432]. Por esto han sido definidos como acuerdos negativos dirigidos a que el vendedor se comprometa a no negociar con terceros, resultando por ello beneficiosos no sólo para el comprador, sino también para el vendedor, ya que éste percibirá la celebración del *lock-out agreement* como una muestra de interés real por su adquisición[433].

La jurisprudencia ha tenido ocasión de pronunciarse sobre este tipo de acuerdos en varias ocasiones, siendo especialmente conocido el caso

431 YOUNG, «Lockout agreements and Directors´ Duties», 345 ss., OMALU, «Precontractual Agreements in the Energy and Natural Resources Industries», 313-15.

432 Uno de los beneficios que de forma indirecta se derivan de la prohibición de celebrar negociaciones con terceros es la nivelación del poder negociador de las partes. Si una empresa recibe más de una oferta de compra, contará con más peso en las negociaciones ya que siempre podrá amenazar a la otra parte negociadora con aceptar la oferta de un tercero. Sin embargo, si se pacta un *lock-out agreement*, se logra equilibrar la fuerza de las dos partes negociadoras ya que la parte adquirente no tiene que competir con las ofertas procedente de otras empresas puesto que, en teoría, la empresa en venta no puede celebrar negociaciones ni aceptar ofertas de terceros mientras el *lock-out agreement* esté vigente.

433 CAPPER, «Good Faith, Gazumping and Lock-Out Agreements Comments and Notes», 409-11, OMALU, «Precontractual Agreements in the Energy and Natural Resources Industries», 313, DAVENPORT, «Lock-Out Agreements», 370, YOUNG, «Lockout agreements and Directors´ Duties», 345 ss.

Walford v. Miles[434], en el que fueron comentados tanto en la *Court of Appeal* como en la *House of Lords*. Así, en el fallo pronunciado por el juez DILLON en la *Court of Appeal*, se definieron como un acuerdo de negociación exclusivo entre un vendedor y un potencial adquirente con vistas a que el primero no negociara con ningún otro potencial adquirente, siendo necesario para que resulten vinculantes que cumpliendo los requisitos de la *consideration* exista la obligación de negociar de buena fe, para así impedir la ruptura injustificada de las negociaciones. En concreto, el juez DILLON afirmó que «*The crucial question in the case is whether what has been called a 'lock-out' agreement — an agreement for valuable consideration between a vendor of property and a potential purchaser that the vendor will negotiate exclusively with that purchaser with a view to achieving at the end of the negotiation a binding contract for the sale of the property to the purchaser and will not deal with any other prospective purchaser — can be other than futile under English law. It is essential to my mind, if the lock-out agreement is to be other than futile, that the vendor must be bound to continue to negotiate in good faith with prospective purchaser with whom the lock-out agreement has been made. The agreement would necessarily be futile if the vendor were free to break off negotiations at any time on the mere ground that the negotiations were, as in the present case, 'subject to contract'*»[435].

En la *House of Lords*, contraria al argumento de la buena fe, tomó como punto de partida de su razonamiento que un *lock-out agreement* respetuoso de la *consideration*, sería vinculante si señala su duración, ya que así no padecería incertidumbre[436]. En efecto, en el fallo judicial LORD ACKNER afirmó que «*There is clearly no reason in the English contract law why A, for good consideration, should not achieve an enforceable agreement whereby B agrees, for a specified period of time, not to negotiate with anyone except A in relation to the sale of his property. There are often good commercial reasons why A should desire to obtain such an agreement from B. B's property, which A contemplates purchasing, may be such as to require the expenditure of not inconsiderable time and money before A is in a position to assess what he is prepared to offer for its purchase or whether he wishes to make any offer at all. A may well consider that he is not prepared to run the risk of expending such time and money unless there is a worthwhile prospect, should he desire to make an offer to purchase, of B not only then still owning the property but being prepared to consider his offer. A may wish to guard against the*

434 *Walford v. Miles*, [1991] 2 E.G.L.R. 185 (Court of Appeal), [1992] E.G.L.R. 207, [1992] 1 All E.R. 453, [1992] ADR.L.R. 01/23 (House of Lords).

435 *Walford v. Miles*, [1991] 2 E.G.L.R. 185.

436 En relación con la buena fe, debe recordarse que fue precisamente en este caso en el que LORD ACNER manifestó que «*a duty to negotiate in good faith is as unworkable in practice as it is inherently inconsistent with the position of a negotiating party*», *Walford v. Miles*, [1992] 1 All E.R. 460.

risk that, while he is investigating the wisdom of offering to buy B's property, B may have already disposed of it or, alternatively, may be so advanced in negotiations with a third party as to be unwilling, or for all practical purposes unable, to negotiate with A. But I stress that this is a negative agreement - B, by agreeing not to negotiate for this fixed period with a third party, locks himself out of such negotiations. He has in no legal sense locked himself into negotiations with A. What A has achieved is an exclusive opportunity, for a fixed period, to try to come to terms with B, an opportunity for which he has, unless he makes his agreement under seal, to give good consideration»[437]. Sin embargo, como el acuerdo no recogía la duración temporal, no se reconoció su validez. Frente a este posicionamiento, la doctrina ha defendido que, si un *lock-out agreement* cumple con el requisito de la *consideration*, será válido si los tribunales pueden determinar su duración a partir de su contenido[438]. Así, se facilitaría el reconocimiento de un tipo de acuerdo precontractual cuya importancia ha sido puesta de manifiesto por la doctrina y la jurisprudencia[439].

III.2. Los acuerdos y contratos preparatorios en los países del *civil law*

III.2.1. Cartas o acuerdos de intenciones

Tradicionalmente, las cartas o acuerdos de intenciones no han sido las destinatarias de la atención del legislador en los países del *civil law*. No obstante, la influencia de la práctica anglosajona ha facilitado su reconocimiento doctrinal y jurisprudencial e, incluso, como comprobaremos a continuación, se han incluido en alguno de los Códigos civiles recientemente reformados y en alguna de las propuestas de modificación del Derecho de Obligaciones y Contratos que se han planteado.

---

437 *Walford v. Miles*, [1992] 1 All E.R. 461.

438 BANAKAS, «Liability for Contractual Negotiations in English Law», 10, NEILL, «A Key to Lock-Out Agreements?», 413. *Cfr. Pitt v PHH Asset Management Ltd (CA (Civ Div)) Court of Appeal (Civil Division)*, [1994] 1 W.L.R. 327, *Global Container Lines Ltd. v. Black Sea Shipping Co.*, [1997] C.L.Y. 4535.

439 DAVENPORT, «Lock-Out Agreements», 366 ss., YOUNG, «Lockout agreements and Directors' Duties», 345 ss., NEILL, «A Key to Lock-Out Agreements?», 405 ss., OMALU, «Precontractual Agreements in the Energy and Natural Resources Industries», 303 ss., CAPPER, «Good Faith, Gazumping and Lock-Out Agreements Comments and Notes», 408 ss., BANAKAS, «Liability for Contractual Negotiations in English Law», 1 ss., TER, «Lock-in and Lock-out Agreements», 349 ss. *Vid. Walford v. Miles*, [1992] E.G.L.R. 207, [1992] 1 All E.R. 453, [1992] 2 W.L.R. 174, *Pitt v PHH Asset Management Ltd (CA (Civ Div)) Court of Appeal (Civil Division)*, [1994] 1 W.L.R. 327, *Global Container Lines Ltd. v. Black Sea Shipping Co.*, [1997] C.L.Y. 4535.

En Italia, los acuerdos de intenciones podrían asimilarse a la *minuta,* concebida como el borrador de un acuerdo que refleja los aspectos de este que se han discutido o se están discutiendo. Su finalidad, pues, sería traducir por escrito las posibles futuras cláusulas que conformarían el contrato en caso de ser aceptado, facilitando a las partes la posibilidad de reflexionar sobre su contenido una vez que éstas resultan perceptibles a la vista del escrito[440].

Entre los códigos civiles recientemente reformados, el CCyC de la Nación Argentina dedica varias de sus secciones a diversos actos y contratos preparatorios de otros contratos, y entre figuran las cartas de intenciones. No obstante, en una sección previa a la destinada a las cartas de intenciones, se regulan los acuerdos parciales, cuya mención aquí es pertinente para diferenciarlos de las cartas de intenciones y de los contratos preparatorios de otros contratos que se comentarán en este y en los siguientes apartados.

Los acuerdos parciales figuran en la Sección 1.ª «*Consentimiento, oferta y aceptación*» del Capítulo 3 «*Formación del consentimiento*» del Título II «*Contratos en general*» del Libro III «*Derechos personales*». El art. 982 CCyC dispone que:

> «Los acuerdos parciales de las partes concluyen el contrato si todas ellas, con la formalidad que en su caso corresponda, expresan su consentimiento sobre los elementos esenciales particulares. En tal situación, el contrato queda integrado conforme a las reglas del Capítulo 1. En la duda, el contrato se tiene por no concluido. No se considera acuerdo parcial la extensión de una minuta o de un borrador respecto de alguno de los elementos o de todos ellos».

La redacción del precepto está inspirada en la *teoría de la punktation*, que dispone que, si las partes acuerdan las cláusulas esenciales del contrato, se considerará perfeccionado a pesar de no haber concretado los aspectos secundarios de éste, ya que éstos podrán ser establecidos por el juez en atención a la naturaleza del contrato[441]. Es un artículo que ratifica la formación del contrato a partir de un acuerdo parcial en el que las partes, respetando la formalidad debida al caso, consientan indubitadamente los elementos esenciales del contrato. La concreción del resto de elementos del contrato se hará siguiendo las normas de integración del CCyC[442].

---

440 Lake y Draetta, *Letter of Intent and Other Precontractual Documents: Comparative Analysis and Forms*, 79-80, Bianca, *Istituzioni di Dirito Privato*, 445, Menéndez Mato, *La oferta contractual*, 86.

441 Caramelo, *Código Civil y Comercial de la Nación Comentado*, 369,370.

442 Las normas de integración del contrato se recogen en el art. 964 CCyC, según el cual: «El contenido del contrato se integra con: a) las normas indisponibles, que se aplican en sustitución de las cláusulas incompatibles con ellas, b) las normas supletorias, c) los usos y prácticas del lugar de celebración, en cuanto sean aplicables porque hayan sido declarados obligatorios por las partes o porque sean ampliamente conocidos y regularmente observados en el ámbito en que se celebra el contrato, excepto que su aplicación sea irrazonable».

Es una figura que podría confundirse con los contratos preliminares regulados en los arts. 994-996 CCyC. Ahora bien, éstos tienen como objetivo determinar los elementos esenciales particulares del contrato futuro; mientras que los acuerdos parciales que cumplan lo dispuesto en el art. 982 CCyC equivalen a un contrato pendiente tan solo de la integración de los elementos no esenciales *ex* art. 964 CCyC. Además, la noción de acuerdo parcial se perfila aún más en el último inciso del art. 982 CCyC, ya que los diferencia expresamente de las minutas, borradores o cartas de intenciones reguladas en el art. 993 CCyC, las cuales tienen como propósito la continuación de las negociaciones sobre las cuestiones relativas a un posible futuro contrato[443].

Ciertamente, el CCyC regula *ex profeso* las cartas de intenciones como aquella figura jurídica que expresa la voluntad de negociar y de recoger las bases de la negociación, siendo apta para cumplir una función declarativa y probatoria, de lo pactado y de lo que reste por consensuar, una función obligatoria, cuando se incorpore una obligación de negociar, una función determinadora de los objetivos a alcanzar en las conversaciones, y una función identificadora de las partes y representantes implicados. Efectivamente, el art. 993 CCyC, inserto en la Sección 3.ª «*Tratativas contractuales*» del ya comentado Capítulo 3, lleva por rúbrica «*Cartas de intención*», y preceptúa que:

> «Los instrumentos mediante los cuales una parte, o todas ellas, expresan un consentimiento para negociar sobre ciertas bases, limitado a cuestiones relativas a un futuro contrato, son de interpretación restrictiva. Sólo tienen la fuerza obligatoria de la oferta si cumplen sus requisitos».

Son documentos propios del periodo precontractual. Por ello, su interpretación debe ser restrictiva, en el sentido de que ante la duda de si obligan o no a la celebración del contrato negociado, ha de optarse por la respuesta negativa[444]. Esto queda reforzado por el hecho de que el propio precepto señale que, para que las cartas de intención sean tenidas como auténticas ofertas, habrán de cumplir los requisitos de éstas. Además, en concordancia con el último inciso del art. 982 CCyC, no se tendrá por acuerdo parcial la mera redacción de una carta de intenciones. En definitiva, las minutas, borradores o cartas de intención, de partida no obligan a la celebración de un

---

443 IBÁÑEZ, «La celebración del contrato», 19-22, CARAMELO, *Código Civil y Comercial de la Nación Comentado*, 369-70, MOEREMANS, «Tratativas preliminares. Responsabilidad precontractual», 128 ss.

444 Sobre la interpretación restrictiva de las cartas de intenciones se puede consultar la sentencia de la Cámara Nacional de Apelaciones en lo Comercial - Cámara Comercial - Sala B, 17 de febrero de 2010, que dictaminaba que: «*Resulta improcedente la indemnización por falta de preaviso reclamada en virtud de la ruptura de las negociaciones iniciadas a raíz de la suscripción de una "carta de intención" si, en la misma se pactó que la falta de acuerdo de voluntades en cuanto a la celebración del contrato definitivo no generaría derecho a reclamo alguno por ningún concepto, máxime cuando la obligación de preavisar había sido sugerida como un aspecto a ser incluido en el contrato definitivo*».

contrato, ni prefiguran un acuerdo parcial, ni conllevan la existencia de una oferta, salvo que se reúnan los elementos de ésta[445].

En Francia, se han definido como aquellos documentos que, dependiendo de las circunstancias y de su contenido, pueden representar tanto una propuesta de iniciar unos tratos preliminares, como una auténtica oferta de contrato de negociación[446]. No obstante, el Derecho contractual francés diferencia, a su vez, entre la mera invitación a entablar conversaciones y la oferta. Según dispone el art. 1114 *Code civil*:

> «L'offre, faite à personne déterminée ou indéterminée, comprend les éléments essentiels du contrat envisagé et exprime la volonté de son auteur d'être lié en cas d'acceptation. A défaut, il y a seulement invitation à entrer en négociation».

Por lo tanto, a diferencia de las invitaciones a negociar, la oferta habrá de ser suficientemente precisa en cuanto al contenido contractual, además de firme a la hora de expresar la voluntad de su autor a quedar obligado en caso de aceptación[447].

Si las cartas o acuerdos de intenciones se emplean como una invitación a iniciar conversaciones, pueden caracterizarse como *accord de négociation, accord de principie* o *contrat de pourparlers.* Las partes los celebran para evitar los posibles perjuicios o, en su defecto, para trasladarlos al ámbito de la responsabilidad contractual[448]. Esto se debe a que son considerados como una convención por la cual una persona se obliga frente a otra a iniciar o continuar la negociación de un contrato determinado, con la finalidad última de su conclusión[449].

Los posicionamientos doctrinales en torno a esta figura son variados, y así lo pone de manifiesto el que «*... se ha sostenido que el accord de principe entraña la obligación de continuar la negociación, de una parte, y de llevarla a cabo de buena fe, de otra parte. La finalidad, en ambos casos, será la de alcanzar un acuerdo sobre cuestiones aún no convenidas. El accord de principe asignará a la ruptura de los tratos preliminares un fundamento contractual. Para otros autores, la obligación de negociar la formación de un contrato no es un accord de principe (...), el accord de principe poseerá, en efecto, el principio de un acuerdo, el acuerdo definitivo, global o parcial. Para algunos, el accord de principe es un acuerdo preliminar por el que las partes se obligan a negociar de buena fe un posterior contrato, en el que no están precisadas ni las*

445 CARAMELO, *Código Civil y Comercial de la Nación Comentado*, 393-94, MOEREMANS, «Tratativas preliminares. Responsabilidad precontractual», 128 ss., IBÁÑEZ, «La celebración del contrato», 20-22, SOBRINO REIG, *Contratos. Parte General*, 123.

446 SCHMIDT-SZALEWSKI, «Cass. Com. 9 fevrier 1981», 6-9.

447 QUENOT, «"Pourparlers" o tratativas preliminares en el Derecho contractual francés», 136-37.

448 *Cfr.* GHESTIN, *Traité de droit civil. La formation du contrat*, 315 ss. y doctrina por él citada.

449 SCHMIDT-SZALEWSKI, *Négotiation et conclusion de contrats*, 201-2.

cláusulas esenciales ni, a fortiori, las cláusulas accesorias. Para otros, el accord de principe será solamente la afirmación de una vinculación de negociar, engendrando una sola obligación, aquélla de retomar los tratos preliminares sin la obligación de concluirlos necesariamente —obligación de medios—, o, desde otros términos, un pact de premier refus generador, en caso de negativa a negociar o de ruptura de las negociaciones, de una responsabilidad basada sobre un hecho contractual, dando lugar al resarcimiento de los daños e intereses»[450]. A diferencia de los contratos preliminares, los acuerdos o cartas de intenciones no tienen por objeto el contrato futuro, sino la imposición de diversas obligaciones a las partes durante las negociaciones[451].

Aunque la jurisprudencia las haya reconocido, no hay una postura unánime sobre su alcance y eficacia[452]. Sus tribunales han respetado la voluntad de las partes cuando éstas han declarado, de forma clara y expresa, que el contenido de la carta de intenciones no será vinculante hasta que se celebre un contrato formal[453]. Si dicha voluntad no resultara del todo clara, los tribunales tendrán en cuenta las circunstancias, la naturaleza del compromiso y el contexto en que se redactó la carta de intenciones para dilucidar si son o no vinculantes[454].

En España, DÍEZ PICAZO describió las cartas o acuerdos de intenciones como los acuerdos preliminares en los que «*las partes se ponen de acuerdo exclusivamente sobre determinados puntos de una negociación que queda abierta. En ellas, las partes se comprometen a negociar, a desarrollar la negociación de acuerdo con los criterios de la buena fe, a no llevar a cabo negociaciones paralelas con terceras personas, a mantener una absoluta confidencialidad sobre las informaciones que se han recibido y a algunos otros extremos parecidos*»[455].

MENÉNDEZ MATO los definió como «*... una figura contractual por medio de la cual, dos partes, se obligan a negociar la conclusión de un futuro contrato, siguiendo determinadas pautas o reglas de conducta*», de manera que norman la etapa de negociaciones y recogen los derechos y deberes de las partes dentro de dicha fase, siendo su última intención la celebración del contrato[456].

---

450 NAJJAR, «L´accord de principe», 57 ss.

451 QUENOT, «"Pourparlers" o tratativas preliminares en el Derecho contractual francés», 136-37.

452 Sentencia de la Cour de cassation, Chambre Commerciale, de 8 de octubre de 1963, *Bulletin civil I*, n.° 419, p. 359, y la sentencia de la Cour de cassation, Chambre Commerciale, de 16 de abril de 1973, *Bulletin civil III*, n.° 287, p. 207, comentadas por SCHMIDT-SZALEWSKI, «Preliminary Agreements in International Contract Negotiation», 40.

453 BONASSIES, «Formation of Contracts», 1650.

454 OMALU, «Precontractual Agreements in the Energy and Natural Resources Industries», 310.

455 DÍEZ PICAZO, *Fundamentos del Derecho civil patrimonial. Volumen primero. Introducción. Teoría del contrato*, 325-26, DÍEZ PICAZO, «La existencia del contrato», 180 ss.

456 MENÉNDEZ MATO, *La oferta contractual*, 102 ss.

Se han calificado como como negocios jurídicos bilaterales, consensuados, cuya firma se lleva a cabo cuando las partes están inmersas en las negociaciones, momento en el que ambas quedarán anudadas a los términos acordados. Se conformarían, pues, como un contrato normativo, que habrán de respetar las partes para que las negociaciones se lleven a cabo adecuadamente, y que ejerce una doble finalidad: reunir las normas que han de reglar las negociaciones; y demostrar el estado de los tratos preliminares, lo que, a su vez servirá de punto de partida para una posible reclamación por responsabilidad precontractual en caso de ruptura injustificada de las negociaciones[457]. Es decir, que los acuerdos o cartas de intenciones gozarían de una doble naturaleza probatoria y regulatoria de los tratos preliminares.

La elaboración de las cartas de intenciones a partir de toda una pluralidad de manifestaciones conduce, irremediablemente, a pronunciamientos judiciales carentes de uniformidad y con efectos jurídicos diversos. Aunque, jurisprudencialmente, el término carta de intenciones normalmente haga referencia a declaraciones con un reducido valor vinculante, en ocasiones se les ha reconocido plena vinculatoriedad, ya que los tribunales no se anudan a la calificación que las partes hayan otorgado en sede de negociaciones al texto que es objeto de la discordia[458]. Es más, doctrinalmente se ha afirmado que una carta de intenciones, en puridad, es aquella que adopta el formato de un acuerdo contractual y contiene tan solo compromisos vinculantes, resultando en un verdadero contrato distinto del que tendrá lugar entre las partes si, finalmente, se cumple con lo planteado en la mencionada carta[459]. Por tanto, la amplitud de criterios que circundan estos acuerdos precontractuales confirma las dificultades en correlacionar el término «cartas de intenciones» con un efecto jurídico concreto, por lo que cada carta tendrá que ser analizada para conocer si su alcance es o no vinculante.

Nuestra jurisprudencia muestra que bajo la locución «cartas o acuerdos de intenciones» tienen cabida documentos con distinta funcionalidad. Consecuentemente, resultan pronunciamientos donde se los considera como un instrumento negociador carente de vinculatoriedad y equiparable a meros tratos preliminares, frente a otros en los que se tienen como auténticos precontratos y, por lo tanto, vinculatorios. Todo ello, sin dejar de lado aquellos supuestos

---

457 Cavanillas Múgica, «Comentario a la STS de 11 de abril de 2000», Carrasco Perera, Álvarez Arjona, y Alonso Soto, *Fusiones y adquisiciones de empresas*, 93-94, González Gozalo, «La formación del contrato», 898 ss.

458 En torno a las cartas de intenciones, se recomienda la lectura del estudio jurisprudencial llevado a cabo por parte de Carrasco Perera en varias de sus obras. *Cfr.* Carrasco Perera, *Derecho de contratos*, 93 ss., Carrasco Perera, «Las cartas de intenciones y el proceso contractual», 108 ss., Carrasco Perera, Álvarez Arjona, y Alonso Soto, *Fusiones y adquisiciones de empresas*, 93 ss., Carrasco Perera y Fontes Migallón, *Construyendo contratos*, 63 ss.

459 Carrasco Perera, «Las cartas de intenciones y el proceso contractual», 108 ss., Carrasco Perera y Fontes Migallón, *Construyendo contratos*, 63-64.

intermedios en los que los acuerdos de intenciones disponen un compromiso de negociar de buena fe que va resultando en acuerdos parciales vinculantes, con independencia de que finalmente se celebre o no el contrato.

En esta última dirección parece dirigirse el Tribunal Supremo en la sentencia de 3 de junio de 1998[460], que tuvo por causa la naturaleza jurídica de un acuerdo de intenciones para la constitución de una sociedad. En él se recogían las bases rectoras de las gestiones pertinentes para constituir la sociedad a la mayor brevedad posible. Ante una respuesta negativa en Primera Instancia y en la Audiencia, el recurrente solicita al Alto Tribunal que haga cumplir el compromiso de intenciones al entender que es un precontrato válido. El Tribunal Supremo toma como punto de partida de su razonamiento las consideraciones de la Audiencia, a saber: «*A) El documento origen del litigio no plasma más que lo que dicen las propias palabras ("compromiso de intenciones") no una voluntad negocial que perfeccione un contrato, intenciones que se proyectan sobre el futuro...; B) Los actos posteriores de las partes no muestran la persistencia en la "intención" que se refleja en el convenio...; C) El pago de los diez millones de pesetas no puede erigirse en argumento decisivo en pro de la tesis del precontrato,...; D) No puede ser objeto de coerción jurídica las obligaciones que puedan derivar del compromiso, pues no existe una relación jurídica conformada con sus elementos esenciales,...; E) Es totalmente inútil la pretensión de la demanda de que se eleve a escritura pública el documento privado, pues basta con el art. 1225 CC.*». Además, se adhiere a la interpretación contractual operada en la Audiencia, que confrontó el documento de intenciones origen del litigio con los rasgos definitorios del precontrato, y según la cual «*la naturaleza jurídica del precontrato... exige que en él se halle prefigurada una relación jurídica, con sus elementos básicos, cuya efectividad o puesta en vigor se deja a voluntad de una de las partes o de ambas, ...*». Esto le lleva a concluir que «*El "acuerdo de intenciones" al que han llegado las partes sería demostrativo de un acuerdo entre ellas sobre determinados extremos, que les impediría retractarse, pero han de seguir negociando los restantes hasta la configuración de la sociedad anónima proyectada, sin que su libertad contractual para alcanzar acuerdos posteriores se vea mermada porque se seguiría dentro de la zona de los tratos preliminares, que no obligan a la celebración del contrato por su propia naturaleza. En fin, no otra solución se alcanzaría si se volviese a la antigua doctrina que vio en el precontrato una obligación de celebrar un contrato. Si los elementos básicos de éste no están determinados en aquél, no se ve la manera de eludir otro convenio sobre los mismos, ni hay razón para estimar derogada la autonomía de la voluntad en ese trance (perfeccionar el contrato o no). En realidad, cuando los elementos básicos del contrato proyectado no están determinados en el llamado precontrato, se está dentro del ámbito de la formación progresiva del primero, que no existe jurídicamente mientras. En tal ámbito, las partes son*

460 STS 516/1998 de 3 de junio, RJ\1998\3715.

libres de llegar a acuerdos vinculantes para ellas, pero no para exigirse obviamente el cumplimiento de lo que todavía no existe, y pueden desistir de sus tratos, que es lo que la sentencia recurrida da a entender que se produjo, al resaltar la abstención de las partes entre la firma del documento y la demanda (más de dos años) para llevar a cabo "sus intenciones"». Por lo tanto, el Tribunal Supremo acepta la virtualidad de acuerdos parciales vinculantes llevados a cabo al amparo del acuerdo de intenciones. Sin embargo, considera que la autoridad judicial no puede «*suplir lo que al "acuerdo de intenciones" le falta para que pudiere otorgarse escritura pública de constitución de sociedad anónima. No puede construir una voluntad negocial sobre elementos básicos de acuerdo con el art. 8 del Texto Refundido de la Ley de Sociedades Anónimas, pues se extralimitaría en su papel de emisora de una declaración de voluntad ya formada sobre aquellos elementos, pero no para crearla*». Se opone así el Alto Tribunal al cumplimiento *in natura* de los acuerdos solicitado por el recurrente; pero elude pronunciarse sobre las consecuencias que podrían derivarse del incumplimiento de las promesas contenidas en el acuerdo de intenciones, ya que aquél no solicitó el pago de ninguna indemnización sustitutoria. En definitiva, se reconoce que los acuerdos parciales puedan ser vinculantes, pero se desconocen las consecuencias que habrían de derivarse de su incumplimiento.

Doctrinalmente, se ha propuesto que la vinculatoriedad o no de estos acuerdos parciales se resuelva partiendo del horizonte de negociación acordado por las partes. Así, en los casos en los que éste comprenda un conjunto de acuerdos parciales que constituyen un contrato como unidad de sentido, la falta de acuerdo sobre el contrato como unidad libera a cada una de las partes de la vinculación que pudieran haber conseguido en la negociación de los acuerdos parciales. Por lo tanto, no se verían obligados a cumplir aquellos compromisos sobre elementos que aisladamente carecen de interés[461]. Otro planteamiento sería la solución ya comentada que prevé el art. 982 CCyC de la Nación Argentina para la formación de un contrato partiendo de acuerdos parciales: si las partes consienten indubitadamente los elementos esenciales del contrato, la concreción del resto de elementos del contrato se hará siguiendo las normas de integración; si hubiera duda, el contrato se tendrá por no concluido; y, en todo caso, no se considerará acuerdo parcial los meros tratos preliminares. Como se puede ver, cualquiera de las proposiciones recogidas incide en la relevancia de probar la voluntad de las partes a la hora de determinar la vinculatoriedad o no de dichos acuerdos.

Entre las sentencias que inciden en el carácter preparatorio de los acuerdos de intenciones, como contraposición al precontrato, se puede citar la STS de 11 de abril de 2000[462]. En ella, el Tribunal Supremo dictaminó acerca de un acuerdo en el que supuestamente se establecía una opción de compra

461 Carrasco Perera, *Derecho de contratos*, 293.

462 STS 395/2000 de 11 abril de 2000, RJ 2000/2434.

sobre ciertas películas. Al analizar el documento, le recuerda a las partes que «*la opción de compra es un precontrato unilateral por el que una parte concede a la otra la facultad de decidir sobre la celebración o no del contrato principal que habrá de realizarse en un plazo cierto y en unas determinadas condiciones: definición dada por las sentencias de 4 de abril de 1987 (RJ 1987, 2489), 24 de enero de 1991 (RJ 1991, 312), 13 de noviembre de 1992 (RJ 1992, 9398), 1 de diciembre de 1992 (RJ 1992, 10244), 18 de junio de 1993 (RJ 1993, 4685), 14 de febrero de 1997 (RJ 1997, 706); siendo esencial en su concepto el que "no necesita actividad posterior de las partes para desarrollar las bases contractuales contenidas en el convenio (opción de compra) bastando la expresión de voluntad del optante para que el contrato de compraventa quede firme, perfecto y en estado de ejecución, obligatorio para el cedente, sin necesidad de más actos, lo que la diferencia del 'pactum de contrahendo'" tal como dicen literalmente las sentencias de 23 de diciembre de 1991 (RJ 1991, 9482) y 17 de mayo de 1993 (RJ 1993, 3801) y reiteran las de 16 de octubre de 1997 (RJ 1997, 7615) y 15 de diciembre de 1997 (RJ 1997, 8976)...*», y más adelante aclara que «*la supuesta opción de compra de 26 de enero de 1987 no era tal sino un pacto de intenciones, un acuerdo de futuro que no llega, por falta de configuración definitiva, al precontrato unilateral que es la opción y constituye jurídicamente unos tratos preliminares que no vinculan en su eficacia contractual —pues no son contrato— sin perjuicio de que su incumplimiento pueda generar responsabilidad no ya procedente de contrato —que no lo hay— pero sí extracontractual*».

En esta línea se pronuncia la STS de 15 de junio de 2013[463], que reconoce las consecuencias que se derivan del incumplimiento de un acuerdo de intenciones cuando la ruptura de las negociaciones se acompaña de mala fe y daños a la contraparte. Así, la afectada por el incumplimiento tendrá derecho a su resarcimiento siguiendo las reglas de responsabilidad precontractual y, si fuera el caso, con las que las partes hayan pactado en el acuerdo. Dicha indemnización hará referencia al interés negativo, salvo pacto en contrario. Precisamente, a la hora de determinar la indemnización es donde se hará más patente la vertiente probatoria del acuerdo de intenciones, ya que demuestra la legítima confianza en el interés de la otra parte por celebrar el contrato que se demanda para que prospere la acción resarcitoria[464].

Otra muestra de acuerdos de intenciones como tratos preliminares se encuentra en la STS de 25 de junio de 2013[465], que trae su causa en una carta de intenciones sobre la cesión de una aeronave Falcon 7X. La demanda de la parte actora se desestimó en primera y segunda instancia. El Tribunal Supremo no estimó el recurso planteado por la parte actora y siguió el cri-

463 STS 330/2013 de 25 junio de 2013, RJ 2014/4929, ECLI:ES:TS:2014:3845.

464 González Gozalo, «La formación del contrato», 901.

465 STS 330/2013 de 25 junio, RJ 2014/4929, ECLI:ES:TS:2014:3845.

terio de las instancias previas al entender «*que no hubo más que unos tratos preliminares; que la carta no se puede calificar como precontrato, ya que carecía de los elementos esenciales de la operación y requería un acuerdo posterior para su concreción; y que sólo hacía referencia al compromiso de negociar de buena fe, y no a concertar el contrato definitivo*».

Según se ha afirmado, los acuerdos de intenciones equiparables a los tratos preliminares pueden tener un cariz normativo y probatorio. En este sentido resulta significativa la sentencia de la Audiencia Provincial de las Islas Baleares (Sección 3.ª) de 24 de junio de 2014[466], en cuyo pronunciamiento se hace un detallado recorrido de la jurisprudencia del Tribunal Supremo que concluye con una posible definición de los acuerdos de intenciones. El objeto del litigio lo constituía la interpretación de un acuerdo en el que constaba el siguiente párrafo previo al clausulado: «*En virtud del presente documento de intenciones, las partes establecen los términos y condiciones de la adquisición por la compradora y la venta por las vendedoras, de las acciones que deberá regir el contrato de compraventa de las acciones y demás acuerdos o contratos complementarios según las siguientes cláusulas...*». Partiendo de este párrafo, la Audiencia pone de relieve el cariz normativo de los acuerdos de intenciones, afirmando que «*En el acuerdo de intenciones las partes están interesadas en regular el proceso de negociación y clarificar las eventuales responsabilidades en que pudiera incurrirse durante la negociación, pero sin voluntad de obligarse o perfeccionar el contrato futuro o de estar vinculados por las obligaciones que el contrato pueda contener*». A continuación, realiza una síntesis de los pronunciamientos del Tribunal Supremo relativos a los acuerdos de intenciones. En palabras de la Audiencia Provincial: «*En su sentencia de 2 de junio de 1998 el Tribunal Supremo se refiere a un acuerdo de intenciones. El Alto Tribunal señala que "el documento, en suma, no sería más que el punto de partida para seguir negociando". En la de 11 de abril de 2000 equipara el acuerdo de intenciones a los tratos preliminares y rechaza que nos hallemos ante una opción de compra ya que, señala, se trata de "un acuerdo para una futura transmisión, que no ha perfilado con el detalle mínimo que sería preciso para ser considerado algo más, jurídicamente, que tratos preliminares, puesto que el objeto no está perfectamente determinado". En la de 7 de junio de 2011 el Alto Tribunal resuelve una controversia sobre una "carta de intenciones", con las siguientes características: era un documento privado relativo a una compraventa de acciones, identificaba el objeto de la compraventa y precio, regulaba las fases de ejecución de la compraventa, contenía una serie de condiciones para la efectividad de la promesa entre las que se encontraba que la actuación de las partes se ajustase a la "due diligence", y se recogía una cláusula penal*». Tras este *excurso* jurisprudencial, la Audiencia postula una definición de los acuerdos de intenciones afirmando que «*Según*

466 Sentencia 200/2014 de la Audiencia Provincial de las Islas Baleares (Sección 3.ª) de 24 de junio de 2014, JUR 2014/192654, ECLI:ES:APIB:2014:1272.

la jurisprudencia apuntada podemos concluir que los acuerdos de intenciones se caracterizan por celebrarse en procesos de negociación, constituir acuerdos precontractuales distintos del precontrato, no poder identificarse con el contrato proyectado al contener una cierta indefinición respecto de los elementos esenciales de dicho contrato, no poder considerarse una oferta susceptible de aceptación, equipararse a los tratos preliminares, poder incluir acuerdos sobre el contenido del contrato definitivo o sobre el proceso negociador, poder contener obligaciones vinculantes, y ser calificados casuísticamente, por su contenido y los actos coetáneos y posteriores de los contratantes, más que por el título que le hayan dado las partes».

A pesar de que en los anteriores pronunciamientos se haya manifestado que son acuerdos distintos del precontrato, también ha habido resoluciones en sentido contrario. En cuanto a las sentencias en las que se atribuye a las cartas o acuerdos de intenciones la valía de un precontrato en sentido estricto, se puede comentar la STS de 8 de febrero de 2010[467], que trae su causa en una carta de intenciones cuyo incumplimiento por la parte recurrente dio lugar a sendas sentencias ante el juzgado de Primera Instancia n.º 2 de Vic y la Audiencia Provincial de Barcelona. Ambas daban la razón a la parte demandada, al entender que el documento firmado era un precontrato plenamente vinculante respecto de sus firmantes. La parte recurrente afirmaba que el documento de 3 de julio de 2002 carecía de fuerza obligatoria alguna puesto que «únicamente se reflejaba en dicho documento la intención de los firmantes de iniciar negociaciones en torno a la colaboración para una urbanización»; siendo así que, al no llegar a un acuerdo, se entendía que «*ambos interesados podían libremente renunciar a su proyecto de colaboración, tal como estaba expresamente previsto en la cláusula 8.ª* del documento de intenciones». Frente a este argumento, la Sala indica que «*No se puede calificar como un simple documento de intenciones el signado por las partes con fecha 3 de julio de 2002, que se titula como contrato, en el cual ambas se reconocen mutuamente la capacidad legal necesaria para obligarse y contratar y dicen que "firman el presente contrato" (Exponendo IV)*», y continúa señalando que «*El esfuerzo de argumentación realizado por la parte recurrente en la fundamentación del motivo choca con la realidad de un convenio —precontrato— en el que las partes determinan sus elementos esenciales, como son las fincas a transmitir y la contraprestación que ha de recibir su anterior propietario, e igualmente con la ley pues el artículo 708 de la Ley de Enjuiciamiento Civil (RCL 2000, 34, 962 y RCL 2001, 1892), referido a las condenas a emitir una declaración de voluntad, establece en su apartado 2 que en el supuesto de que "no estuviesen predeterminados algunos elementos no esenciales del negocio o contrato sobre el que deba recaer la declaración de voluntad, el tribunal, oídas las partes, los determinará en la propia resolución en que tenga por emitida la declaración, conforme a lo que sea usual en el mercado o en*

467 STS 34/2010 de 8 de febrero, RJ 2010/395, ECLI:ES:TS:2010:287.

el tráfico jurídico"». En definitiva, a pesar de los intentos de la recurrente por restar vinculatoriedad al acuerdo suscrito, el Tribunal Supremo lo califica como un precontrato con fuerza obligatoria plena.

En concordancia con la sentencia anterior se expresó la STS de 7 de junio de 2011[468]. En el pronunciamiento del Tribunal Supremo, se otorga a la carta de intenciones que Bureau Veritas S.A. remitió a los demandantes la naturaleza de una promesa de compraventa. En la misiva se recogían los términos de una operación de compra del paquete de control de una sociedad, que quedaba condicionada a la realización de una *due diligence*, al tiempo que incorporaba una cláusula en la que se comprometía al desembolso de cinco millones de euros si, a pesar de un resultado positivo de la *due diligence*, no se procediera a la venta[469]. Sin embargo, una vez se produjo la revisión, y habiéndose constatado un resultado positivo de la misma, Bureau Veritas S.A. ni compró la sociedad ni pagó la cláusula penal. Esto condujo a la interposición de la demanda en la que se reclamaba el pago de la cláusula penal pero que fue desestimada en primera instancia. Ante esta negativa, se acudió a la segunda estancia, donde fue estimada en su integridad. Este pronunciamiento condujo a Bureau Veritas S.A. a plantear un recurso ante el Tribunal Supremo. Dicho órgano judicial la desestimó al entender que la carta de intenciones en realidad equivalía a una promesa de compraventa que, en caso de que se cumplieran los parámetros establecidos en la carta, habría de cumplirse o, en su defecto, proceder a la indemnización de los daños y perjuicios causados. Por lo tanto, a pesar de que el documento se rubricara como una carta de intenciones, la interpretación en sede judicial concluyó que en realidad era una promesa de compraventa; es decir, un precontrato con fuerza obligatoria.

Este breve recorrido jurisprudencial constata la diversidad funcional que, hasta el momento, ha venido caracterizando a los acuerdos o cartas de intenciones[470]. Son documentos de contenido plural, capaces de mostrar una ver-

---

468 STS 364/2011 de 7 junio, RJ 2011\4394, ECLI:ES:TS:2011:3636.

469 Según recoge el *Diccionario panhispánico del español jurídico* de la Real Academia Española, la *due diligence* es el *«Proceso por el que el potencial comprador de una empresa realiza, con explícito consentimiento y asistencia del vendedor, una detallada investigación de diferentes áreas del negocio para conocer con mayor profundidad el objeto del contrato».*

470 Si analizamos la jurisprudencia existente, veremos que hay pronunciamientos a favor y en contra de la vinculatoriedad de las cartas de intenciones. Entre las sentencias favorables, se pueden citar la STS de 4 julio 1991, RJ 1991/5325, la STS 1039/1995 de 2 diciembre de 1995, RJ 1995\9156, la STS 788/2005 de 13 octubre de 2005, RJ 2005\7235, la STS 34/2010 de 8 de febrero de 2010, RJ 2010/395, ECLI:ES:TS:2010:287 y la STS 364/2011 de 7 junio de 2011, RJ 2011/4394, ECLI:ES:TS:2011:3636. En contra se pronunciaron la STS 395/2000 de 11 abril de 2000, RJ 2000/2434, la STS 330/2013 de 25 junio de 2013, RJ 2014/4929, ECLI:ES:TS:2014:3845, la sentencia 254/2013 de 5 de diciembre de 2013 del juzgado de primera instancia n.° 8 de Santander, AC 2013/1874, y la sentencia 200/2014 de la Audiencia Provincial de las Islas Baleares (Sección 3.ª) de 24 de junio de 2014, JUR 2014/192654,

tiente normativa y probatoria, a la que cabría añadir la virtualidad de mostrar el juego de los principios de la libertad contractual y la buena fe en la fase de negociaciones. Al fin y al cabo, aunque con los acuerdos de intenciones las partes puedan obligarse a negociar de buena fe, no renuncian a su libertad contractual y, tras las negociaciones, optarían por «contratar o desistir del propósito de hacerlo»[471]. En este sentido se pronunció el Tribunal Supremo en la sentencia de 3 de junio de 1998[472], donde postula que el acuerdo de intenciones es «demostrativo de un acuerdo entre ellas sobre determinados extremos, que les impediría retractarse, pero han de seguir negociando los restantes hasta la configuración de la sociedad anónima proyectada, sin que su libertad contractual para alcanzar acuerdos posteriores se vea mermada porque se seguiría dentro de la zona de los tratos preliminares, que no obligan a la celebración del contrato por su propia naturaleza».

III.2.2. Otros acuerdos y contratos preparatorios de otros contratos

Bajo esta rúbrica tendrían cabida contratos preliminares con denominaciones tan variadas como la promesa de celebrar un contrato, el contrato de opción, el pacto de preferencia, el precontrato y los contratos con términos abiertos. También determinados acuerdos muy frecuentes en las negociaciones complejas, como los de confidencialidad o exclusividad. Son figuras que, en mayor o menor medida, han sido postuladas en el ordenamiento, doctrina y jurisprudencia de diversos países del *civil law*, entre los que cabe situar a Alemania, Italia, Francia y España. Además, han sido explícitamente incorporadas en los ordenamientos jurídicos de Bélgica, Francia y Argentina como consecuencia de las modernizaciones de sus respectivos Derechos de obligaciones y contratos. Es más, se encuentran en la ya mencionada PMDOCR española.

La figura del precontrato, originaria de la doctrina alemana, se irradió y fue acogida paulatinamente en los ordenamientos francés, italiano y español para, posteriormente, irse adaptando a las necesidades específicas de cada uno de ellos. Tal y como apunta Sanciñena Asurmendi, el término *Vorvertrag* o precontrato, se atribuye a Thöl, quien tradujo como *Vorvertrag* el *pactum de contrahendo*, mientras que la argumentación de esta figura se atribuye a

---

ECLI:ES:APIB:2014:1272. En relación a los pronunciamientos judiciales, resulta muy recomendable la lectura de Carrasco Perera, «Las cartas de intenciones», 87-144, Carrasco Perera, «Las cartas de intenciones y el proceso contractual», 108 ss., Carrasco Perera y Fontes Migallón, *Construyendo contratos*, 63-70, Carreño Mendoza, *Acuerdos de intenciones y gestión de la incertidumbre en adquisiciones de empresa*, 43 ss.

471 Díez Picazo, «La existencia del contrato», 189.

472 STS 516/1998 de 3 junio de 1998, RJ 1998/3715.

DEGENKOLB, ADLER y SCHLOSSMAN. Se ha definido como el contrato mediante el que alguien se obliga a celebrar un contrato de efectos personales, de manera que constituye un contrato en sí mismo que tiene por objeto la celebración de un contrato posterior. Son una muestra del ejercicio del principio de autonomía de la voluntad y de ellos surge lo que la doctrina alemana ha venido en llamar el «deber de conclusión»[473].

A pesar de este desarrollo doctrinal alemán, su BGB no lo regula específicamente. Eso no ha obstado a que parte de su sector doctrinal considere que el art. 610 BGB, referido al mutuo, equivalga a una regulación de un supuesto de precontrato[474]. Frente a este planteamiento, se argumenta que la promesa de mutuo no constituye un precontrato, ya que su objeto no es la conclusión de un contrato. Por este mismo motivo, pues, se rechaza la existencia de precontratos de contratos reales, de venta y arrendamiento[475].

Resulta reseñable que el ordenamiento jurídico italiano introdujese al precontrato o *contratto preliminare* en los artículos 1351 y 2932 de su *Codice civile* de 1942[476]. En virtud de estos preceptos, deberá tener la forma que la ley prescriba para el contrato definitivo, su incumplimiento será de carácter contractual y dará lugar a la condena al cumplimiento del contrato prometido[477]. Se ha defendido que el *contratto preliminare* es un compromiso vinculante que no constituye una fase más de la formación del contrato, sino que es un

473 *Vid.* SANCIÑENA ASURMENDI, *La opción de compra*, 70, THÖL, *Das Handelsrecht*, I:777, DEGENKOLB, «Zur lehre vom Vorvertrag», 1-92, ADLER, «Realcontract und Vorvertrag», 190 ss., SCHLOSSMANN, «Über den Vorvertrag und die rechliche Natur der sogenannten Realcontracte», 1 ss., FLUME, *El negocio jurídico*, 719 ss., MARKESINIS, *The German Law of Contract*, 78, VON TUHR, *Tratado de las obligaciones*, 151, MARÍN NARROS, *Estudio de los principales acuerdos precontractuales con modelos en inglés y español*, 73-74, MOEREMANS, «El contrato preliminar en el Código Civil y Comercial Argentino», 165.

474 ENNECERUS Y LEHMANN, *Derecho de Obligaciones*, T. II 2o, V. 1o, Primera parte:429.

475 VON TUHR, Derecho civil, II:440-41.

476 Art. 1351 codice civile. (Contratto preliminare). Il contratto preliminare e' nullo, se non e' fatto nella stessa forma che la legge prescrive per il contratto definitivo.
Art. 2932 codice civile. (Esecuzione specifica dell'obbligo di concludere un contratto). Se colui che e' obbligato a concludere un contratto non adempie l'obbligazione, l'altra parte, qualora sia possibile e non sia escluso dal titolo, puo' ottenere una sentenza che produca gli effetti del contratto non concluso. Se si tratta di contratti che hanno per oggetto il trasferimento della proprieta' di una cosa determinata o la costituzione o il trasferimento di un altro diritto, la domanda non puo' essere accolta, se la parte che l'ha proposta non esegue la sua prestazione o non ne fa offerta nei modi di legge, a meno che la prestazione non sia ancora esigibile.

477 CANDIAN, *Instituciones de Derecho Privado*, 198, GABRIELLI, *Il contratto preliminare*, LAKE Y DRAETTA, *Letter of Intent and Other Precontractual Documents: Comparative Analysis and Forms*, 79, GUISTI Y PALADINI, *Il contratto preliminare*, 61, RASCIO, *Il contratto preliminare*, GABRIELLI, *Il contratto preliminare*, MESSINEO, *Doctrina General del Contrato. Tomo I*, 354, MARÍN NARROS, *Estudio de los principales acuerdos precontractuales con modelos en inglés y español*, 138.

contrato por el que las partes se comprometen a celebrar posteriormente el *contratto definitivo*, motivo por el cual también se ha caracterizado como el contrato que consiste en facilitar la formación del futuro contrato[478]. No obstante, en la doctrina italiana no hay unanimidad en torno al precontrato ya que, frente a los autores que sostienen la concepción tradicional del *contratto preliminare*, se sitúan aquellos que consideran al contrato principal como un acto de cumplimiento, poniéndose el acento sobre la norma que obliga a las partes a la conclusión del contrato futuro[479].

En el caso de Argentina, la Sección 4.ª «*Contratos preliminares*» del ya citado Capítulo 3 «*Formación del consentimiento*» del CCyC de la Nación Argentina, está dedicada en exclusiva a los contratos preliminares denominados promesa de celebrar un contrato y contrato de opción. El art. 994 CCyC los positiviza describiéndolos como aquel contrato mediante el que se acuerdan los elementos esenciales del futuro contrato definitivo. Su plazo de vigencia será de un año, o menor si así lo convienen las partes, que a su vez podrán renovarlo a su vencimiento[480]. Son contratos que durante un plazo limitado obligan a la celebración de un futuro contrato. Consecuentemente, su finalidad es la concreción de un posible contrato. Aunque puedan referirse a cualquier tipo de contrato, ningún contrato preliminar podrá tener como prestación una obligación de dar o de no hacer. En cuanto al límite temporal de su duración, éste se justifica en la protección de la libertad contractual ya que, en caso de duda, se liberará al obligado por el contrato preliminar[481].

La promesa de celebrar un contrato se regula en el art. 995 CCyC, que preceptúa que: «*Las partes pueden pactar la obligación de celebrar un contrato futuro. El futuro contrato no puede ser de aquellos para los cuales se exige una forma bajo sanción de nulidad. Es aplicable el régimen de las obligaciones de hacer*».

Aunque la norma señale que las partes se conminan a celebrar un contrato futuro exento de una forma que requiera sanción de nulidad, se ha defendido que, si la promesa de contratar respeta la forma exigida legalmente para el

---

478 CANDIAN, *Instituciones de Derecho Privado*, 198, GABRIELLI, *Il contratto preliminare*, LAKE Y DRAETTA, *Letter of Intent and Other Precontractual Documents: Comparative Analysis and Forms*, 79, GUISTI Y PALADINI, *Il contratto preliminare*, 61, MESSINEO, *Doctrina General del Contrato. Tomo I*, 354.

479 ROMÁN GARCÍA, *El precontrato. Estudio dogmático y jurisprudencial*, 77 ss.

480 Artículo 994.- Disposiciones generales.
Los contratos preliminares deben contener el acuerdo sobre los elementos esenciales particulares que identifiquen el contrato futuro definitivo.
El plazo de vigencia de las promesas previstas en esta Sección es de un año, o el menor que convengan las partes, quienes pueden renovarlo a su vencimiento.

481 MOEREMANS, «El contrato preliminar en el Código Civil y Comercial Argentino», 168 ss., CARAMELO, *Código Civil y Comercial de la Nación Comentado*, 394-95, RIVERA, CROVI, Y DI CHIAZZA, *Contratos. Parte General*, 240 ss.

contrato definitivo, aquélla se tenga por válida[482]. La celebración del contrato futuro conlleva que las partes vuelvan a manifestar su consentimiento, ya que a ello se les obliga con la promesa. Si cualquiera de las partes incumpliera, podrá recurrirse al régimen de las obligaciones de hacer previsto en los arts. 773-778 CCyC, el cual contempla la ejecución forzosa, con intervención sustitutiva del juez *ex* art. 1018 CCyC[483].

El contrato de opción se regula mediante el art. 996 CCyC, en virtud del cual:

> «El contrato que contiene una opción de concluir un contrato definitivo, otorga al beneficiario el derecho irrevocable de aceptarlo. Puede ser gratuito u oneroso, y debe observar la forma exigida para el contrato definitivo. No es transmisible a un tercero, excepto que así se lo estipule».

Se configura como un contrato bilateral, que contiene los elementos esenciales del futuro contrato al que se obligan a celebrar las partes, recayendo en su beneficiario el derecho irrevocable de aceptar dicho contrato definitivo dentro del plazo estipulado. Concede al beneficiario la posibilidad, pero no la obligación, de aceptar el contrato propuesto que, de este modo, quedaría perfeccionado. Se prevé su empleo como instrumento de negociación oneroso o gratuito que habrá de respetar la forma demandada para el contrato definitivo. El inciso final del art. 996 CCyC enfatiza la relevancia de la identidad de las partes puesto que, en principio, su compromiso radica en un interés o confianza compartidos. No obstante, se acepta la transmisión a terceros si así lo estipulan[484].

El pacto de preferencia, normado mediante los arts. 997 y 998 CCyC, tiene como propósito favorecer que, aquellos que tengan interés jurídico o económico en un determinado negocio o bien en el que ya participan, puedan incrementar su cuota antes de que se incorpore a terceros. Así se deduce del art. 997 CCyC, rubricado «*Pacto de preferencia*», que dispone que:

> «El pacto de preferencia genera una obligación de hacer a cargo de una de las partes, quien si decide celebrar un futuro contrato, debe hacerlo con la otra o las otras partes. Si se trata de participaciones sociales de cualquier naturaleza, de condominio, de partes en contratos asociativos o similares, el pacto puede ser recíproco. Los derechos y obligaciones derivados de este pacto son transmisibles a terceros con las modalidades que se estipulen».

---

482 Moeremans, «El contrato preliminar en el Código Civil y Comercial Argentino», 170.

483 Moeremans, 168 ss., Sobrino Reig, *Contratos. Parte General*, 123-24, Caramelo, *Código Civil y Comercial de la Nación Comentado*, 393-94.

484 Moeremans, «El contrato preliminar en el Código Civil y Comercial Argentino», 170 ss., Caramelo, *Código Civil y Comercial de la Nación Comentado*, 394-95, Rivera, Crovi, y Di Chiazza, *Contratos. Parte General,* 240 ss., Sobrino Reig, *Contratos. Parte General*, 124.

La celebración de un pacto de preferencia no otorga una acción al beneficiario para obligar al otorgante de la preferencia a transmitir sus derechos, sino que le obliga a preferir al beneficiario si decidiera realizar dicha transmisión de derechos. En tal caso, tendrá que informarle de su intención de celebrar un futuro contrato mediante una declaración que contenga los requisitos de la oferta[485]. Si el beneficiario no aceptara la oferta, o venciera el plazo estipulado en la misma, el otorgante quedará liberado de su compromiso y podrá contratar con terceros. Se considera que el plazo de respuesta, en caso de que no figure en la oferta o en el propio pacto de preferencia, habrá de ser acorde con la naturaleza del contrato propuesto, de manera que el beneficiario pueda tomar una decisión informada. Si el otorgante incumple el pacto, el contrato celebrado con un tercero podrá ser válido, pero tendrá que indemnizar al beneficiario por los posibles daños causados[486]. A diferencia de lo que sucedía en el contrato de opción, la identidad del beneficiario no resulta especialmente significativa, según se deduce de la mención final del art. 997 CCyC, que establece que los derechos y obligaciones que deriven del pacto pueden transmitirse a terceros.

En Francia, el derecho de los acuerdos precontractuales, ubicado entre la libertad contractual y la eficacia de las sanciones ante la negativa del contratante a celebrar el acuerdo definitivo, ha sido significativamente modificado. Si bien es cierto que antes de la modernización se aceptaba la figura del precontrato acudiendo a la promesa de venta *ex* arts. 1589 ss. *Code civil*, con la reforma se disponen *ex profeso* dos variantes de precontrato en los arts. 1123 y 1124 que conforman la Sous-section 3 «*Le pacte de préférence et la promesse unilatérale*»[487]. Se sigue así la senda previamente trazada por el *projet* CATALA y la propuesta de reforma del profesor Terré, que incluían sendas secciones dedicadas a la promesa unilateral del contrato y al pacto de preferencia[488].

El article 1123 *Code civil* se ocupa del pacto de preferencia, donde se preceptúa que:

> «Le pacte de préférence est le contrat par lequel une partie s'engage à proposer prioritairement à son bénéficiaire de traiter avec lui pour le cas où elle déciderait de contracter.

---

485 *Artículo 998 CCyC. - Efectos. El otorgante de la preferencia debe dirigir a su o sus beneficiarios una declaración, con los requisitos de la oferta, comunicándole su decisión de celebrar el nuevo contrato, en su caso de conformidad con las estipulaciones del pacto. El contrato queda concluido con la aceptación del o de los beneficiarios.*

486 Caramelo, *Código Civil y Comercial de la Nación Comentado*, 396-97, Sobrino Reig, *Contratos. Parte General*, 127-30, Rivera, Crovi, y Di Chiazza, *Contratos. Parte General*, 248 ss.

487 La promesa de venta se mantiene en los arts. 1589 ss. *Code civil* y deja de considerarse por el legislador como un contrato preliminar para serlo definitivo. Wdowiak, «Precontratos en el Derecho francés, entre la libertad contractual y la coacción», 151.

488 De Vincelles, «Le processus de conclusion du contrat», 139 ss.

> Lorsqu'un contrat est conclu avec un tiers en violation d'un pacte de préférence, le bénéficiaire peut obtenir la réparation du préjudice subi. Lorsque le tiers connaissait l'existence du pacte et l'intention du bénéficiaire de s'en prévaloir, ce dernier peut également agir en nullité ou demander au juge de le substituer au tiers dans le contrat conclu.
>
> Le tiers peut demander par écrit au bénéficiaire de confirmer dans un délai qu'il fixe et qui doit être raisonnable, l'existence d'un pacte de préférence et s'il entend s'en prévaloir.
>
> L'écrit mentionne qu'à défaut de réponse dans ce délai, le bénéficiaire du pacte ne pourra plus solliciter sa substitution au contrat conclu avec le tiers ou la nullité du contrat».

La definición legal del pacto de preferencia se encuentra en el primer párrafo del artículo transcrito, donde se describe que el pacto compromete al promitente a dar prioridad al beneficiario para tratar con él antes de concluir un contrato con terceros. A continuación, en el segundo párrafo, sanciona el incumplimiento con una indemnización por el daño sufrido. Además, si se desvirtúa el pacto con un tercero de mala fe, se disponen consecuencias de mayor alcance. En efecto, el beneficiario podrá reclamar la nulidad o sustituir al tercero en el contrato, si éste conocía la existencia del pacto y el propósito del beneficiario de invocarlo. A pesar de que la sustitución del tercero en el contrato se haya admitido por la jurisprudencia, no existe unanimidad sobre la conveniencia de esta medida[489]. Al fin y al cabo, pueden darse situaciones en las que el contrato con el tercero se celebra en atención a su persona, de manera que queda la duda de la legitimidad del beneficiario para celebrar un contrato adaptado a sustantividad de otra[490]. Sobre la redacción de los párrafos finales del precepto, se ha afirmado que con ellos el legislativo procura la celebración del contrato definitivo entre el promitente y el tercero[491]. En dichos incisos, se contempla que el tercero solicite por escrito al beneficiario la confirmación, en el plazo razonable allí señalado, de la existencia del pacto de preferencia y su ánimo al respecto[492]. En ausencia de respuesta en el plazo estipulado, el beneficiario no podrá solicitar ni la sustitución en el lugar del tercero ni la nulidad del contrato.

---

489 La posibilidad de sustitución del beneficiario del pacto de preferencia en la posición del tercero de mala fe en el contrato celebrado fue reconocida por la jurisprudencia francesa antes de la reforma del *Code*. En este sentido se puede consultar, entre otras, la sentencia de la Cour de Cassation, Chambre mixte, du 26 mai 2006, 03-19.376, Bulletin 2006 MIXT. N.° 4 p. 13, así como la sentencia de la Cour de Cassation, civile, Chambre civile 3, 14 février 2007, 05-21.814, Bulletin 2007, III, N.° 25.

490 De Vincelles, «Le processus de conclusion du contrat», 142-43.

491 Wdowiak, «Precontratos en el Derecho francés, entre la libertad contractual y la coacción», 156.

492 Esta exigencia, tomada del *projet* CATALA, fue criticada en su momento por la doctrina y la Cámara de Comercio por considerarla una prueba diabólica. *Vid.* de Vincelles, «Le processus de conclusion du contrat», 143.

La promesa unilateral está contenida en el article 1124 *Code civil*, que estatuye que:

> «La promesse unilatérale est le contrat par lequel une partie, le promettant, accorde à l'autre, le bénéficiaire, le droit d'opter pour la conclusion d'un contrat dont les éléments essentiels sont déterminés, et pour la formation duquel ne manque que le consentement du bénéficiaire.
>
> La révocation de la promesse pendant le temps laissé au bénéficiaire pour opter n'empêche pas la formation du contrat promis.
>
> Le contrat conclu en violation de la promesse unilatérale avec un tiers qui en connaissait l'existence est nul».

El primer párrafo la describe como un contrato donde una parte, el promitente, concede a la otra, el beneficiario, el derecho de opción sobre la celebración de un contrato con los elementos esenciales determinados, cuya formación tan solo depende del consentimiento del beneficiario. El precepto insiste aquí en la precisión de la promesa, mientras que en el párrafo 2.º refuerza su firmeza, ya que dispone que la revocación de la promesa en el plazo restante para que el beneficiario opte no obstaculiza la formación del contrato prometido[493]. El inciso final del precepto se ocupa del incumplimiento de la promesa con un tercero de mala fe, en cuyo caso se dispone la nulidad del contrato, mejorándose así la protección ofertada al beneficiario en comparación con lo previsto en el *projet* CATALA, que proponía la inoponibilidad[494]. Aunque no se contempla la violación de la promesa con un tercero de buena fe, se entiende que en tales supuestos el beneficiario, que no podrá comprometer la responsabilidad extracontractual del tercero, sí pueda accionar la responsabilidad contractual en relación con el promitente para percibir el resarcimiento de los daños y perjuicios generados[495].

En definitiva, con la nueva Sous-section 3 «*Le pacte de préférence et la promesse unilatérale*» se regularizan dos variantes de precontrato que difieren en su propósito. En primer lugar, el pacto de preferencia, cuya finalidad es localizar un contratante para, entonces, tratar con él los términos del negocio. En segundo lugar, la promesa unilateral, cuyo propósito es determinar los

---

493 Sobre la precisión de la promesa, *vid.* la sentencia de la Cour de cassation, civile, Chambre civile 3, 10 mars 2015, 13-28.695, ECLI:FR:CCASS:2015:C300284.

494 El *projet* CATALA disponía que el contrato celebrado con un tercero en violación de la promesa unilateral o del pacto de preferencia, era inoponible para el beneficiario del pacto o de la promesa, sin perjuicio de las normas que aseguran la protección de los terceros de buena fe. Ante este planteamiento, y por razones de seguridad jurídica, la Cámara de Comercio y de Industria de París manifestó que, en lugar de la inoponibilidad, sería mejor que se sancionara con la nulidad del contrato, toda vez que en el caso de la inoponibilidad algunos efectos del contrato pueden conservarse, a diferencia de lo que sucede con la nulidad. *Cfr.* DE VINCELLES, «Le processus de conclusion du contrat», 142.

495 MIGNOT, *Les contrats spéciaux et la réforme du droit des obligations*, 24, WDOWIAK, «Precontratos en el Derecho francés, entre la libertad contractual y la coacción», 159-60.

elementos esenciales del contrato futuro para, a continuación, encontrar un contratante. En ambos casos, en aras de la seguridad jurídica se restringe la libertad contractual del promitente, ya que ante la violación de cualquiera de estos contratos preliminares se prevé la ejecución forzosa del contrato. Se muestra así un legislador congruente con la caracterización del precontrato como un auténtico contrato que anuda al promitente antes de celebrarse el contrato final[496].

La incorporación del Livre V «Les obligations» en el recientemente reformado Code civil belga de 2023, ha permitido destinar a los acuerdos y contratos preparatorios de otros contratos el Paragraphe 3 «Le pacte de préférence et le contrat d'option»[497]. El art. 5.24 Code civil, rubricado Pacte de préférence, caracteriza al pacto de preferencia como el contrato donde una parte, a la que podríamos llamar promitente o deudor del pacto, se compromete a dar prioridad al beneficiario si decidiera celebrar un contrato[498]. Asimismo, el precepto dicta las normas a las que estará sometido. Según dispone el mencionado artículo:

> «Le pacte de préférence est un contrat parlequel une partie s'engage à donner la priorité au bénéficiaire du pacte si elle décide de conclure un contrat. Sauf disposition légale ou contractuelle contraire, le pacte de préférence est soumis aux règles suivantes.
>
> La partie ne peut conclure un contrat avec un tiers qu'après avoir donné au bénéficiaire la possibilité d'exercer son droit de préférence. A cette fin, elle notifie au bénéficiaire les éléments essentiels et substantiels du contrat qu'elle entend conclure.
>
> Cette notification vaut offre.
>
> Si l'offre n'est pas acceptée, la partie ne peut pas conclure un contrat avec un tiers à un prix inférieur ou à des conditions plus favorables sans procéder à une nouvelle notification conformément à l'alinéa 2».

Quedan excluidos del pacto de preferencia aquellos acuerdos que tan solo se refieren a la obligación de la parte que asume el compromiso de aportar información al beneficiario en caso de que éste decida celebrar un contrato[499]. Las partes son libres de establecer las normas que regulan su pacto de preferencia ya que, tal y como se indica en el segundo inciso del párrafo

---

496 WDOWIAK, «Precontratos en el Derecho francés, entre la libertad contractual y la coacción», 149 ss., MAZEAUD, *L'avant-contrat*, 7 ss.

497 La sistemática del *Code civil* belga ha sido emulada en la PMDOCR, que también dispone un artículo para el pacto de preferencia, otro para el contrato de opción y un tercero en el que se recogen las consecuencias derivadas del incumplimiento de ambos. *Cfr.* epígrafe IV.2.3 de esta monografía.

498 VANDERMEERSCH, «La formation dynamique du contrat», 105-9, HÉLAS, «Le Pacte de Préférence», 567-69, VANWIJCK-ALEXANDRE Y WÉRY, «Le pacte de préférence ou le droit de conclure par priorité», 139 ss.

499 LAMBERT Y DERVAL, «La conclusion dynamique du contrat», 98-99, VANWIJCK-ALEXANDRE Y WÉRY, «Le pacte de préférence ou le droit de conclure par priorité», 147-48.

primero del art. 5.24 *Code civil*, las normas recogidas en dicho artículo serán aplicables salvo disposición legal o contractual en contrario. Además, las partes serán libres de precisar aspectos como la forma de la notificación o el plazo de respuesta del beneficiario[500].

En atención al precepto, el deudor, antes de celebrar un contrato con un tercero, tendrá que informar al beneficiario del pacto sobre los elementos esenciales y sustanciales del mencionado contrato. Esta notificación equivale a una oferta, de manera que, si no fuera aceptada, el deudor se verá impedido a celebrar un contrato con un tercero a un precio inferior o en mejores condiciones, salvo que reformule la oferta al beneficiario del pacto. Tanto el precio inferior como las condiciones favorables se tendrán que evaluar con los elementos esenciales comunicados al beneficiario. En consecuencia, podría darse el supuesto en el que el deudor del pacto preferente recibiera una oferta de un tercero y comunicara los elementos esenciales de ésta al beneficiario del derecho preferente, que éste se negara a contratar bajo esos términos y, finalmente, el deudor celebrara el acuerdo con el tercero bajo los términos notificados. Es más, antes de contratar podría haber negociado elementos no esenciales o accesorios diferentes a los recogidos en la oferta pero que, al no ser esenciales ni oponerse a ellos, no supondrían una violación al derecho preferente[501].

En otro orden de cosas, el pacto de preferencia puede ser accesorio de un contrato o celebrarse entre dos personas que no estén jurídicamente conectadas[502]. Cabe diferenciarlo de la promesa del contrato, en la cual el deudor se ve obligado a celebrar el contrato si el beneficiario ejerce la opción, mientras que en el pacto de preferencia el deudor es libre de celebrarlo o no[503].

Precisamente, tras normar el pacto de preferencia, el Code civil se ocupa de la promesa de contrato o contrato de opción. El artículo 5.25 Code civil, rubricado «Contrat d'option ou promesse unilatérale de contrat», preceptúa que:

> «Le contrat d'option, ou la promesse unilatérale de contrat, est un contrat par lequel une partie donne à son bénéficiaire le droit de décider de conclure avec elle un contrat dont les éléments essentiels et substantiels sont établis et pour la formation duquel il ne manque plus que le consentement du bénéficiaire».

500 Si las partes no fijasen el plazo de respuesta, se otorgará un plazo razonable, al igual que el art. 5.19 *Code civil* belga prevé que la oferta sea irrevocable durante un plazo razonable si no se especifica el periodo de validez de ésta. Ninane y Standaert, «La formation du contrat: conclusion dynamique et devoir d´information», 50-51.

501 Lambert y Derval, «La conclusion dynamique du contrat», 97-99.

502 Vanwijck-Alexandre y Wéry, «Le pacte de préférence ou le droit de conclure par priorité», 142, Ninane y Standaert, «La formation du contrat: conclusion dynamique et devoir d´information», 51.

503 Hélas, «Le Pacte de Préférence», 568.

Por lo tanto, es un contrato en el que una de las partes, el promitente, se compromete a conceder al beneficiario el derecho a celebrar con ella un contrato cuyos elementos esenciales y sustanciales ya están establecidos, y para cuya formación solo resta el consentimiento del beneficiario. Una vez que se ejerza la opción, el contrato prometido se formará sin efecto retroactivo[504]. En cuanto a la duración de la opción, lo habitual será que las partes fijen la duración de la promesa del contrato y, por lo tanto, el plazo en el que ha de ejercerse la opción. No obstante, tal y como indica la *Cour de cassation*, «*le droit du beneficiaire de la promesse de contrat de lever option se prescrit, en regle, par dix ans dans le cas ou la promesse ne fixe aucun delai*», si bien a continuación matiza que «*L'interpretation de la volonte des parties peut neanmoins amener le jugeà deduire des circonstances que la promesse a ete consentie pour uneduree inferieure au delai de prescription*»[505]. El establecimiento de los elementos esenciales es una exigencia que lo diferencia del contrato de preferencia. Tampoco cabe confundirlo con la oferta. Aunque la aceptación de la oferta y el ejercicio de la opción conduzcan a la formación del contrato, y en ambos casos se exija la determinación de los elementos esenciales y sustanciales, la oferta es un acto jurídico unilateral mientras que la promesa constituye un contrato unilateral[506].

La norma de cierre del Paragraphe 3 «*Le pacte de préférence et le contrat d'option*» es la dedicada a la sanción por incumplimiento de cualquiera de ellos. En efecto, el art. 5.26 *Code civil*, rubricado «*Sanction*», establece que:

> «Lorsqu'un contrat avec un tiers viole le pacte de préférence ou le contrat d'option, le bénéficiaire dispose contre le débiteur des sanctions de l'inexécution.
>
> A l'encontre du tiers qui est complice de la violation du pacte de préférence ou du contrat d'option, le bénéficiaire peut également demander la réparation du dommage subi, l'inopposabilité du contrat ou sa substitution au tiers dans le contrat conclu».

En atención a su primer párrafo, la celebración de un contrato con un tercero que suponga el incumplimiento del acuerdo de preferencia o del contrato de opción, legitima al beneficiario a solicitar sanciones de inejecución contra el deudor. Dichas sanciones son las previstas en los arts. 5.83 ss. *Code civil*, es decir, la ejecución *in natura* de la obligación, la reparación del daño causado, la resolución del contrato, la reducción del precio y la suspensión de la ejecución de la obligación, las cuales se podrán acumular salvo que sean

---

504 Así se indica expresamente en los trabajos preparatorios (*Proposition de loi du 24 fevrier 2021 portant le Livre 5 «Les obligations» du Code civil*, Doc. parl., Ch. repr., 2020-2021, n.° 55-1806, p. 30).

505 Belgique, Cour de cassation, 26 mai 2014, C.13.0450.F.

506 Hélas, «Le Pacte de Préférence», 568, Vandermeersch, «La formation dynamique du contrat», 106-7.

incompatibles[507]. A continuación, el art. 5.26 *Code civil* dispone las sanciones en las que puede incurrir un tercero cómplice en la violación de un pacto de preferencia o contrato de opción, concretando así la previsión general del artículo 5.111 *Code civil* relativo a la complicidad de un tercero en el incumplimiento de una obligación contractual[508]. Para que la complicidad tenga lugar, el tercero habrá de actuar de mala, por lo que si contrata de buena fe no incurrirá en sanción alguna[509]. Según versa el párrafo segundo del art. 5.26 *Code civil*, los remedios puestos a disposición del beneficiario contra el tercero cómplice son la indemnización del perjuicio sufrido, la inoponibilidad del contrato y la sustitución del tercero en el contrato celebrado[510].

En virtud del art. 5.26 *Code civil*, en caso de incumplimiento se podrá solicitar la indemnización de daños y perjuicios contra el tercero cómplice y el deudor del pacto de preferencia o contrato de opción. Asimismo, el beneficiario podrá optar por la inoponibilidad del contrato. Podrá oponerse al contrato celebrado entre el tercero cómplice y el deudor de la promesa del contrato y celebrar un contrato acorde con los términos de la promesa[511]. Igualmente,

---

507 Art. 5.83 Code civil. Enumération des sanctions
Sauf volonté contraire des parties, le créancier dispose des sanctions suivantes en cas d'inexécution imputable au débiteur:
1.° le droit à l'exécution en nature de l'obligation,
2.° le droit à la réparation de son dommage,
3.° le droit à la résolution du contrat,
4.° le droit à la réduction du prix,
5.° le droit de suspendre l'exécution de sa propre obligation.
Les sanctions qui sont incompatibles ne peuvent être cumulées.
La mise en oeuvre des sanctions visées à l'alinéa 1er, 1.° à 4.° doit être précédée d'une mise en demeure, conformément aux articles 5.231 à 5.233.

508 Art. 5.111 Code civil. Tierce complicité à la violation d'une obligation contractuelle
Un tiers commet une faute extracontractuelle lorsqu'il participe à l'inexécution par une partie de ses obligations contractuelles alors qu'il connaissait ou devait connaître l'existence de ces obligations.

509 VANWIJCK-ALEXANDRE Y WÉRY, «Le pacte de préférence ou le droit de conclure par priorité», 170-71.

510 Esos recursos reflejan lo previsto en los trabajos preparatorios y van más allá de la jurisprudencia actual de la *Cour de cassation*. *Cfr.* HÉLAS, «Le Pacte de Préférence», 568. Sin embargo, dejan de lado el remedio de la anulación, que hasta el momento era la reparación *in natura* más reconocida y drástica, tal y como se indicaba en los trabajos preparatorios (*Proposition de loi du 24 fevrier 2021 portant le Livre 5 «Les obligations» du Code civil*, Doc. parl., Ch. repr., 2020-2021, n.° 55-1806, p. 30) y afirman LAMBERT Y DERVAL, «La conclusion dynamique du contrat», 101, NINANE Y STANDAERT, «La formation du contrat: conclusion dynamique et devoir d´information», 53. Además, los remedios previstos en el segundo párrafo del article 5.26 *Code civil* no son extensibles al subadquirente de mala fe, ya que no puede ser considerado como un tercero cómplice de la violación del pacto de preferencia o contrato de opción. *Vid.* NINANE Y STANDAERT, 54.

511 NINANE Y STANDAERT, «La formation du contrat: conclusion dynamique et devoir d´information», 53. En torno a esta acción, se ha indicado que para ejercerla el beneficiario

podrá oponerse al contrato celebrado entre el deudor del pacto y el tercero, aunque, en puridad, dicho contrato no pueda tenerse como una notificación de los elementos esenciales y sustanciales del contrato, condición necesaria para ejercitar el derecho de preferencia otorgado en el pacto. Por ello, se considera que la inejecutabilidad del pacto de preferencia carece de utilidad ya que el contrato seguiría existiendo entre el deudor del pacto y el tercero cómplice. Salvo que se aceptase que el conocimiento del contrato por parte del beneficiario equivale a la notificación por parte del deudor de los elementos del contrato que ha celebrado, pero que son inexigibles, nunca habrá notificación que permita al beneficiario ejercer su derecho de preferencia. Incluso si se admitiese que el conocimiento del contrato equivale a la notificación de los elementos esenciales, el ejercicio del derecho de preferencia llevaría a que el beneficiario celebrase el mismo contrato que el celebrado con el tercero cómplice, situándolo en una ubicación casi idéntica a la que se encontraría si fuera sustituido en los derechos del tercero cómplice[512]. Queda así puesto de manifiesto que la inoponibilidad en los supuestos de pacto de preferencia es menos beneficiosa que en los contratos de opción y que, en la práctica, solo pueda aplicarse a éstos, de manera que algunos autores han propuesto que se condene al deudor, a título de ejecución *in natura*, a hacer una oferta al beneficiario del pacto[513]. No obstante, tanto el beneficiario del pacto de preferencia como el del contrato de opción, aún tiene a su disposición un tercer recurso: la sustitución. A pesar de que no se explicite, parece ser una forma de subrogación personal por la que el beneficiario sustituye al tercero en el contrato celebrado con el deudor incumplidor. Más concretamente, en lo que al pacto de preferencia se refiere, esta sanción emplazaría al afectado en la situación en que se hubiera encontrado si hubiera ejercido su derecho de preferencia. En cuanto a la promesa de contrato, el beneficiario se sentirá inclinado a recurrir a esta sanción en lugar de acudir a la inoponibilidad si el contrato celebrado en violación de su opción contenía condiciones más favorables que las que aparecían en la promesa que pactó[514]. Aunque el *Code civil* belga no lo recoja, se entiende que es pertinente que el beneficiario del pacto de preferencia exprese la intención de ejercer su derecho preferente, máxime si se tiene en cuenta que así se indica en los trabajos preparatorios tanto para el pacto de preferencia como para la promesa[515]. Ante la sustitu-

debería haber expresado su interés en el contrato ejercitando la opción dentro del plazo establecido. *Cfr.* Vandermeersch, «La formation dynamique du contrat», 108.

512 *Vid.* Lambert y Derval, «La conclusion dynamique du contrat», 101.

513 Ninane y Standaert, «La formation du contrat: conclusion dynamique et devoir d´information», 53.

514 Lambert y Derval, «La conclusion dynamique du contrat», 101.

515 *Proposition de loi du 24 fevrier 2021 portant le Livre 5 «Les obligations» du Code civil*, Doc. parl., Ch. repr., 2020-2021, n.° 55-1806, p. 30. *Cfr.* Vanwijck-Alexandre y Wéry, «Le pacte de préférence ou le droit de conclure par priorité», 174.

ción, el deudor no podrá alegar una violación de su libertad contractual, toda vez que ya la expresó al celebrar el contrato con el tercero[516].

En España, el precontrato ha sido ampliamente comentado por la doctrina y jurisprudencia[517]. Son diversas las tesis que se han elaborado en torno a esta figura. En la tesis tradicional, se defendía que en el precontrato las partes se obligan a prestar su consentimiento al contrato que finalmente se celebrará, pero que actualmente no se quiere o no se puede realizar[518]. Entre sus primeros exponentes figura Moro Ledesma, que lo concibió «... *como un contrato que obliga a emitir una declaración de voluntad a una persona, que juntamente con la declaración que emita la otra parte integrarán los elementos del contrato obligacional principal que se proyecta*»[519]. Castán Tobeñas lo definió como «... *una convención por la cual dos o más personas se comprometen a hacer efectiva en un tiempo futuro la conclusión de un determinado contrato que por el momento no se quiere o no se puede hacer efectivo*»[520]. Apalategui lo caracterizó como «... *un contrato consensual, perfecto y actual, que se establece para asegurar el nacimiento de otro contrato*»[521]. Es decir, se presumía una escisión entre el precontrato y el contrato definitivo, por lo que, en caso de incumplimiento del primero, tan solo podría exigirse la indemnización por daños y perjuicios. Esto suponía una clara desventaja que, junto a otras razones, impulsó una severa crítica por parte de la doctrina[522]. No obstante, la crítica a la que se vio some-

516 Vanwijck-Alexandre y Wéry, 176.

517 STS de 5 de junio de 2003, RJ 2003/5018, STS de 16 de julio de 2003, RJ 2003/5144, STS de 14 de diciembre de 2006, RJ 2006/8325, STS de 17 de junio de 2008, RJ 2008/4251, STS de 9 de febrero de 2009, RJ 2009/269, STS de 12 de mayo de 2009, RJ 2009/4741, STS de 22 de septiembre de 2009, RJ 2009/4595, STS de 17 de septiembre de 2010, RJ 2010/8865, STS de 21 de marzo de 2012, RJ 2012/5128. Destaca especialmente la STS de 23 de diciembre de 2021, ECLI: ES:TS:2021:4948, ya que en ella se compendia la jurisprudencia del Tribunal Supremo sobre la distinción entre el precontrato y los tratos preliminares.

518 La tesis tradicional fue acogida por la jurisprudencia, tal y como lo demuestran la STS de 31 de enero de 1921, STS de 14 de noviembre de 1927, STS de 10 de marzo de 1928, STS de 29 de diciembre de 1929, STS de 9 de julio de 1940, STS de 11 de noviembre de 1943, STS de 15 de marzo de 1945, STS de 26 de octubre de 1946, RJ 1946/1167, STS de 13 de febrero de 1953, STS de 25 de marzo de 1957, STS de 5 de octubre de 1961, STS de 2 de marzo de 1965, STS de 4 de julio de 1991, y STS de 27 de mayo de 1993. Según resumió la STS de 7 de febrero de 1966: «... *la institución puede ser considerada como una verdadera relación contractual encaminada a obtener una mayor seguridad en cuanto al contrato futuro que utilizan las partes para disminuir la posibilidad de engaños y fraudes y sobre todo para aplazar para un tiempo más remoto e incluso tal vez oportuno, la conclusión del contrato definitivo, de donde se desprende que es un contrato consensual y atípico cuyo objeto normalmente consiste en un "facere", es decir, la formación o conclusión del contrato obligatorio posterior*».

519 Moro Ledesma, «El precontrato. Notas para su estudio», 88 ss.

520 Castán Tobeñas, *Derecho civil español, común y foral*, 28.

521 Apalategui, «Código Civil, Tomo XXIX.», 331.

522 Las principales objeciones que se han planteado a la tesis tradicional han sido las siguientes: i) si el obligado a hacer no cumple lo prometido, el juez puede tener por prestado el consen-

tida la tesis tradicional dio como fruto nuevas teorías que intentaban dar una mejor respuesta a los supuestos de incumplimiento.

Una crítica temprana a la tesis tradicional fue la acuñada por De Castro y Bravo, que es la que ha pervivido más en el tiempo y ha sido inspiradora de abundante doctrina y jurisprudencia[523]. Se opuso a la tesis tradicional porque consideraba que «... *el circuito de la obligación de hacer es un andamiaje inútil, que sólo se ha mantenido por un conservadurismo injustificado, el promitente, al obligarse a vender, conforme al proyecto convenido, ha hecho todo lo que tenía que hacer para quedar ligado, y el que acepta la promesa tampoco necesita hacer una especial declaración para obligarse, bastará que exija el cumplimiento de la promesa para que el promitente, por ejemplo, esté obligado a entregar la cosa y el que reclama la cosa lo esté a entregar el precio...Hablar, pues, de una obligación de contratar es práctica y jurídicamente inexacto*»[524].

Es un autor que nos muestra la promesa de contrato o precontrato como una figura jurídica independiente en la etapa precontractual, que crea un vínculo obligatorio entre las partes, posee causa propia, ya sea onerosa o lucrativa, y del cual se origina la facultad de puesta en funcionamiento el contrato proyectado, si bien es cierto que la relación jurídica creada, que puede desembocar en la relación contractual definitiva, también puede agotarse en la fase precontractual si se extingue sin haber creado la relación contractual ideada. Por lo tanto, la consumación sólo dependerá del ejercicio, por parte del beneficiario del precontrato, de la facultad de exigir el cumplimiento del contrato definitivo, de manera que no será necesario un nuevo otorgamiento del consentimiento[525]. De manera que, para De Castro y Bravo, el precontrato es tan solo una etapa preparatoria de un *iter* negocial en el que hay que distinguir dos momentos. El primero es la promesa de contrato, en la que se conviene el contrato proyectado, se crea la facultad de exigirlo y funciona con cierta independencia, en cuanto tiene su propia causa. El segundo es la exigencia del

---

timiento y sustituir al obligado en el otorgamiento de los documentos que se requieran. Si esto se admite, el precontrato resulta innecesario ya que llevaría al mismo resultado al que llevaría el contrato principal del que debiera ser meramente preparatorio, ii) el contrato definitivo no sería un contrato auténtico ya que carece de una libre manifestación de voluntad al tratarse de un acto de cumplimiento de una obligación previamente contraída, iii) si se considera a la prestación del nuevo consentimiento como un *facere* no coercible, estaríamos frente a un contrato sometido a la condición de querer, por lo que tendría que ser nulo en aplicación de los artículos 1115 y 1256 CC. *Cfr.* Díez Picazo, *Fundamentos del Derecho civil patrimonial. Volumen primero. Introducción. Teoría del contrato*, 395-97.

523 *Vid.*, entre otras, las sentencias del Tribunal Supremo de 29 de julio de 1996, de 11 de junio de 1998, RJ 1998/4679 y, muy especialmente, la de 30 de marzo de 2001, que resumía la tesis de De Castro y Bravo al afirmar que el precontrato es «... *el primer momento del "iter contractus" que debe ponerse en vigor en el momento previsto, sin necesidad de nuevas declaraciones de voluntad de las partes, habiéndose previsto en el mismo los elementos del contrato proyectado...*».

524 De Castro y Bravo, «La promesa de contrato», 1169.

525 De Castro y Bravo, 1133 ss.

cumplimiento de la promesa, que origina la vigencia del contrato proyectado, de modo que, si no tiene lugar dicha exigencia, la relación jurídica se extingue en la propia fase de negociaciones[526]. Es un planteamiento que solventa el problema relacionado con el otorgamiento del consentimiento en el momento de la consumación del contrato definitivo, toda vez que los contratantes, de mutuo acuerdo, hacen o aceptan un proyecto de contrato y convienen, también de mutuo acuerdo, que el contrato proyectado tenga eficacia plena en el momento en que lo exija la parte (o partes) a la que se le concede esta facultad, evitándose de este modo la necesidad de emitir una nueva declaración de voluntad sin interés para ellos ni valor patrimonial o jurídico[527].

Tal y como se ha apuntado previamente, la relevancia de esta tesis en nuestro ordenamiento es patente, no solo en la jurisprudencia, sino también en la doctrina, donde ha sido el punto de partida para la construcción del precontrato por diversos autores[528]. Entre sus seguidores más representativos se encuentra DÍEZ PICAZO. Para este autor, uno de los principales problemas de la concepción clásica estriba en que, en caso de incumplimiento, una sentencia judicial no podrá sustituir un consentimiento que aún no ha sido prestado, de manera que, aunque los daños y perjuicios ocasionados sean resarcibles, no se podrá forzar el cumplimiento del contrato proyectado. Para salvar esta dificultad, se apoya en el planteamiento de DE CASTRO Y BRAVO y concibe el precontrato o promesa de contrato como un negocio de concesión de la facultad de exigir el contrato proyectado. Considera que la promesa de contrato es una etapa preparatoria de un *iter* complejo de formación sucesiva, dejándose al arbitrio de una de las partes, o de ambas, la posibilidad de determinar a su voluntad el momento de la exigibilidad o de la puesta en vigor del contrato prometido, si bien es cierto que, aunque el vínculo entre las partes nazca inmediatamente, aún no pesan sobre ellas los deberes ni les son concedidos los derechos que forman el contenido típico de la relación obligatoria en su fase definitiva[529].

Un planteamiento distinto se encuentra en la tesis de la ley de bases contractual, cuyo respaldo jurisprudencial es patente[530]. Acuñada por ROCA SASTRE,

---

526 DE CASTRO Y BRAVO, 1133 ss., DÍEZ PICAZO, *Fundamentos del Derecho civil patrimonial. Volumen primero. Introducción. Teoría del contrato*, 399 ss.

527 DE CASTRO Y BRAVO, «La promesa de contrato», 1168-69.

528 *Verbi gratia*, a partir de la tesis de DE CASTRO Y BRAVO se puede definir al precontrato como un pacto por el que las partes perfeccionan un contrato definitivo sometiendo su exigibilidad, ejecución, consumación o entrada en vigor *ex nunc* a la voluntad de una (promesa o precontrato unilateral) o ambas partes (promesa o precontrato bilateral). Así lo concibió MENÉNDEZ MATO, *La oferta contractual*, 118.

529 DÍEZ PICAZO, *Fundamentos del Derecho civil patrimonial. Volumen primero. Introducción. Teoría del contrato*, 395.

530 En diversas sentencias del Tribunal Supremo en las que se ha afirmado que «... *el precontrato ya es en sí mismo un auténtico contrato que tiene por objeto celebrar otro en el*

declara que el precontrato es un contrato preparatorio, consensual, bilateral y atípico o general, en virtud del cual las partes sientan las líneas básicas de un contrato específico y contraen la obligación de desenvolverlas o desarrollarlas en el futuro, a fin de que éste quede completo y concluso[531]. Es una tesis que no está exenta de críticas ya que, aunque solucione el problema del consentimiento cuando las bases sean suficientes, de manera que las partes sólo tendrán que ponerlas en vigor y ejecutarlas para que el contrato quede completo y concluso, no sucede así cuando son incompletas, siendo por ello necesarias nuevas prestaciones de consentimiento[532]. Además, se duda que cuando las bases sean incompletas, sea posible solicitar al juez el cumplimiento del contrato prometido pero que aún está incompleto al no haberse desarrollado las bases recogidas en el precontrato[533]. Asimismo, si los precontratos se plantean como una ley de bases del contrato definitivo, se asimilarían más a un acuerdo de intenciones que a un precontrato propiamente dicho[534].

Más allá de estos planteamientos, y sin ánimo de desdecirlos, se ha postulado una aproximación más práctica a esta figura que pone de manifiesto la tendencia a situar en el ámbito del precontrato conflictos para cuya resolución no resulta imperativo recurrir a él[535]. Hemos de tener presente que, a menudo, el uso desmesurado del término precontrato en documentos de diverso significado jurídico ha enturbiado las resoluciones judiciales, con independencia de que éstas puedan resultar razonables y justas. De ahí que se recomiende, en primer lugar, delimitar al precontrato en contraposición con el falso precontrato. Se postula que, desde el momento en el que las partes ratifican un precontrato, se verán obligadas por el contrato definitivo si se verifican que el contrato sea consensual, que en el precontrato figuran todos

futuro, conteniendo el proyecto o Ley de bases del siguiente» (STS de 19 de julio de 1994 y STS de 16 de julio de 2003), así como que la especialidad de la situación jurídica del precontrato se encuentra en *«que las partes se comprometen a celebrar un futuro contrato sobre las líneas del primero, auténtica ley de bases del siguiente y cuya fuerza vinculante queda atemperada a su esencia de "obligarse a obligarse"»* (STS de 10 de marzo de 1986, RJ 1986/1167, STS de 24 de mayo de 1980 y STS de 23 de marzo de 1995).

531 Roca Sastre, *Estudios de derecho privado. T. 1, Obligaciones y contratos*, 390-91.

532 Díez Picazo, *Fundamentos del Derecho civil patrimonial. Volumen primero. Introducción. Teoría del contrato*, 399.

533 Menéndez Mato, *La oferta contractual*, 116.

534 Díez Picazo, *Fundamentos del Derecho civil patrimonial. Volumen primero. Introducción. Teoría del contrato*, 399.

535 En este sentido, resulta reseñable el enfoque realizado por Carrasco Perera, *Derecho de contratos*, 111 ss. Asimismo, resultan de interés los comentarios relativos a la ejecutividad de los precontratos por parte de Domínguez Luelmo, «Artículo 708. Condena a la emisión de una declaración de voluntad», 2000, 3687-3709, Parra Lucán, «Promesa de compraventa, precontrato y carta de intenciones en la jurisprudencia», 423-34, Díez García, *Contratos incompletos y acuerdos «suficientes»*, 408 ss., García Rubio, *La responsabilidad precontractual en el derecho español*, 135 ss.

los extremos necesarios para que la relación definitiva quede determinada, sin perjuicio de que resten por definir elementos que puedan concretarse con el Derecho dispositivo supletorio o las reglas de integración de los contratos, que la puesta en funcionamiento de la relación definitiva no dependa de una condición suspensiva, y que ninguna de las partes dispone de la potestad discrecional de puesta en funcionamiento del contrato proyectado. Si se cumplen los requisitos descritos, el precontrato falso sería redundante[536].

Tras haber descartado el «precontrato falso», el acercamiento práctico al precontrato recomienda prescindir de los diversos postulados teóricos, para así centrarnos en los supuestos donde los jueces conceden una acción de cumplimiento específico o de daños como consecuencia del incumplimiento de un compromiso adquirido en el contexto de una negociación que no fue enteramente cerrada por las partes. En este sentido, resultan de gran ayuda los análisis relativos a la ejecutividad de los precontratos *ex* art. 708 de la Ley 1/2000, de 7 de enero, de Enjuiciamiento Civil (en adelante, LEC)[537].

En los análisis realizados al mencionado precepto se pone de relieve que éste, al regular la condena a la emisión de una declaración de voluntad, positiviza la posición del Tribunal Supremo en torno a la figura del precontrato, habilitando así un recurso para instar la ejecución de éste[538]. Relega los posicionamientos doctrinales y examina la eficacia atribuible a un acuerdo teniendo presente el fin perseguido por las partes para, entonces, otorgar la calificación que resulte procedente. Es un precepto orientado a la realización de un acto jurídico, como es la prestación del consentimiento o la emisión de una declaración de voluntad, y, para hacerlo, considera que la conducta del obligado no es infungible o personalísima[539]. Son tres los supuestos precep-

536 Carrasco Perera, *Derecho de contratos*, 112.

537 https://www.boe.es/buscar/act.php?id=BOE-A-2000-323

538 González Gozalo, «La formación del contrato», 902 ss., Carrasco Perera, «Las cartas de intenciones y el proceso contractual», 161, García Rubio, «La ejecución forzosa de la obligación derivada del precontrato en la ley de enjuiciamiento civil: algunas cuestiones», 1883-84, Díez García, *Contratos incompletos y acuerdos «suficientes»*, 408 ss., Domínguez Luelmo, «Artículo 708. Condena a la emisión de una declaración de voluntad», 2000, 3687-3709, Domínguez Luelmo, «Artículo 708. Condena a la emisión de una declaración de voluntad», 2012, 1321-25, Carrasco Perera, *Derecho de contratos*, 118 ss., Parra Lucán, «Promesa de compraventa, precontrato y carta de intenciones en la jurisprudencia», 423 ss.

539 Sobre la sustituibilidad de las conductas infungibles, el auto 251/2009 de la Audiencia Provincial de Madrid (Sección 10.ª), de 1 de julio, JUR 2009\369305, ECLI:ES:APM:2009:9883A, indicó que aunque «*la conducta consistente en la emisión de una declaración de voluntad es, técnicamente, una conducta de hacer personalísimo y, por tanto, insustituible... esto no significa que las condenas a la emisión de una declaración de voluntad tengan que seguir forzosamente el régimen previsto en el art. 709 para las condenas de hacer personalísimo, por dos razones fundamentales: a) no siempre que el deudor debe emitir una declaración de voluntad es necesario acudir a la ejecución forzosa... b) aunque la conducta consistente en la emisión de una declaración de voluntad sea insustituible "naturalmente" puede ser "jurídicamente" sustituible..."*», y que «*Una conducta es jurídicamente sustituible cuando puede ser reemplazada por el Juez*

tuados en este artículo que, no exento de crítica, presupone una condena de emisión de declaración contractual y que pretende resolver cuándo y cómo puede ejecutarse la resolución judicial o arbitral[540].

El primero de ellos sería aplicable al precontrato perfecto ya que, estando predeterminados los elementos esenciales del contrato, el tribunal competente puede «suplir» la declaración de voluntad del contratante reacio a emitirla. Está contenido en el art. 708.1 LEC, cuyo tenor dispone que:

> «Cuando una resolución judicial o arbitral firme condene a emitir una declaración de voluntad, transcurrido el plazo de veinte días que establece el artículo 548 sin que haya sido emitida por el ejecutado, el Tribunal competente, por medio de auto, resolverá tener por emitida la declaración de voluntad, si estuviesen predeterminados los elementos esenciales del negocio. Emitida la declaración, el ejecutante podrá pedir que el Letrado de la Administración de Justicia responsable de la ejecución libre, con testimonio del auto, mandamiento de anotación o inscripción en el Registro o Registros que correspondan, según el contenido y objeto de la declaración de voluntad.
>
> Lo anterior se entenderá sin perjuicio de la observancia de las normas civiles y mercantiles sobre forma y documentación de actos y negocios jurídicos».

La dicción de este artículo se ha criticado porque «*De un lado no se sabe muy bien si se limita a repetir lo que ya ordena el art. 548... con lo cual es un precepto innecesario; o insta al deudor a que cumpla con la sentencia dentro del plazo de gracia... De otro lado, no queda claro si la declaración de voluntad la emite el Juez...; o el Juez la tiene como emitida por el ejecutado...Y menos clara aún queda la forma en que la declaración debe realizarse: el art. 708.1,1 in fine entiende suficiente el testimonio del auto en el que se emite (o se da por emitida) la declaración de voluntad a que condena la sentencia; pero el art. 708.1, II da a entender que la declaración de voluntad hecha (o dada por hecha) en ejecución de sentencia está sometida a la observancia de las normas civiles y mercantiles sobre forma y documentación de negocios jurídicos (lo que probablemente quiere decir que no desea el Legislador que el testimonio de la resolución judicial emitiendo —o teniendo por emitida— la declaración de voluntad sustituya a la escritura pública, a la póliza mercantil o a cualquier otra forma de documentación de actos civiles o mercantiles)*»[541].

El precepto se cuestiona porque, si están predeterminados todos los elementos esenciales, no procede que la sentencia condene a emitir una declaración de voluntad, ya que ésta no resulta necesaria para la formación del

---

en cuanto titular de la potestad jurisdiccional...Al Derecho le basta otorgar al hacer del Juez Ejecutor los mismos efectos que otorga a la declaración de voluntad del deudor, sin necesidad de acudir a la ficción de que la declaración de voluntad ha sido efectivamente emitida...».

540 Domínguez Luelmo, «Artículo 708. Condena a la emisión de una declaración de voluntad», 2012, 1322 ss.

541 Auto 251/2009 de la Audiencia Provincial de Madrid (Sección 10.ª), de 1 de julio, JUR 2009\369305, ECLI:ES:APM:2009:9883A.

contrato definitivo. Lo que resulta pertinente es la condena al cumplimiento de las obligaciones derivadas del precontrato. Aunque el juez, en realidad, no suple la voluntad del deudor, sino que se limita a poner en vigor una voluntad ya manifestada, tendría más sentido que solamente se condenara al cumplimiento de lo dispuesto por las partes en el precontrato. Según se indica en el auto de 1 de julio de la Audiencia Provincial de Madrid, «*no se entiende bien por qué, en estos casos, no fue ya la propia sentencia la que tuvo por existente el negocio jurídico dependiente de la declaración de voluntad emitida por el demandado... tampoco necesita aquí el Juez un precepto expreso que le permita condenar al demandado a cumplir los términos del precontrato basándose en una hipotética obligación de hacer personalísimo*»[542]. De todo lo anterior resulta que se haya afirmado que este precepto hace referencia al contrato de opción cuando pueda colegirse que es necesaria la colaboración del concedente de la opción, en cuyo caso el Tribunal podrá dar por emitida la declaración[543].

En relación con el contrato de opción cabe decir que, de forma expresa, no es un contrato que figure en nuestro Código civil, en el cual solo se prevé la promesa de comprar y vender[544]. Esto no ha impedido que la figura a la que hacemos referencia sea destinataria de otras normas. En efecto, queda regulada *ex Ley 460 de la Compilación del Derecho Civil Foral de Navarra*, cuyo párrafo 1.º se ocupa de los derechos de opción[545]. Asimismo, los arts. 568-1 ss. del Libro Quinto del Código civil de Cataluña regulan la opción de naturaleza real[546]. Por su parte, el art. 14 del Reglamento hipotecario norma la opción de compra sobre bienes inmuebles a efectos de inscripción en el Registro de la Propiedad[547].

---

542 Auto 251/2009 de la Audiencia Provincial de Madrid (Sección 10.ª), de 1 de julio, JUR 2009\369305, ECLI:ES:APM:2009:9883A.

543 Domínguez Luelmo, «Artículo 708. Condena a la emisión de una declaración de voluntad», 2012, 1322, Carrasco Perera, *Derecho de contratos*, 118, Parra Lucán, «Ejecución específica e indemnización en el cumplimiento de precontratos en el art. 708 LEC», 445, Díez García, *Contratos incompletos y acuerdos «suficientes»*, 412 ss.

544 Artículo 1451 CC.
La promesa de vender o comprar, habiendo conformidad en la cosa y en el precio, dará derecho a los contratantes para reclamar recíprocamente el cumplimiento del contrato.
Siempre que no pueda cumplirse la promesa de compra y venta, regirá para vendedor y comprador, según los casos, lo dispuesto acerca de las obligaciones y contratos en el presente libro.

545 Ley 1/1973 de 1 de marzo, por la que se aprueba la Compilación del Derecho Civil Foral de Navarra (https://www.boe.es/buscar/doc.php?id=BOE-A-1973-330).

546 Ley 5/2006, de 10 de mayo, del libro quinto del Código Civil de Cataluña, relativo a los derechos reales (https://www.boe.es/buscar/act.php?id=BOE-A-2006-11130).

547 Decreto de 14 de febrero de 1947 por el que se aprueba el Reglamento Hipotecario (https://www.boe.es/buscar/act.php?id=BOE-A-1947-3843).

El contrato de opción se ha definido como aquel contrato por el que una de las partes, el concedente de la opción, atribuye a la otra, la beneficiaria, un derecho de opción, en virtud del cual podrá decidir, unilateralmente y durante un cierto periodo de tiempo, la puesta en vigor del contrato proyectado, que podrá ser de diversa naturaleza[548]. Es un contrato muy próximo a la promesa de contrato, que se configura como una etapa preparatoria de un *iter* negocial complejo, de formación sucesiva y en el que la relación contractual comienza desde que el precontrato se celebra. Queda al arbitrio de una o ambas partes la facultad de exigir la puesta en vigor del contrato proyectado. Por lo tanto, en la relación contractual se diferencian dos fases: la primera etapa es la relativa a la promesa de contrato, donde las partes acuerdan el contrato proyectado y se atribuyen la facultad de exigir la puesta en vigor del contrato negociado; la segunda etapa se refiere al ejercicio de la facultad de exigir el contrato proyectado, que será lo que determine la entrada en vigor de este[549].

Autores como De Castro y Bravo han mantenido que los términos opción y precontrato o promesa de contrato no son diferentes, que la promesa unilateral de contrato equivale al contrato de opción y que, incluso, ni siquiera la promesa bilateral de contrato difiere esencialmente de la opción de compra[550]. Se ha postulado que la opción de compra es una modalidad de precontrato bajo la forma de promesa unilateral, al igual que lo sería la promesa bilateral de contrato[551]. Asimismo, se ha afirmado que tanto el contrato de opción como la promesa de contrato son auténticos contratos, en virtud de los cuales la relación jurídica que existe entre las partes tras su celebración es de carácter contractual, por lo que no cabe confundirlos con los tratos preliminares. Así, suponen una etapa preparatoria de un *iter* negocial, con un primer momento en el que los contratantes se obligan a que el contrato pro-

548 Cañizares Laso, «Contrato de opción de compra», 147 ss.

549 De Castro y Bravo, «La promesa de contrato», 1133 ss., Díez Picazo, *Fundamentos del Derecho civil patrimonial. Volumen primero. Introducción. Teoría del contrato*, 400.

550 A favor de la equiparación entre el precontrato unilateral y la contrato de opción, *vid.* De Castro y Bravo, «La promesa de contrato», 1167, Díez Picazo, *Fundamentos del Derecho civil patrimonial. Volumen primero. Introducción. Teoría del contrato*, 409 ss., Román García, *El precontrato. Estudio dogmático y jurisprudencial*, 406-7. En contra, *cfr.* Menéndez Mato, *La oferta contractual*, 121-22, Lalaguna Domínguez, «La función negocial de la promesa de venta», 304-9, Lalaguna Domínguez, «Estudios de Derecho Civil. Obligaciones y contratos», 213 ss.

551 La jurisprudencia ha evolucionado desde la diferenciación entre precontrato y contrato de opción, partiendo para ello de su bilateralidad y unilateralidad, o de su grado de desarrollo, hasta la actual concepción del contrato de opción como una modalidad del precontrato. *Cfr.* STS de 14 de abril de 2008, RJ 2008/2945, STS de 17 de junio de 2008, RJ 2008/4251, STS de 9 de febrero de 2009, RJ 2009/269, STS de 12 de mayo de 2009, RJ 2009/4741, STS de 22 de septiembre de 2009, RJ 2009/4595, STS de 17 de septiembre de 2010, RJ 2010/8865. En cuanto a la promesa de venta como precontrato bilateral, *cfr.* STS 488/2011 de 24 de junio, RJ 2011\7370, STS 175/2012 de 21 de marzo, RJ 2012\5128, ECLI:ES:TS:2012:1694, STS 107/2013 de 21 de febrero, RJ 2013\2149, ECLI:ES:TS:2013:853.

yectado sea eficaz desde el momento en el que lo demande la parte o partes que tienen dicha facultad; y un segundo momento en el que el contrato se pone en vigor o se ejercita la opción. Por lo tanto, no son dos contratos, sino un único contrato con dos etapas distintas[552]. Es más, se ha considerado artificiosa la adjetivación del contrato de opción y la promesa de contrato como precontratos[553]. Así, en diversos supuestos se ha entendido que en realidad son contratos definitivos sujetos a condición suspensiva[554]. En otros se ha considerado que en realidad eran contratos formalizados en documento privado que requiere su elevación a documento público[555]. Igualmente, se ha indicado que tildar de precontrato a la promesa de constituir un derecho o un contrato reales carece de sentido práctico, ya que en puridad son contratos obligatorios plenamente eficaces en cuanto la prenda o hipoteca se constituyan conforme a Derecho[556].

No obstante, la conceptualización del contrato de opción y la promesa de contrato como auténticos contratos o como modalidades de precontrato perfecto, no determinará la virtualidad del art. 708.1 LEC, plenamente aplicable a estos acuerdos y actos preparatorios de otros contratos que, tal y como hemos visto, tan a menudo se han discutido por la doctrina y jurisprudencia[557].

El segundo supuesto del art. 708 LEC hace referencia a los casos en los que, a pesar de la negativa a emitir la declaración de voluntad de uno de los contratantes, y de que no estén predeterminados algunos elementos no esenciales del contrato, el tribunal competente pueda fijar dichos elementos

---

552 Cañizares Laso, «Contrato de opción de compra», 152-53. *Vid.* STS 67/2020 de 3 de febrero, RJ 2020\319, ECLI:ES:TS:2020:308, que sintetiza la jurisprudencia de las últimas décadas en torno al precontrato y trae a colación la STS de 23 de abril de 2010, RJ 2010/3546, según la cual: *«El precontrato de opción es aquel por el que una de las partes atribuye a la optante el derecho de decidir la puesta en vigor de un contrato (normalmente, como en el presente caso, de compraventa) en un concreto plazo. [...] Por tanto, el efecto que produce es que si el optante ejercita su derecho, pone en vigor el precontrato y la otra parte, la concedente, tiene el deber jurídico de celebrarlo efectivamente. Y el optante, desde el momento en que declara su voluntad de ejercicio de la opción, puede exigir dicha celebración, que se hará de mutuo acuerdo o por resolución judicial, tras el procedente proceso».*

553 Carrasco Perera, *Derecho de contratos*, 114, Torres Lana, «Perfección de la compraventa mediante el ejercicio de una opción», 435.

554 *Vid.* STS de 22 de octubre 1992, RJ 1992\8594, STS de 24 de junio 1993, RJ 1993\5382, STS 751/1998 de 24 de julio, RJ 1998\6393, STS 755/2006 de 18 de julio, RJ 2006\3990.

555 *Cfr.* STS de 22 de marzo 1985, RJ 1985\1196, STS 1067/1994 de 28 de noviembre, RJ 1994\8631, STS 936/2002 de 15 de octubre, RJ 2002\10127.

556 Carrasco Perera, *Derecho de contratos*, 114 ss., Parra Lucán, «Promesa de compraventa, precontrato y carta de intenciones en la jurisprudencia», 423 ss., Díez García, *Contratos incompletos y acuerdos «suficientes»*, 413 ss.

557 García Rubio, «La ejecución forzosa de la obligación derivada del precontrato en la ley de enjuiciamiento civil: algunas cuestiones», 1881, Domínguez Luelmo, «Artículo 708. Condena a la emisión de una declaración de voluntad», 2012, 1323.

acudiendo a los usos del mercado y tráfico jurídico, haciendo así posible la ejecución *in natura* de estos[558]. Es un artículo potencialmente aplicable a los casos en los que se discute la aplicación de un precontrato imperfecto o acuerdo con términos abiertos, siendo éste el pacto por el que se expresa la voluntad común de las partes de concluir un futuro contrato cuyo contenido queda abierto y pendiente de su posterior concreción mediante un nuevo acuerdo entre las partes[559]. En efecto, este art. 708.2.I LEC, preceptúa que:

> «Si, en los casos del apartado anterior, no estuviesen predeterminados algunos elementos no esenciales del negocio o contrato sobre el que deba recaer la declaración de voluntad, el tribunal, oídas las partes, los determinará en la propia resolución en que tenga por emitida la declaración, conforme a lo que sea usual en el mercado o en el tráfico jurídico»[560].

Desde un punto de vista procesal, resulta aquí extensible lo afirmado en el primer supuesto del art. 708 LEC, al no requerirse una sentencia condenatoria a la emisión de una declaración de voluntad, sino una sentencia constitutiva[561]. En efecto, el tribunal integra el contrato con la objetividad propia de los usos del mercado y del tráfico jurídico, aunque sin obviar la voluntad de las partes *(oídas las partes)*. Estos elementos accidentales, que suelen regularse de forma automática por el derecho dispositivo, los determinará el tribunal de conformidad con la buena fe, la ley y los usos (arts. 1258 y 1287 CC), incluso si se tratara del plazo (art. 1128 CC), ya que no siempre constituirá un elemento esencial de los precontratos[562].

Un aspecto clave para acudir a este artículo será diferenciar los elementos esenciales y accidentales del acuerdo, ya que solo si restan por establecer estos últimos será eficaz el precontrato. En tal deslinde será fundamental determinar la intención de las partes de vincularse[563]. Así lo ha manifestado

558 Cavanillas Múgica, «14 de junio de 1999. Responsabilidad por ruptura de tratos preliminares», 1231 ss.

559 *Vid.* González Gozalo, «La formación del contrato», 902 ss., Carrasco Perera, «Las cartas de intenciones y el proceso contractual», 161, García Rubio, «La ejecución forzosa de la obligación derivada del precontrato en la ley de enjuiciamiento civil: algunas cuestiones», 1883-84. En España, los acuerdos con términos abiertos son, en parte, el resultado de la influencia de los *agreements with open terms* de los países del *common law*, previamente analizados en el epígrafe III.1.3 de esta monografía.

560 La fuente de inspiración de este artículo se encuentra en la Ley 516 de la Compilación del Derecho Civil Foral de Navarra, que hace referencia a la promesa de contrato.

561 Pardo Iranzo, *Ejecución de sentencias por obligaciones de hacer y de no hacer*, 279, Domínguez Luelmo, «Artículo 708. Condena a la emisión de una declaración de voluntad», 2000, 3701-2.

562 Domínguez Luelmo, «Artículo 708. Condena a la emisión de una declaración de voluntad», 2000, 3701-2, Díez García, *Contratos incompletos y acuerdos «suficientes»*, 417-21.

563 Díez García, *Contratos incompletos y acuerdos «suficientes»*, 418-22.

nuestra jurisprudencia, que aúna los planteamientos sobre los elementos esenciales y accidentales y sobre la voluntad de las partes en la STS de 13 de octubre de 2005[564], que trae su causa en un acuerdo o contrato preparatorio, y en la que se afirma que «*En efecto, el llamado precontrato, contrato preliminar o preparatorio, o "pactum de contrahendo" bilateral de compraventa tiene por objeto constituir un contrato y exige como nota característica que en él se halle prefigurada una relación jurídica con sus elementos básicos y todos los requisitos que las partes deben desarrollar y desenvolver en un momento posterior (SSTS 23 diciembre de 1995 [RJ 1995, 9396]; 16 de julio 2003 [RJ 2003, 5144], entre otras), cuya efectividad o puesta en vigor se deja a voluntad de ambas partes contratantes. Supone, por tanto, el final de los tratos preliminares y no una fase de ellos, como dice la Sentencia de 3 de junio de 1988 (sic) (RJ 1988, 3715), en los que las partes, a partir de acuerdos vinculantes, tratan de configurar esos elementos esenciales del contrato, que no existen jurídicamente hasta ese momento y que sin ellos no sólo no sería posible cumplimentar de forma obligatoria lo que todavía no existe, sino que permitiría a los interesados desistir de estos tratos, sin más secuelas que las que pudieran resultar de la aplicación del artículo 1902 CC (LEG 1889, 27) caso de abrupta e injustificada separación de la fase prenegocial, según establecen entre otras las Sentencias de 26 de febrero (RJ 1994, 1198) y 19 de julio de 1994 (RJ 1994, 6698) y 16 de diciembre de 1999 (RJ 1999, 8978). No obsta a esta calificación que no hayan quedado determinados los elementos instrumentales o complementarios del mismo, cuando es perfectamente posible hacerlo en un momento posterior, pues basta realizar una detenida y seria lectura de las cartas cruzadas entre las partes, que han sido transcritas en esta resolución, para llegar a la conclusión de que, mediante el mismo, hubo el necesario concurso de voluntades acerca de los elementos imprescindibles de la compraventa pretendida, ...*». Este pronunciamiento se ha repetido en sentencias posteriores, como la STS de 8 de febrero de 2010[565], en la que el Tribunal Supremo constata que las partes intercambiaron un documento con la intención de vincularse, en el que determinaban los elementos esenciales y dejaban pendientes los accidentales, lo que no obstaba a la calificación de dicho acuerdo preparatorio como perfectamente válido, toda vez que el art. 708.2 LEC permite al tribunal fijar dichos elementos accidentales. En definitiva, este precepto facilita el reconocimiento de los acuerdos con términos abiertos que, en caso de incumplimiento por una de las partes, podrán ser integrados por los tribunales y resultar en el contrato proyectado.

La tercera previsión del art. 708 LEC se refiere a los supuestos en los que la indeterminación afecta a los elementos esenciales del negocio sobre el que ha de recaer la declaración de voluntad, de modo que, si ésta no se emite por

564 Fundamento de derecho 3.° de la STS 788/2005 de 13 de octubre, RJ 2005\7235.

565 Fundamento de derecho 2.° de la STS 34/2010 de 8 de febrero, RJ 2010\395, ECLI:ES:TS:2010:287.

el condenado, procede la ejecución de los daños y perjuicios[566]. Al tratarse de la indeterminación de los elementos esenciales, se considera que la declaración de voluntad es infungible, y de ahí que sólo se prevea la indemnización por daños y perjuicios. Esta limitación de remedios a la indemnización de daños y perjuicios ha sido objeto de ciertas críticas. Así, y a pesar de que dar una respuesta a la situación planteada en el art. 708.2.II LEC pueda conllevar una notable injerencia en la esfera de los derechos privados, se ha llegado a tildar la dicción de este precepto de conservadora, al entender que «*se limita a ordenar que si en la sentencia de condena no están determinados los elementos esenciales de negocio o contrato sobre el que había de recaer la declaración de voluntad y el deudor condenado no la ha emitido voluntariamente en el plazo de espera del art. 548, no habrá más ejecución que la procedente por los daños y perjuicios causados al ejecutante (arts. 712 y ss.). Ni siquiera intenta la Nueva LEC uno de los "apremios personales" que en otros casos prodiga, ni amenaza con el delito de desobediencia, ni intenta doblegar la voluntad del deudor con multas: se contenta con la indemnización de daños y perjuicios (cuya fijación, cuando no están determinados los elementos del contrato, resulta tan compleja y aleatoria como la determinación judicial de los elementos esenciales sobre los que debería recaer la declaración de voluntad)*»[567].

Si nos centramos en el contenido del art. 708.2.II LEC, indica que:

> «Cuando la indeterminación afectase a elementos esenciales del negocio o contrato sobre el que debiere recaer la declaración de voluntad, si ésta no se emitiere por el condenado, procederá la ejecución por los daños y perjuicios causados al ejecutante, que se liquidarán con arreglo a los artículos 712 y siguientes».

La doctrina ha postulado diversas teorías que intentan justificar su redacción. Se ha defendido que este apartado del art. 708 LEC trae su causa en un intento de normalizar la posición doctrinal que mantiene que el precontrato ha de contener todos los elementos esenciales del contrato proyectado, no siendo necesario un nuevo acuerdo de las partes[568]. Contra este planteamiento se ha argumentado que, si no están presentes los elementos esenciales, no habría tal precontrato, y nos situaríamos en el ámbito de las negociaciones

---

566 Domínguez Luelmo, «Artículo 708. Condena a la emisión de una declaración de voluntad», 2000, 3690. En la jurisprudencia que recoge como único medio de reparación la indemnización de daños y perjuicios ante el incumplimiento de un hacer personalísimo, *cfr.* STS de 4 julio 1991, RJ 1991\5325, en cuyo fundamento jurídico 2.° se afirma que: «*Y en caso de incumplimiento, y dado que, como prestación del consentimiento para el contrato definitivo, es una prestación personalísima a la que no puede ser obligado el contratante incumplidor, tal incumplimiento se transforma en indemnización de daños y perjuicios, previa cumplida prueba de los mismos ...*».

567 Auto 251/2009 de la Audiencia Provincial de Madrid (Sección 10.ª), de 1 de julio, JUR 2009\369305, ECLI:ES:APM:2009:9883A.

568 Domínguez Luelmo, «Artículo 708. Condena a la emisión de una declaración de voluntad», 2000, 3702-3.

preliminares, de modo que, ante la eventual ejecución de una sentencia que estimara procedente otorgar la indemnización por ruptura injustificada de las negociaciones, sería un desatino que se canalizase mediante la ejecución de una sentencia condenatoria a emitir una declaración de voluntad infungible[569].

Asimismo, se ha señalado que el precepto se dispuso para casos en los que devenía imposible la condena a emitir una declaración de voluntad por la relativa indeterminación de algunos elementos esenciales del acuerdo preliminar e, incluso, para que tuvieran cabida el contrato con términos abiertos y los acuerdos vinculatorios para negociar, también conocidos como acuerdos de intenciones[570]. De este modo, nos encontraríamos ante un posible reconocimiento indirecto por parte del legislador de estas figuras jurídicas representantes de algunos acuerdos o contratos preparatorios de otros contratos[571]. Aunque se haya postulado la inclusión de los contratos con términos abiertos y acuerdos de intenciones en el art. 708.2.II LEC, no es menos cierto que se ha cuestionado la virtualidad de éste. Pensemos que, si el condenado no pronuncia la declaración integradora de las lagunas esenciales del acuerdo con términos abiertos o del acuerdo de intenciones, el precepto prevé la ejecución como una condena para resarcir los daños y perjuicios por el incumplimiento de una obligación de emitir una declaración de voluntad o, con mayor probabilidad, por incumplimiento de la obligación subyacente a cuyo servicio habría que emitir una declaración de voluntad[572]. Pues bien, se cuestiona que un tribunal sentencie al deudor a emitir una declaración negocial con elementos esenciales que no figuraban en el precontrato y que restaban por negociar, de manera que, en realidad, no existiría un contrato o acuerdo vinculante, sino meros tratos preliminares[573]. De ahí se infiere que el demandado no pueda ser condenado a cumplirlo ni a emitir una declara-

569 Díez García, *Contratos incompletos y acuerdos «suficientes»*, 421.

570 Domínguez Luelmo, «Artículo 708. Condena a la emisión de una declaración de voluntad», 2000, 3702-3, Díez García, *Contratos incompletos y acuerdos «suficientes»*, 421 ss.

571 González Gozalo, «La formación del contrato», 902 ss., Carrasco Perera, *Derecho de contratos*, 118-19, García Rubio, «La ejecución forzosa de la obligación derivada del precontrato en la ley de enjuiciamiento civil: algunas cuestiones», 1883-84, Díez Picazo, «La existencia del contrato», 185-88, Díez García, *Contratos incompletos y acuerdos «suficientes»*, 421 ss.

572 Carrasco Perera, *Derecho de contratos*, 118-19.

573 *Vid.* STS de 13 diciembre de 1989, RJ 1989\8824, en la que se afirma que *«lo que ocurre es que en el caso que nos ocupa no hubo acuerdo sobre las bases esenciales para un futuro contrato, pues el objeto de éste es una obligación, el contenido de la obligación una prestación, y el objeto de ésta el dar, hacer o no hacer alguna cosa, elementos que tienen que estar claramente determinados o ser susceptibles de determinación, al menos en lo fundamental con pleno acuerdo de voluntades sobre ello, para que exista contrato preliminar, dado que no concurriendo los requisitos esenciales, que señala el art. 1261 del Cc., sólo se está en presencia de tratos previos, ...»*.

ción obligatoria, salvo que se quisiera atentar contra su autonomía privada[574]. Consecuentemente, ante supuestos de acuerdos de intenciones y contratos con términos abiertos, resulta poco probable que el juez condene a negociar los restantes elementos esenciales e, incluso si lo hiciera y finalmente no se concluyera el acuerdo, sería más probable que el juez condenara a una indemnización por ruptura injustificada de las negociaciones, a que obligara al demandado a emitir en ejecución de sentencia una declaración negocial que, de incumplirse, fuera sustituida en la misma ejecución por una condena de daños y perjuicios *ex* art. 708.2.II LEC[575].

A las dudas planteadas por la doctrina, cabe sumar la irregularidad mostrada por la jurisprudencia sobre la determinación de los elementos esenciales de los contratos con términos abiertos y de los acuerdos de intenciones, de cara a considerar estos acuerdos preparatorios como exigibles y, por lo tanto, ejecutables. A título de ejemplo, entre las sentencias en las que la ausencia de algún elemento esencial del contrato futuro ha impedido calificar como precontrato las actuaciones realizadas por las partes, se encuentra la sentencia de 30 de enero de 2008[576], en la que el Tribunal Supremo estimaba que «*conforme a la calificación hecha por las sentencias de instancia, que no se trata de un precontrato porque le faltan los elementos mínimos para poder ejecutarse: no se concreta el objeto (no se determina con exactitud el terreno, los materiales y "demás que se acuerden" dice el pacto 2), no se fijan los presupuestos de las sociedades (estatutos, presidencia, órgano de administración, dirección... ni siquiera el tipo de sociedad) y tampoco otros elementos (como coste financiero que "razonablemente" incurra). Es decir, se trata de un convenio o acuerdo (incluso con mandatarios verbales, cuya existencia se discute) que tiene por objeto la continuación (como efectivamente se produjo) de acuerdos (que no se obtuvieron) y que, si ambos actúan de buena fe y llegan a posteriores acuerdos, queda cumplido este primer convenio a modo de proyecto o acuerdo de bases, pero si no se obtienen, no se puede exigir su cumplimiento ni indemnización de daños y perjuicios*». En sentido contrario se pronunció la STS de 20 de

---

574 *Cfr.* STS 516/1998 de 3 de junio, RJ 1998\3715, en la que se indica que «*En realidad, cuando los elementos básicos del contrato proyectado no están determinados en el llamado precontrato, se está dentro del ámbito de la formación progresiva del primero, que no existe jurídicamente mientras. En tal ámbito, las partes son libres de llegar a acuerdos vinculantes para ellas, pero no para exigirse obviamente el cumplimiento de lo que todavía no existe, y pueden desistir de sus tratos, que es lo que la sentencia recurrida da a entender que se produjo, al resaltar la abstención de las partes entre la firma del documento y la demanda (más de dos años) para llevar a cabo "sus intenciones"*».

575 Carrasco Perera, *Derecho de contratos*, 118-19, Díez García, *Contratos incompletos y acuerdos «suficientes»*, 421 ss., Parra Lucán, «Ejecución específica e indemnización en el cumplimiento de precontratos en el art. 708 LEC», 445-46.

576 STS 60/2008 de 30 de enero, RJ 2008\34. Igualmente, *cfr.* STS 385/2001 de 20 de abril, RJ 2001\5282, STS 1325/2006 de 14 de diciembre, RJ 2006\8235.

abril de 2001[577], en la que se afirmaba que: «*hasta el sector de la doctrina científica más crítico con la concepción tradicional o clásica del precontrato como aquel que origina para las partes un deber de prestar posteriormente los consentimientos contractuales adecuados para que surja el contrato previsto, admite que en determinados casos pueda darse una indeterminación de los requisitos esenciales del convenio que los interesados quieran celebrar*». Se confirma así la existencia de actos y contratos preparatorios de otros contratos en los que las partes se comprometen a negociar de buena fe el contenido definitivo del contrato proyectado, ya que el incumplimiento de aquellos puede dar lugar a la correspondiente indemnización de daños y perjuicios. En esta línea, resulta bastante ilustrativo el contenido de la sentencia de la Audiencia Provincial de Málaga (Sección 4.ª) de 22 de septiembre de 2003[578]. En ella se hace un recorrido de la jurisprudencia del Alto Tribunal relativo a las consecuencias aparejadas al incumplimiento de precontratos, tanto si tienen todos los elementos esenciales como si carecen de alguno de ellos. En conexión a dicha ausencia, en el mencionado itinerario jurisprudencial se constata que «*Unas veces, las propias partes contratantes han dejado para el futuro no sólo la obligación de celebrar el contrato definitivo, sino también la total y completa determinación de los elementos y circunstancias del referido contrato, en cuyo caso el incumplimiento no puede conducir más que a la exigencia —por el contratante dispuesto a cumplir su compromiso— de la indemnización por los daños y perjuicios que dicho incumplimiento le haya podido acarrear*». De manera que, cuando se carezca de algún extremo esencial del contrato, entrará en escena del art. 708.2.II LEC, que trae aparejada la «*ejecución por los daños y perjuicios causados al ejecutante, que se liquidarán con arreglo a los artículos 712 y siguientes*».

Para dilucidar el contenido de los daños y perjuicios, hemos de tener en cuenta que nos enfrentamos a situaciones en las que una sentencia reconoce la existencia de actos y contratos preparatorios de otros contratos que obligan a negociar de buena fe. Si la sentencia obliga a que las partes negocien, pero no se perfecciona el contrato en virtud de la libertad de no contratar, se extinguiría el acto preparatorio y no se imputaría responsabilidad a ninguna de las partes, siempre y cuando no hayan incumplido los deberes de buena fe que derivan del propio acuerdo o del art. 7 CC. Ahora bien, si cualquiera de las partes desvirtúa el principio de la buena fe, nos encontraríamos, a efectos prácticos, ante la responsabilidad por ruptura injustificada de las negocia-

577 STS 391/2001 de 20 de abril, RJ 2001\6886. En ella se hace eco de la doctrina mantenida en la STS 654/1993 de 25 de junio, RJ 1993\5384, y reiterada en posteriores sentencias como la STS 934/2000 de 11 de octubre, RJ 2000\7725.

578 Sentencia de la audiencia Provincial de Málaga (Sección 4.ª) 715/2003 de 22 de septiembre, JUR 2003\243389.

ciones. En tales supuestos, la cuantía ha de excluir el interés positivo[579]. Sí incluye el interés negativo o de confianza. Siguiendo a García Rubio, el interés negativo comprenderá tanto los gastos efectivamente realizados y que deban ser reintegrados, como la frustración de ganancias o lucros cesantes, que a su vez se concreta en la pérdida de oportunidades de contratar con un tercero. E, incluso, se podría plantear la contabilización de la pérdida de oportunidad de obtener las ganancias derivadas del negocio frustrado y que no siempre se equiparan con el interés contractual positivo[580].

A mayor abundamiento, se puede hacer un comentario sobre la posibilidad de encuadrar los acuerdos con términos abiertos en las propuestas modificadores del derecho de obligaciones y contratos operadas en nuestro país. Puesto que la PMDOCR será objeto de estudio en el siguiente capítulo, aquí procedería comentar si estos acuerdos tenían cabida en la PMDOC ya que, al fin y al cabo, ha sido la predecesora de la PMDOCR.

Aunque la PMDOC no destinase ninguno de sus preceptos a los acuerdos con términos abiertos, la lectura de algunos de sus artículos lleva a reconocer que tendrían cabida en ella. Así sucede con el párrafo primero del artículo 1242 PMDOC, según el cual:

> «No impedirá la perfección de un contrato, si las partes están de acuerdo en sus elementos esenciales y quieren vincularse ya, el que hayan dejado algún punto pendiente de negociaciones ulteriores».

Por lo tanto, es un precepto que, en cierto modo, validaba los acuerdos con términos abiertos, ya que aludía a supuestos donde se pactaron los elementos esenciales dejando la concreción del resto para un momento posterior. Resulta significativo que la PMDOC recurriese a la locución «*elementos esenciales*» pero no los listase en ningún artículo. La ausencia de un listado específico con dichos elementos esenciales ha sido, probablemente, resultado de la influencia del moderno Derecho de contratos, en cuyos textos tan sólo se hace referencia de forma explícita al consentimiento y al acuerdo suficiente como elementos esenciales para la validez de un contrato, según se ha mostrado en este estudio[581]. Asimismo, se señaló que el moderno Derecho de contratos regula la celebración del contrato dejando abierto un

---

579 *Vid.* STS 330/2013 de 25 junio, RJ 2014\4929, ECLI:ES:TS:2014:3845, y apartado II.3 de esta monografía.

580 García Rubio, *La responsabilidad precontractual en el derecho español*, 232-33, García Rubio, «Cour de Cass., 26.11.2003 - Perte de Chance (Expectation Interest) and Liability of a Third Person in Case of Breaking Off Negotiations», 451, García Rubio, «La responsabilidad precontractual», 371-72.

581 *Cfr.* arts. 2.1.1 PICC, 4:101 ACQP, 2:101 PECL y II. – 4:101 DCFR, comentados en el epígrafe III.1.3 de este estudio.

elemento esencial, el precio[582]. Esta apuesta por el *open price contract* figura en el artículo 1277 PMDOC, claramente inspirado en el art. 5.1.7 PICC[583]. En cualquier caso, la realidad es que, ya sea *ex* arts. 1242 ó 1277 PMDOC, los acuerdos con términos abiertos resultarían validados en la PMDOC, cuya revisión *ex* PMDOCR es objeto de análisis en el capítulo final de este estudio.

Para finalizar, cabría hacer un breve apunte sobre dos tipos de acuerdos que suelen celebrarse ante la perspectiva de negociaciones largas y complejas. Se trataría de los acuerdos de confidencialidad y de exclusividad.

En el caso de los acuerdos de confidencialidad, su razón de ser se encuentra en la necesidad de proteger información sensible que será intercambiada entre las partes durante las negociaciones. Podrán ser uni o bilaterales, en función de que una o ambas partes vayan a revelar información confidencial en los tratos preliminares. En cuanto al contenido de estos pactos, es frecuente que incorporen qué se entiende por información confidencial o sensible, ya sea de forma general (por ej., señalando que se tendrá por confidencial aquella información que no se considere de conocimiento común en el sector comercial en el que operan las partes) o explícita. Esta delimitación es fundamental, toda vez que la infracción del deber de confidencialidad mediante su difusión a terceros, o por su empleo en beneficio propio, puede generar daños considerables. Por ello, no será extraño que este tipo de acuerdos incorporen una cláusula penal liquidatoria de daños a la que se podrá recurrir en caso de incumplimiento. La obligación principal que se deriva de este tipo de acuerdos es no revelar la información confidencial, pero también se estima obligatorio emplearla exclusivamente para el propósito específico (por ej., emplearla en el contexto de un proceso de *due diligence*) y retornarla

---

582 *Vid.* arts 5.1.7. PICC, 55 CISG, 6:104 PECL y II. – 9:104 DCFR, analizados en el apartado III.1.3 de esta monografía.

583 Artículo 1277 PMDOC. 1. No impedirá la perfección del contrato el hecho de que las partes no hayan expresado el precio ni fijado el modo para su determinación, siempre que sea inequívoca la voluntad común de tenerlo por concluido y que se entienda implícitamente convenido un precio generalmente practicado.
Si la determinación del precio o la de otra circunstancia del contrato hubiese sido dejada a una de las partes, la declaración que ésta haga se integrará en el contrato siempre que, al efectuarla, se hubiera atenido a los criterios a los que las partes implícitamente se hubieran remitido o a los que resultaran del tipo de contrato o de los usos, y será revisable por los Tribunales cuando no se hubiesen observado tales criterios.
2. Cuando la determinación del precio o la de otra circunstancia del contrato se haya dejado al arbitrio de un tercero y éste no quisiere o no pudiere hacerlo, los Tribunales podrán designar otra persona que le sustituya en tal cometido, siempre que la designación inicial no haya sido determinante de la celebración del contrato en tales condiciones. Si en la determinación del tercero hubiera una significativa falta de observancia de los criterios a los que hubiera debido atenerse, se estará a lo que los Tribunales decidan.
3. Cuando el precio u otra circunstancia del contrato hayan de ser determinados por referencia a un factor que al tiempo de la celebración del contrato hubiere dejado de existir o no fuere accesible a las partes, quedará sustituido por el equivalente o subsidiariamente por el que resulte más similar con las adaptaciones necesarias en este último caso.

o destruirla a petición del emisor o a la finalización del contrato o negociaciones. En cualquier caso, la violación de este tipo de acuerdos conllevará un genuino incumplimiento contractual[584].

En cuanto a los acuerdos de exclusividad, éstos tienen como objetivo prevenir la celebración de negociaciones paralelas. Pensemos que el punto de partida en nuestro ordenamiento es que la llevanza de negociaciones simultáneas con varios sujetos no es contraria a la buena fe, ya que, en el seno de una economía de mercado saneada, resulta perfectamente legítimo perseguir la mejor oportunidad de contratar[585]. No obstante, sí será contrario a la buena fe inducir la falsa creencia de que las negociaciones son exclusivas cuando en realidad no lo son, del mismo modo que lo será el mantener tales negociaciones cuando el contrato ya se ha celebrado con un tercero. Previsiblemente, ambas situaciones derivarían en un supuesto de responsabilidad por ruptura injustificada de las negociaciones, y cuyas consecuencias ya han sido previamente analizadas[586]. Pues bien, con el ánimo de evitar tales situaciones, las partes pueden limitar su libertad de celebrar negociaciones paralelas acordando un pacto de exclusividad que les comprometa a negociar exclusivamente el uno con el otro, naciendo así una obligación de no hacer que, si fuese violentada, daría lugar a las consecuencias derivadas de un incumplimiento contractual[587].

---

584 Por todo, *vid.* Carrasco Perera, «Las cartas de intenciones y el proceso contractual», 147-50, García Rubio y Otero Crespo, «La responsabilidad precontractual en el Derecho contractual europeo», 31-32.

585 Hesselink, «Cour de Cass., 26.11.2003 - Perte de Chance (Expectation Interest) and Liability of a Third Person in Case of Breaking Off Negotiations», 45, García Rubio y Otero Crespo, «La responsabilidad precontractual en el Derecho contractual europeo», 32-33, García Rubio, *La responsabilidad precontractual en el derecho español*, 43 ss.

586 *Vid.* epígrafe II.3 de esta monografía.

587 García Rubio y Otero Crespo, «La responsabilidad precontractual en el Derecho contractual europeo», 32-33, 41.

CAPÍTULO IV

EL PERIODO PRECONTRACTUAL Y LOS ACUERDOS Y CONTRATOS PREPARATORIOS DE OTROS CONTRATOS EN LA PROPUESTA DE MODERNIZACIÓN DEL CÓDIGO CIVIL EN MATERIA DE OBLIGACIONES Y CONTRATOS REVISADA. PARTICULAR ATENCIÓN A LOS ACUERDOS DE INTENCIONES

IV.1. El periodo precontractual en la PMDOCR

Después de este recorrido por lo que hemos dado en denominar acuerdos precontractuales, ha quedado patente que la omisión normativa de la que tradicionalmente han sido objeto los acuerdos preparatorios, y el periodo precontractual en general, se está viendo superada en los últimos tiempos y en los más recientes textos nacionales e internacionales. Así se ha puesto de relieve al analizar los más conspicuos ejemplos del moderno Derecho de contratos y los textos procedentes de las reformas del Derecho de obligaciones y contratos operadas en los países jurídicamente allegados al nuestro, como son Francia, Bélgica o Argentina, en las que se constata la introducción y el crecimiento de normas expresamente referidas al periodo precontractual en su conjunto y, en algunos de ellos, específicamente a los acuerdos preparatorios. Es un cambio de mentalidad que ya se empezó a sentir en la PMDOC, pero que ha sido definitivo en la PMDOCR, donde se revisa a la anterior y se incrementa la densidad normativa sobre el citado periodo[588].

588 La sucesión de propuestas de modificación del Derecho de Obligaciones y Contratos ha sido previamente comentada en el epígrafe I de este trabajo.

En efecto, la PMDOCR plantea una regulación del *iter* contractual que afecta especialmente a la fase precontractual y a los acuerdos que puedan celebrase en ella. Así, el Capítulo I «*Disposiciones generales*» del Título II «*De los contratos*» del Libro IV de la propuesta, cuenta con una Sección Primera, rubricada «*El contrato*», donde figuran principios vertebradores del *iter* contractual, tales como la libertad contractual y la buena fe, que son fundamentales para entender el funcionamiento de los acuerdos y contratos preparatorios de otros contratos. Es más, este mismo Capítulo I dispone de una Sección Cuarta, rubricada «*Precio y cláusulas abiertas. Obligaciones y cláusulas*», cuyo artículo primero contiene el fundamento de uno de los acuerdos precontractuales, el acuerdo con términos abiertos.

Será el Capítulo II «*La formación del contrato*» del mencionado Título II de la PMDOCR el que se ocupe en profundidad del periodo precontractual y, específicamente, de algunos tipos de acuerdos en él celebrados. Su Sección Primera «*Deberes precontractuales*» disciplina desde la ruptura de las negociaciones hasta los deberes de conducta que derivan de la buena fe, y cuyos efectos se dejan sentir en los acuerdos preparatorios. En relación con éstos, el Capítulo II se ocupa de su tratamiento en la Sección Cuarta «*Los acuerdos y contratos preparatorios*», lo que resulta una novedad relevante sobre su precedente de 2009; a ellos dedicaremos buena parte de las páginas posteriores.

No obstante, para lograr una comprensión adecuada del funcionamiento de los acuerdos precontractuales normados en la PMDOCR, resulta pertinente comenzar con un breve *excurso* por los principios y deberes abordados en los capítulos mencionados y así lograr una mejor comprensión del funcionamiento de aquellos.

IV.1.1. Los principios de libertad contractual y buena fe

Los principios de libertad contractual y buena fe ocupan una posición preferente en la PMDOCR, como lo demuestra su inserción en las primeras disposiciones generales dedicadas al contrato en el Capítulo I. Esta ubicación como disposiciones generales del contrato hará que irradien su fuerza reguladora e informan todas las fases del contrato, alcanzando la fase precontractual, y todo ello sin perjuicio de que posteriormente se contemplen explícitamente en el periodo de la formación del contrato.

Con un texto que mejora al de la anterior PMDOC, tal y como demandaba la doctrina[589], el artículo 1219 PMDOCR, bajo el título «*Libertad contractual*», proclama que:

> «1. Cada persona es libre de contratar y de elegir a la otra u otras partes contratantes con los límites impuestos por el principio de no discriminación.

589 García Rubio, «La responsabilidad precontractual en la propuesta de modificación del derecho de obligaciones y contratos», 1626.

2. Las partes podrán establecer del modo que tengan por conveniente el contenido del contrato, siempre que no sea contrario a las normas imperativas o a los principios básicos del ordenamiento jurídico».

Por lo tanto, el art. 1219 PMDOCR fija los límites de la libertad contractual aludiendo, en su primer apartado, a la no discriminación en la elección de la otra u otras partes contratantes y, en el segundo, y con carácter general, a las normas imperativas y los principios básicos del ordenamiento jurídico. Aunque no se diga expresamente, comprende la libertad de contratar y de no contratar, tal y como vimos que se concebía en la doble tradición de los países del *common* y *civil law*[590]. Además, en los comentarios previos sobre el moderno Derecho de contratos, se constató que la libertad contractual fundamenta las relaciones entre particulares, a los que permite fijar libremente su contenido si no se vulneran ciertos límites[591]. Tales límites serían, en la terminología de los textos del *solft law*, la buena fe, la lealtad negocial y las normas imperativas establecidas al efecto en dichos textos, lo que no deja de recordarnos a los tradicionales límites de la ley, la moral, el orden público o la buena fe recogidos en nuestro vigente CC[592]. Igualmente, la libertad contractual se enmarca en dichos límites en los Códigos civiles de nuestro entorno recientemente modificados, en los que aparece como el epítome de la autonomía de la voluntad, siguiendo así la tradición continental[593].

A continuación, la PMDOCR amplía el campo de actuación de la buena fe en comparación con el vigente Código civil, donde explícitamente solo se reconoce a partir de la perfección del contrato en el artículo 1258 CC, aunque el artículo 7.1 CC la irradia de manera general[594]. De forma ahora muy concreta, el art. 1220 PMDOCR «*Buena fe*» dispone que:

«Los contratos deben ser negociados, celebrados y ejecutados de conformidad con las exigencias de la buena fe».

---

590 *Cfr.* epígrafes II.2 y II.3 de esta monografía.

591 *Vid.* arts. 1.1 PICC, 4:101 ACQP, II.-1:102 (1) DCFR y 1:102 (1) PECL, previamente analizados en el apartado II.1 de este estudio.

592 En el moderno Derecho de contratos, la buena fe y la lealtad negocial, son el equivalente a la buena fe en la esfera de los países del *civil law*. En cuanto a los límites de la libertad contractual en nuestro ordenamiento jurídico, el art. 1255 CC preceptúa que *«Los contratantes pueden establecer los pactos, cláusulas y condiciones que tengan por conveniente, siempre que no sean contrarios a las leyes, a la moral ni al orden público»*.

593 *Cfr.* arts. 958 CCyC de la Nación Argentina, 1102 *Code civil* francés, 5.14 y 5.15 *Code civil* belga y 111-6 del Código civil de Cataluña, previamente comentados en el epígrafe II.3 de esta monografía.

594 Tal y como se ha señalado previamente en el apartado II.3 de este estudio, la aplicación de la buena fe en el periodo precontractual normalmente se ha fundamentado en los artículos 1258, 7.º 1 y 1.º 4 CC.

De este modo, la buena fe queda consagrada como un principio cardinal que alcanza toda la vida del contrato, desde la negociación hasta la celebración y ejecución del contrato[595]. Se mantiene así la perspectiva del moderno Derecho de contratos, donde además se acompañaba de la lealtad negocial para limitar la libertad contractual[596]. Esta presencia de la buena fe a lo largo de todo el *iter* contractual reconocida en el art. 1120 PMDOCR no solo «bebe» del moderno Derecho de contratos, sino también de los códigos civiles recientemente reformados, reforzando así la senda a seguir[597].

A través de los dos artículos comentados, la PMDOCR configura los principios de la libertad contractual y la buena fe al mismo nivel estructural y valorativo. Ambos alcanzan toda la vida del contratado y ello les permite convertirse en los claros protagonistas del periodo de negociaciones. Actúan, además, como sustento de los deberes precontractuales estatuidos en torno a la ruptura de las negociaciones, la ruptura de la confidencialidad y el incumplimiento del deber precontractual de informar, tal y como se constata en la Sección Primera «*Deberes precontractuales*» del Capítulo II «*La formación del contrato*» del Título II «*De los contratos*» del Libro IV.

El artículo que encabeza dicha sección lleva por rúbrica «*La ruptura de las negociaciones*» y trae su causa en el debido juego entre los principios de libertad contractual y la buena fe. Tal y como preceptúa el ar. 1241 PMDOCR:

> «1. Las partes son libres para entablar negociaciones dirigidas a la celebración de un contrato, así como para abandonarlas o romperlas en cualquier momento.
>
> 2. La parte que no hubiera actuado conforme a las exigencias de la buena fe durante las negociaciones deberá indemnizar el daño causado a la otra.
>
> Se considerará contrario a la buena fe entrar en negociaciones o continuarlas sin intención de llegar a un acuerdo.
>
> 3. La indemnización consistirá en colocar a la otra parte en la situación que tendría si no hubiera iniciado las negociaciones».

La estructura y alcance del artículo reitera claramente lo dispuesto en los diversos textos del moderno Derecho de contratos, en las modificaciones mencionadas y en la PMDOC[598]. En unos y otros la regulación tiene como

595 Sección primera de Derecho Civil de la Comisión General de Codificación, *Propuesta de modernización del Código Civil en materia de obligaciones y contratos*, 32-33.

596 *Vid.* arts. 1:201 PECL, 1.7 PICC, III.-1:103 DCFR, anteriormente comentados en el epígrafe II.1 de esta monografía.

597 *Cfr.* arts. 961 CCyC de la Nación Argentina, 1104 *Code civil* francés y 111-7 del Código civil de Cataluña, anteriormente comentados en el apartado II.3 de este estudio.

598 *Vid.*, en lo que se refiere al moderno Derecho de contratos, los arts. 2.1.15 PICC, 2:301 PECL y II.-3:301 DCFR. Respecto de los códigos civiles reformados, *cfr.* arts. 990 y 991 CCyC de la Nación Argentina, 1112 del *Code civil* francés, 5.15 y 5.17 del *Code civil* belga. En la PMDOC, las negociaciones se trataron en los apartados 1, 2, 4 y 5 del art. 1245 PMDOC. Todo lo anterior se comentó previamente en el epígrafe II de esta monografía.

objetivo limitar la libertad de negociación, en el sentido de que cualquiera de las partes podrá retirarse libremente de las conversaciones si no causa daño alguno a la contraparte al no haber violentado la buena fe[599]. El artículo propuesto se hace eco de los textos, modificaciones y propuestas mencionadas al reconocer las dos vertientes de la libertad contractual en el periodo precontractual, ya que permite que las partes libremente entablen, abandonen o rompan en cualquier momento las negociaciones. A continuación, el art. 1241 PMDOCR llama al principio de la buena fe en las negociaciones, que habrá de ser respetado so pena de indemnización por los daños causados a la otra parte negociadora. Es más, explicita que será contrario a la buena fe entablar negociaciones o mantenerlas sin el propósito de alcanzar un acuerdo. Esta concreción ya figuraba en la PMDOC, donde se consideró superflua porque, al igual que sucede aquí, no deja de ser una actuación que cabe deducir del párrafo precedente. No obstante, también puede considerarse una manifestación de la relevancia del principio de confianza en la esfera de las negociaciones[600]. En cualquier caso, la redacción del artículo ha mejorado considerablemente en el texto de 2023, toda vez que la indemnización procede si se infringe el deber de actuar de buena fe, en lugar de hablar de proceder de mala fe como pasaba en la PMDOC, lo que daba a entender la exigencia de un comportamiento doloso como requisito de la responsabilidad que, según dicta nuestra doctrina y jurisprudencia, no siempre procede[601]. Por lo tanto, el elemento clave para identificar una ruptura injustificada de las negociaciones será la inobservancia de la buena fe como límite a la libertad de negociación.

Un supuesto práctico que ha puesto de relieve que el precepto que estamos analizando tiene importancia en la realidad de los negocios y relaciones económicas actuales ha sido la ruptura del acuerdo por el que IAG (International Airlines Group) se comprometía a adquirir el 80 % de Air Europa a

599 *Cfr.* apartado II de este estudio.

600 *Vid.* Asúa González, «Responsabilidad en la formación del contrato (responsabilidad precontractual)», 157, García Rubio, *La responsabilidad precontractual en el derecho español*, García Rubio, «Cour de Cass., 26.11.2003 - Perte de Chance (Expectation Interest) and Liability of a Third Person in Case of Breaking Off Negotiations», 450, García Rubio, «La responsabilidad precontractual», García Rubio, 369-72, García Rubio y Otero Crespo, «La responsabilidad precontractual en el Derecho contractual europeo», 42, Díez Picazo, «La existencia del contrato», 190, Vans Houtte, «The UNIDROIT Principles of International Commercial Contracts», 5-6, Díez Picazo, Roca i Trías, y Morales Moreno, *Los principios del derecho europeo de contratos*, 199, Bar, Clive, y Schulte-Nolte, *Principles, Definitions and Model Rules of European Private Law*, 248.

601 Morales Moreno, «El dolo como criterio de imputación de responsabilidad al vendedor por los defectos de la cosa», 591 ss., Morales Moreno, «¿Es posible construir un sistema precontractual de remedios? Reflexiones sobre la Propuesta de Modernización del Derecho de Obligaciones y Contratos en el marco del Derecho Europeo», 405, García Rubio, «La responsabilidad precontractual», 369, 374-76, García Rubio, «La responsabilidad precontractual en la propuesta de modificación del derecho de obligaciones y contratos», 1627.

Globalia (previamente había adquirido el 20 %)[602]. Las razones alegadas por IAG para incumplir el acuerdo de compra se encuentran en las exigencias de la Dirección General de la Competencia de la Comisión Europea para dar su visto bueno a la adquisición. Según IAG, la asunción de tales exigencias no redundaría en el beneficio de sus accionistas, por lo que se han visto obligados a retirarse de las negociaciones y a romper el acuerdo de compra. Es una ruptura justificada, puesto que ninguna de las partes está obligada a celebrar un acuerdo contrario a sus propios intereses. Al fin y al cabo, la libertad de negociación y la buena fe son los principios que gobiernan la fase de negociaciones. Esto supone que las partes son libres de iniciar, mantener y retirarse de las conversaciones siempre y cuando no se conculque la buena fe. Gracias a este equilibrio, cualquiera de las partes no estaría conminada a celebrar el acuerdo que se esté negociando si en el curso de las conversaciones queda puesto de manifiesto que su celebración no le reporta los beneficios esperados, de modo que una retirada de las negociaciones operando de buena fe quedaría exenta de responsabilidad por ruptura injustificada. Ahora bien, las partes también son libres de incluir una cláusula en el acuerdo de compra que están negociando en virtud de la cual, si alguna de ellas incumple el acuerdo, deberá indemnizar a la otra parte. Así ha sucedido con IAG, que se ha visto obligada a pagar a Globalia la indemnización de 50 millones de euros que previamente habían pactado en el acuerdo de compra si la adquisición no se materializaba. Es decir, que el origen de esta indemnización se encuentra en una cláusula del propio acuerdo de compra, y no en una ruptura injustificada de las negociaciones en la que se haya violentado la buena fe, tal y como se prevé en el ya comentado art. 1241.2 PMDOCR. Si IAG y Globalia no hubieran pactado esa indemnización, e IAG se hubiera retirado de las negociaciones de forma injustificada, la materialización de un precepto como el art. 1241 PMDOCR hubiera facilitado la correspondiente indemnización a Globalia.

Precisamente, el apartado final del art. 1241 PMDOCR se ocupa de la indemnización que tiene lugar en caso de ruptura injustificada de las negociaciones. El art. 1241.3 PMDOCR matiza que la indemnización consistirá en colocar a la víctima en la situación que tendría si no hubiera iniciado las negociaciones. Por lo tanto, alcanza el interés negativo. En atención a diversos representantes de nuestra doctrina y a varios comentaristas del moderno Derecho de contratos, este interés negativo vendría conformado por los gastos realizados e, incluso, el lucro cesante[603]. Nuestra jurisprudencia ha indicado que «*En supuestos de responsabilidad extracontractual la indemnización alcanza el interés negativo que da lugar al reembolso de los gastos realizados,*

602 https://actualidadaeroespacial.com/iag-renuncia-al-acuerdo-con-globalia-para-la-adquisicion-de-air-europa/#:~:text=%E2%80%9CEl%2023%20de%20febrero%20de,%E2%80%9D%2C%20pertinentes%20se%C3%B1ala%20el%20comunicado.

603 *Vid.* apartados II.1 y II.2 de esta monografía.

sin que ello suponga impedir que dentro del interés negativo se indemnice el daño patrimonial sufrido, debidamente probado»[604]. Es más, ha llegado a matizar que la indemnización ha de limitarse a los gastos efectivamente realizados y constatados[605]. Sin embargo, se obvia la indemnización del interés derivado de la celebración de un contrato frustrado y cuya imposición no procede, ya que ello equivaldría a dar efecto a un contrato que nunca existió[606]. Esta posición también la hemos visto en nuestra doctrina y jurisprudencia, por lo que no resulta de extrañar que fuera la pauta establecida en la ya comentada PMDOC. Al igual que en los textos del *soft law*, el inciso adolece de falta de concreción, ya que no describe el contenido del interés negativo, de manera que no resuelve los interrogantes que en atención a la jurisprudencia vimos que recogía nuestra doctrina, tales como la inclusión o no de la pérdida de oportunidades[607].

Son interrogantes que tampoco se resuelven del todo en las modificaciones del Derecho de obligaciones y contratos de nuestra esfera jurídica. Así, en el CCyC de la Nación Argentina, el resarcimiento va más allá del interés negativo ya que la norma, al no especificar el alcance de la indemnización, hace necesario acudir a la regulación del daño operada en el CCyC para esta materia, en la cual se incluye la reparación plena[608]. No obstante, también se ha defendido que el interés de confianza, en el cual caben tanto el daño emergente como el lucro cesante, no ha de superar el de cumplimiento o interés positivo[609]. El *Code civil* francés limita la indemnización para que no compense la pérdida de los beneficios esperados del contrato no celebrado, ni la pérdida de oportunidades de obtener estas ventajas. Se restituirá a la víctima a la situación previa a las negociaciones, pero no se indemnizará el lucro cesante. No se compensa la pérdida de los beneficios esperados del contrato no celebrado ya que, aunque el incumplimiento sea abusivo, no existe relación de causalidad[610]. No obstante, su jurisprudencia ha estimado que, si el contrato no se concluye y las negociaciones suponen la pérdida de la oportunidad de concertar un contrato con un tercero, la indemnización de esa pérdida puede tener lugar[611]. El *Code civil* belga dispone restaurar al

604 STS de 16 de diciembre de 1999, RJ 1999/8978, STS 330/2013 de 25 junio, RJ 2014\4929, ECLI:ES:TS:2014:3845.

605 STS (Sala 3.ª) de 2 de julio de 2004, RJ 2004\5226, STS (Sala 3.ª) de 10 de octubre de 2006, RJ 2006\7649.

606 *Cfr.* epígrafes II.1 y II.2 de este estudio.

607 *Vid.* apartados II.1 y II.2 de esta monografía.

608 Nallar, *La responsabilidad precontractual en el Código Civil y Comercial*, Moeremans, «Tratativas preliminares. Responsabilidad precontractual», 107-8.

609 Moeremans, «Tratativas preliminares. Responsabilidad precontractual», 127.

610 Quenot, «"Pourparlers" o tratativas preliminares en el Derecho contractual francés», 143-45.

611 Cour de Cassation, Chambre commerciale, du 7 avril 1998, 95-20.361.

perjudicado en la situación en la que se habría encontrado de no haber incurrido en culpa el responsable de la ruptura[612]. En la reparación pueden participar el interés negativo y el positivo. Se podrán compensar como intereses negativos los costes incurridos durante las negociaciones y la pérdida de las oportunidades de concluir un contrato con un tercero[613]. Incluso se ha defendido la inclusión del perjuicio moral y el daño a la reputación de la víctima[614]. Ahora bien, los gastos generales en los que se hubiera incurrido igualmente con independencia de las negociaciones no serán indemnizables[615]. Si la ruptura de las negociaciones supone una violación de la confianza, los gastos a indemnizar se cuentan desde que se gestó tal confianza. Sin embargo, si la responsabilidad precontractual nace de haber inducido negociaciones sin intención de concluirlas, se deben resarcir todos los gastos ocasionados[616]. Asimismo, se considerará la posible culpa de la víctima que incurrió en gastos siendo consciente del riesgo de que las negociaciones no concluyeran en contrato[617]. No obstante, aunque el *Code civil* belga haya acogido el interés positivo, es una disposición de aplicación excepcional[618]. Consecuentemente, requiere que los elementos del contrato estén determinados y, además, cuando se calcule la cuantía a indemnizar se restarán los gastos que la víctima habría realizado para la ejecución del acuerdo. Incluso se ha afirmado que el culpable podría reclamar la indemnización de los intereses positivos

---

612 Durant, «La rupture unilatérale des pourparlers ou l'exercice d'une liberté surveillée», 67-69.

613 *Proposition de loi du 24 fevrier 2021 portant le Livre 5 «Les obligations» du Code civil*, Doc. parl., Ch. repr., 2020-2021, n.° 55-1806, p. 26.

614 Delforge y De Coninck, «La Rupture Des Négociations et Le Retrait Intempestif de l'offre. Régime Général et Sanctions», 88, de Boeck, «De tussenkomst van de rechter in de precontractuele fase: mogelijkheden en grenzen», 230-31. Ambos en cita de Vandermeersch, «La formation dynamique du contrat», 82-83. Igualmente, se puede consultar Lambert y Derval, «La conclusion dynamique du contrat», 80-82, Ninane y Standaert, «La formation du contrat: conclusion dynamique et devoir d´information», 32-34.

615 Tal y como se indica en la *Proposition de loi du 24 fevrier 2021 portant le Livre 5 «Les obligations» du Code civil*, Doc. parl., Ch. repr., 2020-2021, n.° 55-1806, p. 26, *«...dépenses qui auraient été exposées en toute hypothèse n'entrent pas en ligne de compte pour l'indemnisation». Cfr.* Durant, «La rupture unilatérale des pourparlers ou l'exercice d'une liberté surveillée», 70-71.

616 Ninane y Standaert, «La formation du contrat: conclusion dynamique et devoir d´information», 33-34.

617 *Vid. Proposition de loi du 24 fevrier 2021 portant le Livre 5 «Les obligations» du Code civil*, Doc. parl., Ch. repr., 2020-2021, n.° 55-1806, p. 26, y Vandermeersch, «La formation dynamique du contrat», 82-83. En cita de este autor, *cfr.* Delforge y De Coninck, «La Rupture Des Négociations et Le Retrait Intempestif de l'offre. Régime Général et Sanctions», 88.

618 *Proposition de loi du 24 fevrier 2021 portant le Livre 5 «Les obligations» du Code civil*, Doc. parl., Ch. repr., 2020-2021, n.° 55-1806, p. 18.

con el objetivo de reducir su indemnización, por lo que éstos no siempre serán en beneficio de la víctima[619].

En definitiva, no hay unanimidad en los distintos ordenamientos sobre el contenido de la indemnización resultante de la ruptura improcedente de las negociaciones, pero sí la hay en torno al papel de la libertad de negociar y la buena fe en el desarrollo de tales negociaciones. Precisamente, esos principios son el sustento, no sólo de los deberes precontractuales dispuestos en la esfera de la ruptura de las negociaciones, sino también de los estatuidos para los deberes precontractuales de confidencialidad y de informar, tal y como se verá a continuación.

IV.1.2. El deber precontractual de confidencialidad

El segundo artículo de la Sección Primera «*Deberes precontractuales*» se ocupa del deber de confidencialidad. En efecto, el artículo 1242 PMDOCR «*Ruptura de la confidencialidad*» preceptúa que:

> «1. Revelar o utilizar la información que, con carácter confidencial, una de las partes hubiera facilitado a la otra en el curso de las negociaciones permite a la parte que facilitó la información ejercitar los remedios pactados o, en defecto de pacto, los previstos en el apartado siguiente.
>
> 2. La parte perjudicada podrá exigir a la otra la indemnización del daño causado por el uso indebido de la información y la restitución del beneficio obtenido de modo injustificado».

Tal y como ya se apuntó anteriormente, la ausencia en nuestro vigente Código civil de un precepto que norme *ex profeso* la ruptura del deber de confidencialidad animó a los redactores de la PMDOCR a mejorar la anterior PMDOC, regulándolo independientemente de la ruptura de las negociaciones, toda vez que las consecuencias jurídicas de una y otra ruptura no siempre serán coincidentes[620]. De nuevo, el contenido del artículo revela claramente la influencia del moderno Derecho de contratos y que, a su vez, se ha sentido en las reformas francesa y argentina[621]. Presupone la ausencia de un deber general de tratar como confidencial toda la información transmitida durante las negociaciones y condena de la revelación o uso injustificado de aquella

619 Lambert y Derval, «La conclusion dynamique du contrat», 85-87, Ninane y Standaert, «La formation du contrat: conclusion dynamique et devoir d´information», 35-36.

620 Una crítica constructiva de lectura recomendada en García Rubio, «La responsabilidad precontractual en la propuesta de modificación del derecho de obligaciones y contratos», 1631-34, García Rubio, «La responsabilidad precontractual», 376-80.

621 En relación con los textos del moderno Derecho de contratos, *vid.* arts. 2.1.16 PICC, 2:302 PECL, II.-3:302 DCFR, analizados en el epígrafe II.1 de este estudio. En cuanto a las reformas francesa y argentina, *cfr.* arts. 1112-2 *Code civil* y 992 CCyC, respectivamente, comentados en el apartado II.2 de esta monografía.

que tenía un carácter confidencial[622]. El contenido del precepto se explica si tenemos en cuenta el juego existente entre la libertad de negociar y la buena fe de la que deriva el deber de confidencialidad, siguiendo así al moderno Derecho de contratos[623]. En principio, la libertad de negociar conlleva que la información intercambiada se trate, por defecto, como no confidencial. Esto no impide la existencia de un deber precontractual de confidencialidad que conlleva mantener en secreto la información confidencial transmitida durante las negociaciones en atención a la buena fe[624]. La confidencialidad puede derivarse de acuerdos implícitos, del mero comportamiento de las partes o de la naturaleza intrínseca de la información, incurriendo en responsabilidad quien la transmita a un tercero sin autorización previa. Aunque la transmisión suela generar un enriquecimiento injusto y/o un perjuicio a la contraparte negociadora, el nacimiento de esta responsabilidad no exige que se perjudique a quien aportó la información confidencial, y todo ello independientemente de que finalmente se celebre o no un contrato[625].

Según dispone la norma, y en concordancia con el moderno Derecho de contratos, la parte agraviada podrá reclamar a la incumplidora del deber de confidencialidad los beneficios que ésta recibiera al revelar la información o

---

622 Tal y como se ha señalado por la doctrina, «la regla es, de nuevo, una regla de libertad: la de tratar la información recibida de la otra parte en las negociaciones como no confidencial». García Rubio, «La responsabilidad precontractual en la propuesta de modificación del derecho de obligaciones y contratos», 1632, García Rubio, «La responsabilidad precontractual», 378, García Rubio y Otero Crespo, «La responsabilidad precontractual en el Derecho contractual europeo», 31.

623 Según se indicó en el epígrafe II.1 de este estudio, el incumplimiento del deber de confidencialidad en los textos del *soft law* trae su causa en la buena fe y la lealtad negocial, que serían el equivalente a la buena fe en la terminología continental.

624 García Rubio, «La responsabilidad precontractual», 376-80, García Rubio, «La responsabilidad precontractual en la propuesta de modificación del derecho de obligaciones y contratos», 1632, García Rubio, *La responsabilidad precontractual en el derecho español*, 53-54, García Rubio y Otero Crespo, «La responsabilidad precontractual en el Derecho contractual europeo», 31-32, Asúa González, «Responsabilidad en la formación del contrato (responsabilidad precontractual)», 143 ss., Morales Moreno, «¿Es posible construir un sistema precontractual de remedios? Reflexiones sobre la Propuesta de Modernización del Derecho de Obligaciones y Contratos en el marco del Derecho Europeo», 404 ss., Carrasco Perera, *Derecho de contratos*, 148-52, García Vicente, «Deberes de confidencialidad y culpa "in contrahendo"», 191 ss., Cuadrado Pérez, *Oferta, aceptación y conclusión del contrato*, 49-50, Aznar Giner, *Las negociaciones o tratos preliminares al contrato*, 76, de Ángel Yágüez, «Lealtad en el período precontractual (La conducta de las partes en las negociaciones preliminares, según proyectos de Derecho contractual europeo y conforme a otros trabajos prelegislativos)», 588-89.

625 García Rubio, «La responsabilidad precontractual en la propuesta de modificación del derecho de obligaciones y contratos», 1632, García Rubio, «Perspectiva y prospectiva en tres casos de responsabilidad surgida en la etapa de negociación de un contrato», 269 ss., García Rubio y Otero Crespo, «La responsabilidad precontractual en el Derecho contractual europeo», 31-32.

al emplearla en su propio beneficio, incluso aunque no haya sufrido pérdida alguna[626]. Es decir, el resarcimiento va más allá del interés negativo ya que, junto a los daños efectivamente causados, se permite la recuperación íntegra de los beneficios generados con la información desvelada o empleada, aunque la otra parte no haya padecido ningún daño, siendo por tanto equiparable a la restitución del enriquecimiento injustificado[627]. La inclusión de la regla del resarcimiento es muy significativa, y lo es por varios motivos. Uno de ellos es que, en ocasiones, la indemnización puede resultar insuficiente, tal y como sucede en los supuestos en los que el cálculo de los daños causados es complejo, en los que no cabe valorarlos o en aquellos en los que su cuantía es muy inferior al enriquecimiento generado a la contraparte[628]. Otra razón a favor de la regla del resarcimiento es que permitiría mitigar la devaluación que sufren las empresas en sus activos de propiedad industrial e intelectual cuando se violan los deberes de confidencialidad[629].

En definitiva, el art. 1242 PMDOCR concede una protección adicional de la información confidencial ya que, en ausencia de cláusulas de confidencialidad en el contrato o en los acuerdos parciales que pudieran celebrarse, facilitaría la reclamación de la correspondiente indemnización a la parte cuya confidencialidad haya sido violentada[630].

---

626 *Cfr.* apartado II.1 de esta monografía.

627 García Rubio, «La responsabilidad precontractual en la propuesta de modificación del derecho de obligaciones y contratos», 1633, García Rubio y Otero Crespo, «La responsabilidad precontractual en el Derecho contractual europeo», 7,32, Díez Picazo, Roca i Trías, y Morales Moreno, *Los principios del derecho europeo de contratos*, 200. En Derecho comparado, la regla de la restitución es aceptada en Alemania, tal y como dispone Hager, «Die culpa in contrahendo in the UNIDROIT-Prinzipien und den Prinzipien des Europäischen Vertragsrechts aus der Sicht des deutschen Bürgerlichen Rechts», 78. Igualmente, en el derecho estadounidense, *vid.* Klass, *Contract Law in the USA*, 98.

628 García Rubio, «La responsabilidad precontractual en la propuesta de modificación del derecho de obligaciones y contratos», 1633-34, García Rubio, «La responsabilidad precontractual», 379-80.

629 Tal y como explica García Rubio, se produce un beneficio por intromisión en derecho ajeno al afluir a una persona valores patrimoniales que no le corresponden, que han sido obtenidos mediante una invasión indebida de bienes ajenos y que normalmente están protegidos mediante derechos de carácter absoluto sobre los que existe lo que la doctrina ha venido en denominar «monopolio de explotación». *Cfr.* García Rubio, «Restitución de beneficios obtenidos por intromisión en derecho ajeno, por incumplimiento contractual y por ilícito extracontractual», 91. Además, hay que considerar que el beneficio logrado podemos traducirlo en un ahorro de los costes de investigación y desarrollo cuando la información confidencial se haya empleado en beneficio propio. *Vid.* Kleinheisterkamp, «Formation I: Arts. 2.1.1-2.1.18-General Provisions on Formation», 308-9.

630 Como se indicó en el epígrafe III.1.4, existe la posibilidad de que las partes decidan celebrar acuerdos de confidencialidad con la intención de evitar que la información transmitida durante las negociaciones sea empleada o divulgada sin permiso de quien la aportó, y ello con independencia del resultado de las negociaciones, ya que es perfectamente factible acordar que la naturaleza de la información compartida sea confidencial más allá

IV.1.3. El deber precontractual de información

La norma de cierre de la Sección Primera «*Deberes precontractuales*» se ocupa del deber de información, sin duda aquel entre los propios del periodo precontractual que ha adquirido mayor importancia y al que se han dedicado más páginas y más reglas.

Este deber, limitado por el deber de autorresponsabilidad que implica que cada parte debe informarse diligentemente sobre las circunstancias que le sean esenciales para la toma de su decisión de contratar, siempre que estén a su alcance, dimana de la buena fe en las negociaciones, y tiene por objeto la información pertinente para una formación adecuada de la voluntad y carente de vicios[631]. Por ello, antes de analizar el precepto dedicado a este específico deber, no resulta accesorio recordar su estrecha relación con los vicios del consentimiento. Al fin y al cabo, la transmisión de información defectuosa en las negociaciones, con la consiguiente desvirtuación del deber precontractual de información, puede traducirse en la celebración de un contrato que adolezca de vicios de la voluntad, y ante el cual se disponga como remedio tanto la anulación como la indemnización. Igualmente, el incumplimiento de este deber puede abordarse desde la culpa *in contrahendo* toda vez que, la conducta culposa de uno de los contratantes violentando el deber de información, ha conducido a la celebración de un contrato desfavorable que daña o lesiona a la otra parte contratante que tendrá a su disposición la indemnización de dicho daño o lesión[632]. Esto explica que, tradicionalmente, los vicios del consentimiento y la culpa *in contrahendo* hayan sido elegidas, como figuras jurídicas distribuidoras del riesgo de información defectuosa,

---

de los tratos preliminares. *Vid.* Tompkins, «Confidentiality Agreements in a Commerical Setting: Are They Necessary?», 209.

631 García Rubio, *La responsabilidad precontractual en el derecho español*, 45, Cuadrado Pérez, «La responsabilidad precontractual en la reforma proyectada: ¿una ocasión perdida? (Parte I)», 1727, Díez Picazo, *Fundamentos del Derecho civil patrimonial. Volumen primero. Introducción. Teoría del contrato*, 312, de la Maza Gazmuri, *Los límites del deber precontractual de información*, 244 ss., de la Maza Gazmuri, «Casos realmente difíciles», 1711, Jiménez Muñoz, «Los deberes de información precontractual en la legislación actual y en las distintas propuestas de modernización del Derecho de Obligaciones», 2260, Valés Duque, *La responsabilidad precontractual*, 121-22, de Ángel Yágüez, «Lealtad en el período precontractual (La conducta de las partes en las negociaciones preliminares, según proyectos de Derecho contractual europeo y conforme a otros trabajos prelegislativos)», 588. Sobre el deber de informarse y de informar se pueden consultar, entre otras, la STS 113/1994 de 18 de febrero, RJ 1994\1096, la STS 896/1996 de 6 de noviembre, RJ 1996\7912, la STS 754/2001 de 23 de julio, RJ 2001\8413, así como la STS 501/2006 de 22 de mayo, RJ 2006\3280.

632 Morales Moreno y Gregoraci Fernández, «El riesgo de defectuosa información contractual y su distribución entre los contratantes: figuras jurídicas y remedios», 745 ss., García Rubio, «La responsabilidad precontractual en la propuesta de modificación del derecho de obligaciones y contratos», 1636 ss., García Rubio, «La responsabilidad precontractual», 380 ss.

para tratar jurídicamente el incumplimiento de los deberes precontractuales de información[633]. Asimismo, sirve para entender que la PMDOCR norme dicho incumplimiento desde los vicios del consentimiento, la buena fe y la ley. Efectivamente, según el artículo 1243 PMDOCR, con rúbrica «*Incumplimiento del deber precontractual de informar*»:

> «Si una parte no transmite a la otra la información precontractual exigida por la ley o por la buena fe o le trasmite una información incorrecta en la que la otra pueda confiar, la parte perjudicada tiene derecho a anular el contrato y a exigir indemnización de daños, según lo previsto en las Secciones Segunda y Cuarta del Capítulo VII de este título».

Por su parte, las Secciones Segunda «*La anulabilidad de los contratos*» y Cuarta «*La indemnización*» del Capítulo VII «*La nulidad y la anulabilidad de los contratos*» del Título II «*De los contratos*» del Libro IV contienen las normas relativas a la anulación del contrato e indemnización en caso de vicios del consentimiento, en cuya dicción se ha dejado sentir la influencia del moderno Derecho de contratos y de las modernizaciones del Derecho de Obligaciones y Contratos celebradas en países del *civil law*[634].

Si bien es cierto que ni el vigente Código civil ni la PMDOC disponen de un artículo dedicado expresamente al deber precontractual de informar, también lo es que su aproximación desde los vicios del consentimiento es mimetizada por la PMDOCR. Esto es algo que no debe sorprendernos, ya que es en esa sede donde normalmente se ha analizado[635]. El tratamiento del error esencial y del dolo en la PMDOCR, tal y como sucedía en la PMDOC, es equivalente al de los textos del *soft law*[636]. Así, tanto el

633 En cuanto a la distribución del riesgo de información defectuosa, *vid.* Morales Moreno y Gregoraci Fernández, «El riesgo de defectuosa información contractual y su distribución entre los contratantes: figuras jurídicas y remedios», 747-49.

634 En relación con el moderno Derecho de contratos, *cfr.* arts. 3.2.16 PICC, 4:117 PECL, II. – 3:109 DCFR y 2:207 ACQP, previamente analizados en el apartado II.1 de esta monografía. Igualmente, *vid.* art. 1112-1 *Code civil* francés, que anuda la resolución del contrato a los vicios del consentimiento resultantes del incumplimiento del deber de información precontractual, y el art. 5.16 *Code civil* belga, que norma un deber de información asentado en la buena fe cuya vulneración puede dar lugar a la anulación del contrato *ex* art. 5.33 *Code civil* belga, que es el artículo dedicado a los vicios del consentimiento. Ambas reformas fueron comentadas en el epígrafe II.3 de este estudio.

635 Morales Moreno, «El dolo como criterio de imputación de responsabilidad al vendedor por los defectos de la cosa», 591-684, García Rubio, «La responsabilidad precontractual», 380 ss., Asúa González, «Responsabilidad en la formación del contrato (responsabilidad precontractual)», Basozábal Arrúe, «En torno a las obligaciones precontractuales de información», Fenoy Picón, «El dolo en el periodo precontractual», Looschelders, *Derecho de obligaciones. Parte general*, 149 ss.

636 *Cfr.* arts. 3.2.2 PICC, 3.2.5 PICC, 4:103 PECL, 4:107 PECL, II. – 3:101 DCFR, 2:201 ACQP, analizados en el apartado II.1 de esta monografía, con el contenido de los artículos 1293

error esencial como el dolo grave permiten la anulación del contrato y, aunque se mantenga la distinción entre dolo incidental y causante del vigente Código civil, se recoge explícitamente la indemnización para los supuestos de todo tipo de error o dolo, siguiendo así al moderno Derecho de contratos y diferenciándose del CC vigente y de la anterior propuesta, donde solo se contemplaba para el dolo incidental[637]. A mayor abundamiento, y como resultado de la crítica realizada sobre la PMDOC, los arts. 1303 PMDOCR «*Indemnización en caso de error imputable*» y 1305 PMDOCR «*Indemnización en caso de dolo, violencia, intimidación o ventaja injusta*» acogen la indemnización con independencia de que el contrato se anule o no[638]. Esta previsión supone la asimilación de la dinámica del *soft law* y de los planteamientos de nuestra propia doctrina[639].

El artículo 1306 PMDOCR, rubricado «*Daño indemnizable*», preceptúa que:

> «1. En caso de anulación del contrato, la indemnización prevista en los anteriores artículos tendrá por finalidad colocar a la parte contratante legitimada, en la medida de lo posible, en la situación en la que se encontraría si no hubiera celebrado el contrato.
>
> 2. Si se mantiene el contrato, será indemnizable el daño causado por el error imputable, el dolo, la violencia, la intimidación y la ventaja injusta.
>
> El daño se liquidará en el marco del contrato, siendo aplicables en cuanto resulten oportunas las reglas de indemnización de daños por incumplimiento del contrato.
>
> 3. En los casos previstos en los dos apartados anteriores, la acción indemnizatoria prescribe a los cinco años. El comienzo del cómputo del plazo se producirá según lo previsto en el artículo 1299».

---

y 1296 PMDOCR, cuyas rúbricas respectivas son «*Error*» y «*Dolo*».

637 *Cfr.* arts. 3.2.16 PICC, 4:117 PECL, II. – 3:109 DCFR y 2:207 ACQP, comentados anteriormente en el epígrafe II.1 de este estudio.

638 García Rubio, «Perspectiva y prospectiva en tres casos de responsabilidad surgida en la etapa de negociación de un contrato», 280, García Rubio, «La responsabilidad precontractual», 386, García Rubio, «La responsabilidad precontractual en la propuesta de modificación del derecho de obligaciones y contratos», 1640-41.

639 *Vid.* arts. 3.2.16 PICC, 4:117 PECL, II. – 3:109 DCFR, 2:207 ACQP, previamente analizados en el apartado II.1 de este trabajo. En cuanto a nuestra doctrina, se puede consultar, entre otros, a De Cossío y Corral, *El dolo en el derecho civil*, Verda y Beamonte, «El dolo in contrahendo», 25-69, Morales Moreno, «Arts. 1269, 1270», 378-440, Morales Moreno y Gregoraci Fernández, «El riesgo de defectuosa información contractual y su distribución entre los contratantes: figuras jurídicas y remedios», 756, García Rubio y Otero Crespo, «La responsabilidad precontractual en el Derecho contractual europeo», 48, Asúa González, «Responsabilidad en la formación del contrato (responsabilidad precontractual)», 161, Gómez Calle, *Los deberes precontractuales de información*, 35 ss., Pantaleón Prieto, «Responsabilidad precontractual: propuestas de regulación para un futuro Código Latinoamericano de Contratos», 921, Fenoy Picón, «El dolo en el periodo precontractual», 1331-1449, Fenoy Picón, *Dolo, ventaja injusta y rescisión por lesión en los contratos*.

Por lo tanto, según el primer apartado del art. 1306 PMDOCR, el daño indemnizable podrá solicitarse en caso de anulación del contrato[640]. Será el mismo que el previsto en el moderno Derecho de contratos, cuyos textos prevén que la indemnización por daños y perjuicios coloque a la víctima, en la medida de lo posible, en la situación en la que se encontraría si no hubiera celebrado el contrato[641]. Es decir, se asume la indemnización del interés negativo o de confianza. Si nos atenemos a la doctrina mayoritaria, en él se incluiría, por un lado, el daño emergente, que vendría representado por los gastos que se hicieron para celebrar el contrato anulado, o el mayor coste que podría asociarse a la celebración de un nuevo contrato; y, por otro, el lucro cesante, en el cual se incluye la compensación por las oportunidades de contratar perdidas[642].

A continuación, el segundo apartado del art. 1306 PMDOC se ocupa de los supuestos en los que, manteniéndose la vigencia del contrato, resulta indemnizable el daño generado por error imputable, dolo, violencia, intimidación y ventaja injusta. Con este apartado, se puede acudir tanto a los supuestos en los que la infracción del deber de información no supone un vicio del consentimiento invalidante, como a los casos en los que no se ejercite la acción de nulidad al confirmar el contrato o al cumplirse el plazo de prescripción previsto en el art. 1306.1 PMDOCR[643]. Por tanto, también puede haber indemnización en el caso de contrato válido. En cuanto a la fijación de la cuantía de la indemnización, el art. 1360.2.II PMDOCR nos remite a las normas de indemnización de daños por incumplimiento del contrato en cuanto resulten oportunas. Dichas normas están recogidas en la Sección Quinta «*Indemni-*

---

640 La posibilidad de solicitar la reclamación de indemnización de daños y perjuicios sin necesidad de instar la acción de anulación fue reconocida en la STS 1/2007 de 18 de enero, RJ 2007\529, previamente citada en el apartado II.3 de este estudio y que ha sido extensamente comentada por Tomás, «Damages for Fraud in Case of not Avoiding Contract», 65-75, Díez Picazo, «Notas sobre la indemnización del daño causado por el dolo incidental», 1043-46.

641 *Vid.* arts. 3.2.16 PICC, 4.:117 PECL, II. – 3:109 DCFR, II. – 7:214 DCFR 2:207 ACQP, previamente analizados en el epígrafe II.1 de este estudio.

642 Podrían conformar parte del daño emergente los costes hechos para la adquisición de transporte, los créditos, los costes de instalación, los derivados de la imposibilidad de cumplir los compromisos celebrados con terceros con ocasión del contrato frustrado, los gastos derivados de los defectos del bien, si éstos se dieran. *Vid.* Gómez Calle, *Los deberes precontractuales de información*, 35 ss. Sobre la inclusión del lucro cesante en el interés de confianza cabe apuntar que a su favor se posicionaron De Cossío y Corral, *El dolo en el derecho civil*, 370, Verda y Beamonte, «El dolo in contrahendo», 64, García Rubio y Otero Crespo, «La responsabilidad precontractual en el Derecho contractual europeo», 48, García Rubio, *La responsabilidad precontractual en el derecho español*, 241-42, Gómez Calle, *Los deberes precontractuales de información*, 35 ss., 49. Díez Picazo, «La existencia del contrato», 190.

643 Pantaleón Prieto, «Responsabilidad precontractual: propuestas de regulación para un futuro Código Latinoamericano de Contratos», 921-22.

zación de daños» del Capítulo VI «*El incumplimiento*» del Título I «*De las obligaciones*» del Libro IV de la propuesta. En lo que nos atañe, dentro de las normas que dispone dicha Sección Quinta, las que nos parecen más oportunas serían las que se encuentran en el art. 1190 PMDOCR «*Previsibilidad e incumplimiento doloso*», en el art. 1188 PMDOCR «*Daño patrimonial y no patrimonial*» y en el artículo 1192 «*Daños causados por el acreedor. Deber de mitigar el daño*». El primero de los preceptos mencionados resulta de interés pues versa sobre la indemnización en caso de incumplimiento, tanto si media como si no media el dolo. En efecto, según dispone el art. 1190 PMDOCR:

> «1. El deudor que incumple una obligación nacida de un contrato deberá indemnizar los daños que razonablemente se hubieran previsto o podido prever como consecuencia probable de la falta de cumplimiento en el momento de la celebración del contrato, y estén comprendidos dentro de su fin de protección.
>
> 2. Cuando en el incumplimiento del contrato mediare dolo del deudor, estará obligado a indemnizar todos los daños que sean objetivamente imputables a su conducta dolosa.
>
> 3. El mero incumplimiento voluntario no implica, necesariamente, una conducta dolosa del deudor».

En este artículo se constata que el alcance de la indemnización puede variar en función de que intervenga o no el dolo. Dicha diferencia no es menor. De ahí que el apartado 3 del artículo explicite que no todo incumplimiento voluntario equivale a una conducta dolosa[644]. La mencionada diferencia se debe a que, si no media incumplimiento, el art. 1190.1 PMDOCR nos indica que vendrá dada por «*los daños que razonablemente se hubieran previsto o podido prever como consecuencia probable de la falta de cumplimiento en el momento de la celebración del contrato, y estén comprendidos dentro de su fin de protección*». Sin embargo, si media el dolo, el segundo apartado del art. 1190 PMDOCR señala que se indemnizarán «*todos los daños que sean objetivamente imputables a su conducta dolosa*». Por lo tanto, si el dolo interviene en el incumplimiento del deber precontractual de información, y el contrato persiste, la cuantía de la indemnización será potencialmente superior que si el dolo no interviene.

Dijimos que en el articulado de la Sección Quinta «*Indemnización de daños*» había varios artículos cuyas normas nos podían resultar «*oportunas*» en la materia de indemnización que aquí nos ocupa. Pues bien, uno de ellos es oportuno porque nos puede ayudar a fijar la cuantía de la indemnización. Se trata del art. 1188 PMDOCR «*Daño patrimonial y no patrimonial*», que preceptúa que:

> «1. El daño puede ser patrimonial y no patrimonial.

644 Para conocer si estamos o no ante un hecho doloso, se puede consultar el art. 1296 PMDOCR «*Dolo*».

2. El daño patrimonial comprende no solo el valor de la pérdida que haya sufrido el acreedor, sino también el de la ganancia que haya dejado de obtener.

Para la estimación del lucro cesante se atenderá a la probabilidad de su obtención según el curso normal de los hechos y circunstancias.

3. El daño no patrimonial será indemnizable cuando lo exija la ley o lo justifique la naturaleza del contrato».

En atención a este artículo, caben el daño patrimonial y el no patrimonial. Por lo que se refiere al daño patrimonial, las partidas de la indemnización vendrían dadas tanto por el daño emergente, es decir, las pérdidas que ha sufrido el beneficiario, como por el lucro cesante o ganancia que haya dejado de obtener, y para cuya estimación se estará a la probabilidad de su obtención según el curso normal de los hechos y circunstancias. Es un planteamiento más próximo a nuestra doctrina que al moderno Derecho de contratos, ya que en éste se excluía el interés de cumplimiento sobre la base de que su incorporación equivaldría a dar efecto a un contrato que nunca existió[645]. Sin embargo, en nuestra doctrina, cuando hay vicio del consentimiento en un contrato no anulado, se ha postulado que procede reclamar el interés contractual positivo o de cumplimiento, en el cual se incluyen las ganancias que se dejaron de obtener por la conclusión del contrato y todos los daños que el mismo ha causado, aunque no cabrían las ganancias inicialmente prometidas, ya que éstas no constituían un lucro posible[646]. Por lo tanto, en la indemnización cabrían los daños derivados de la vinculación a un contrato que resultó distante de lo determinante para su celebración, pudiendo por ello solicitarse una reducción del precio y el aporte de aquellos gastos que, efectuados en consideración a lo que se esperaba adquirir, finalmente se mostraron inútiles. Ahora bien, no procederá ni los gastos que presuponen la anulación, tales como los gastos del contrato, ni el lucro cesante por haber rechazado una ocasión más beneficiosa con ocasión del contrato celebrado y mantenido[647]. No obstante, la inclusión o no de la pérdida de oportunidades como un elemento más del lucro cesante sigue siendo objeto de profundas discusiones[648].

Sobre la cuantía de la indemnización también hay que tener presente que, ante una eventual culpa concurrente, o una infracción del deber de mitigar el daño por parte del afectado por el vicio, se podrá reducir la cuantía indem-

645 *Vid.* epígrafe II.1 de esta monografía.

646 De Cossío y Corral, *El dolo en el derecho civil*, 368 ss.

647 Gómez Calle, *Los deberes precontractuales de información*, 49-50.

648 García Rubio, *La responsabilidad precontractual en el derecho español*, 230 ss., García Rubio, «La responsabilidad precontractual en la propuesta de modificación del derecho de obligaciones y contratos», 1630-31, García Rubio, «La responsabilidad precontractual», 374-76.

nizatoria[649]. Esta previsión está contenida en el artículo 1192 PMDOCR, con rúbrica «*Daños causados por el acreedor. Deber de mitigar el daño*», que dispone que:

«1. El deudor no responderá del daño en la medida en que el acreedor hubiera concurrido a causarlo.

2. Tampoco responderá del daño que el acreedor hubiera podido evitar o reducir, adoptando para ello las medidas requeridas por la buena fe; pero el deudor deberá asumir los gastos razonablemente ocasionados al acreedor con tal fin, aunque las medidas hayan resultado infructuosas».

En otro orden de cosas, la referencia al daño no patrimonial permitiría incluir dentro de la indemnización conceptos como el perjuicio moral y el daño a la reputación que pudieran derivarse de la no celebración del contrato del que era objeto los contratos preparatorios incumplidos, siempre y cuando así lo exija la ley o lo justifique la naturaleza del contrato, según nos indica el mencionado art. 1188 PMDOCR.

Una vez se ha descrito la indemnización en los casos tanto de anulación como de mantenimiento del contrato, cabe decir que, en virtud del art. 1306.3 PMDOCR, en ambos casos la acción de indemnización prescribe a los cinco años, teniendo que acudir a las normas del art. 1299 PMDOCR «*Plazo y cómputo de la facultad de anulación*» para determinar el comienzo del cómputo del plazo. Según dispone su apartado 2, el tiempo empezará a computar:

«1.º En los casos de intimidación o violencia, desde el día en que estas hubiesen cesado.

2.º En los casos de error, dolo o conflicto de intereses en la representación, previsto en el artículo 1284 de este Código, desde que el legitimado para anular el contrato hubiese conocido o debido conocer la causa de la anulabilidad.

3.º En el caso de ventaja injusta, desde que ambas partes hayan cumplido las obligaciones derivadas del contrato».

Conviene resaltar que la PMDOCR mantiene las novedades que se introdujeron en la PMDOC atendiendo al moderno Derecho de contratos y, en consecuencia, regula la ocultación maliciosa de información como un supuesto de dolo, así como la anulación del contrato si el vicio se debe a la actuación de un tercero del que responda o tenga conocimiento el otro contratante[650].

---

649 Pantaleón Prieto, «Responsabilidad precontractual: propuestas de regulación para un futuro Código Latinoamericano de Contratos», 922 ss.

650 Para el caso de la ocultación maliciosa de información, *cfr.* art. 4:107 PECL, cuyo contenido, al igual que en el art. 1296 PMDOCR, supone la existencia de dolo negativo si no se revela la información debida a la buena fe. *Vid.* Díez Picazo, Roca i Trías, y Morales Moreno, *Los principios del derecho europeo de contratos*, 230-31. Respecto a la actuación de terceros, el art. 1298.2 PMDOCR denota la influencia del art. 4:111 PECL ya que dispone que: «*También puede anular el contrato la parte contratante que hubiera sufrido*

A mayor abundamiento, y al igual que en los textos del *soft law*, recoge la adaptación del contrato en caso de vicios del consentimiento[651]. En concreto, lo hace para los supuestos de error *ex* art. 1293.5 PMDOCR[652]. Se trata, en definitiva, de un remedio que expresa el principio de conservación del contrato y que demuestra que lo que subyace bajo los vicios de la voluntad no es un mero problema de voluntad, sino de organización de intereses, de daños en definitiva[653].

Previamente se comentó que la información defectuosa precontractual puede generar vicios del consentimiento en la víctima que pueden atenderse, no sólo en sede de los remedios precontractuales por el error y el dolo, si no también recurriendo a los remedios contractuales por incumplimiento. Es una hipótesis tratada de forma desigual en el moderno Derecho de contratos ya que, si algunos textos favorecen la compatibilidad de los remedios contractuales y precontractuales, otros excluyen la opción de la anulación por error si pueden emplearse los remedios del incumplimiento, de manera que parece que optan por la prevalencia de unos remedios sobre otros en lugar de por la libre elección[654]. Si nos centramos en nuestra doctrina, la posibilidad de compaginar remedios precontractuales, como pueden ser la anulación del contrato y la indemnización, con remedios contractuales por incumplimiento, tales como la indemnización, ha sido ampliamente analizada y demostrada en diversas sedes. Entre otras, se ha recurrido a la aplicación analógica del art. 1124 CC, a la interpretación extensiva del art. 1270. II CC y al hecho de que la anulabilidad del contrato puede no ser suficiente para atender los perjuicios de la víctima del vicio del consentimiento[655]. A pesar de ese bagaje doctrinal, en lo que se refiere a la compatibilidad de los remedios precontractuales y contractuales, la PMDOCR se muestra tan indecisa como fue la PMDOC y lo es nuestro CC vigente, pudiendo recordarse lo afirmado por FENOY PICÓN, quien entendía que, en caso de elección,

---

el error, el dolo o la desventaja injusta, cuando provengan de la actuación de un tercero de cuyos actos responda o tenga conocimiento la otra parte». Vid. GARCÍA RUBIO, «La responsabilidad precontractual en la propuesta de modificación del derecho de obligaciones y contratos», 1636 ss., GARCÍA RUBIO, «La responsabilidad precontractual», 384 ss.

651 *Vid.* arts. 4:105 PECL, II. – 7:203 DCFR, 3.2.10 PICC, previamente analizados en el apartado II.1 de este estudio.

652 *Artículo 1293 PMDOCR: Error. 5. No podrá anularse el contrato cuando la otra parte contratante, tras ser informada del error, comunique sin dilación su voluntad de ejecutarlo en los términos pretendidos por la parte que ha sufrido el error.*

653 MORALES MORENO, «¿Es posible construir un sistema precontractual de remedios? Reflexiones sobre la Propuesta de Modernización del Derecho de Obligaciones y Contratos en el marco del Derecho Europeo», 409 ss.

654 Los PICC parecen inclinarse por la incompatibilidad de los remedios (art. 3.2.4), mientras que los PECL (art. 4:119) y DCFR (art. II. – 7:216) apuestan por la compatibilidad. *Cfr.* epígrafe II.1 de esta monografía.

655 *Vid.* apartado II.3 de este trabajo.

en nuestro ordenamiento jurídico la balanza parece inclinarse a favor de la compatibilidad entre los remedios precontractuales y los contractuales por incumplimiento[656].

A pesar de esa indecisión, la aproximación operada por la PMDOCR debería facilitar la labor jurisprudencial, toda vez que su posición en torno al deber precontractual de información sigue sin ser en absoluto pacífica. A título de ejemplo, en la STS de 5 de mayo de 2009[657], se estima que procede la indemnización de los daños emergentes y del lucro cesante. Resulta reseñable que en dicho lucro figuren partidas que parecen superar el interés de confianza y alcanzar al de cumplimiento o positivo, como son las relativas a «*la frustración del negocio, hasta que se produjo (por la decisión judicial de la paralización definitiva de las obras) la posibilidad para la actora de llevar a cabo la inversión económica en otra zona*». Sin embargo, en la STS de 5 de marzo de 2010[658], en la cual se reconoció la nulidad del contrato, la indemnización solo alcanzó el interés de confianza o negativo. Más llamativo resulta que, en sentencias donde tiene lugar el incumplimiento del deber precontractual de información por parte de entidades financieras, no se conceda la resolución del contrato y sólo se faculte al perjudicado a reclamar la indemnización de daños y perjuicios[659]. En efecto, en la STS de 6 de mayo de 2019[660], el Tribunal Supremo dictaminó que «*La vulneración de la normativa legal sobre el deber de información al cliente sobre el riesgo económico de la adquisición de participaciones preferentes puede causar un error en la prestación del consentimiento, o un daño derivado de tal incumplimiento, pero no determina un incumplimiento con eficacia resolutoria del contrato de adquisición del producto financiero. Sin perjuicio de que la falta de información pueda producir una alteración en el proceso de formación de la voluntad que faculte a una de las partes para anular el contrato, lo cierto es que tal enfoque no se vincula con el incumplimiento de una obligación en el marco de una relación contractual de prestación de un servicio de inversión, sino que se conecta con la fase precontractual de formación de*

656 Fenoy Picón, «La modernización del régimen del incumplimiento del contrato», 124-25. No obstante, esta autora, partiendo de la tesis de Morales Moreno, matiza que para el caso del error es técnicamente más adecuado que rija la norma de la incompatibilidad, de manera que los remedios contractuales prevalezcan. *Cfr.* Morales Moreno, «Adaptación del Código civil al Derecho Europeo», 1626, Fenoy Picón, *El sistema de protección del comprador*, 187. Por su parte, Asúa González se ha manifestado también a favor de la compatibilidad, pero entiende que, si hubiera que elegir, en los supuestos de error serían preferibles los remedios contractuales que canalizasen la desvinculación del contrato mediante la resolución de éste. Asúa González, «Responsabilidad en la formación del contrato (responsabilidad precontractual)», 166.

657 STS 289/2009 de 5 de mayo, RJ 2009\2907, comentada por Quicios Molina, «Sentencia de 5 de mayo de 2009», 351-77.

658 STS 129/2010 de 5 de marzo de 2010, RJ 2010\2390, ECLI:ES:TS:2010:984.

659 STS 677/2016 de 16 de noviembre de 2016, RJ 2016\6302.

660 STS 249/2019 de 6 de mayo de 2019, RJ 2019\1921, ECLI:ES:TS:2019:1442.

la voluntad previa a la celebración del contrato, e incide sobre la propia validez del mismo, por lo que el incumplimiento de este deber no puede tener efectos resolutorios respecto del contrato, ya que la resolución opera en una fase ulterior, cuando hay incumplimiento de una obligación contractual». Este y otros casos no hacen sino respaldar la noción de que es recomendable incorporar a nuestro ordenamiento una exhaustiva regulación de la fase precontractual que, a su vez y como veremos a continuación, ha de acompañarse de la debida regulación de los acuerdos precontractuales.

IV.2. Los acuerdos y contratos preparatorios de otros contratos en la PMDOCR

Los deberes precontractuales que encierra la Sección Primera del Capítulo II «*La formación del contrato*» del Título II «*De los contratos*» del Libro IV, son la antesala de la Sección Segunda «*La formación del contrato por oferta y aceptación*». En ella se regula la tradicional formación del contrato mediante el intercambio de la oferta y de su aceptación, y se responde a aspectos relativos a la formación del contrato, como pueden ser el momento de perfección del contrato, el lugar de celebración o el conflicto de formularios antes de dar paso a la Sección Tercera «*Otros procedimientos de formación del contrato*». Esta última, además de ocuparse de la celebración del contrato mediante subasta o concurso, reconoce abiertamente la posibilidad de celebrar contratos siguiendo procedimientos distintos de los realizados a través de la oferta y aceptación. Así lo indica el art. 1258 PMDOCR, cuando señala que:

> «Las reglas de la Sección Segunda de este capítulo se aplicarán, en lo que sea pertinente y con las adaptaciones necesarias, a los procesos de formación del contrato distintos de los realizados a través de oferta y aceptación».

Aunque no quepa duda de que la formación del contrato mediante procedimientos distintos al tradicional de intercambio de la oferta y su aceptación está plenamente reconocida por nuestro vigente CC *ex* arts. 1254, 1255 y 1258 CC, la redacción dada al mencionado 1258 PMDOCR mimetiza los textos del moderno Derecho de contratos y puede servir de refuerzo para reconocer la obligatoriedad de los acuerdos celebrados en fase de negociaciones, máxime si se tiene en cuenta las previsiones de la siguiente y última sección del Capítulo II, la Sección Cuarta «*Los acuerdos y contratos preparatorios*»[661]. Tal y como apunta su rúbrica, el objeto de esta sección son diversos acuerdos precontractuales en el sentido de que anteceden a la celebración del contrato que constituye su objetivo último; son por tanto también acuerdos preparatorios de otros contratos; como ya se ha dicho, esta rúbrica repre-

661 *Vid.* arts 2:211 PECL, II.-4:211 DCFR, 4:102 ACQP y PARRA LUCÁN, *Negociación y perfección de los contratos*, 58, SZCZERBOWSKI, «Formation of Contract», 37, BOSCH CAPDEVILA, «Libro II. Capítulo 4. Formación», 332.

senta una novedad respecto del texto de 2009 y de los textos internacionales más conocidos.

No existe, sin embargo, una norma que de modo genérico se refiera a los contratos destinados a preparar otros contratos; tal vez por la heterogeneidad que pueden presentar estos se ha optado por regular figuras específicas. En concreto las figuras que se positivizan en esta sección de la PMDOCR son el acuerdo de intenciones, el pacto de preferencia, el contrato de opción y el precontrato, sobre las que nos detendremos.

No obstante, antes de analizar estas figuras se debe estudiar el artículo 1239, con rúbrica «*Determinación del precio u otra cláusula del contrato*» y sito en la Sección Cuarta «*Precio y cláusulas abiertas. Obligaciones y cláusulas postcontractuales*» del Capítulo I «*Disposiciones generales*» del Título II «*De los contratos*» del Libro IV. Su análisis resulta pertinente porque, como hemos visto, los acuerdos con términos abiertos también pueden considerarse entre los contratos preparatorios de otros contratos; al menos así sucede en algunos ordenamientos.

IV.2.1. Los acuerdos con términos abiertos

El artículo 1239 PMDOCR establece lo siguiente:

> «1. No impedirá la perfección del contrato el hecho de que las partes no hayan fijado el precio ni el modo para su determinación, ni este resulte de la ley o de los usos aplicables, siempre que sea inequívoca la voluntad común de tener por concluido el contrato y que pueda entenderse implícitamente convenido el precio generalmente practicado.
>
> 2. Cuando la facultad de determinar el precio o una cláusula del contrato haya sido atribuida a una de las partes, la determinación que esta haga integrará el contrato, siempre que se atenga a los criterios acordados. En caso de que no se hubiese hecho la determinación o esta no se hubiera realizado conforme a dichos criterios, el contrato se integrará con el precio o cláusula que corresponda razonablemente a la voluntad implícita de las partes.
>
> 3. Cuando la determinación del precio o la de otra circunstancia del contrato se haya dejado al arbitrio de un tercero, y este no quisiere o no pudiere hacerlo, la autoridad judicial podrá designar otra persona que le sustituya en tal cometido, siempre que la designación inicial del tercero no haya sido determinante de la celebración del contrato.
>
> Si en la decisión del tercero hubiera una significativa falta de observancia de los criterios a los que hubiera debido atenerse, se estará a lo que decida la autoridad judicial.
>
> 4. Cuando el precio u otra circunstancia del contrato hayan de ser determinados por referencia a un factor que al tiempo de su utilización hubiere dejado de existir o no fuere accesible a las partes, quedará sustituido por el factor equivalente o, a falta de este, por el que resulte más similar, con las adaptaciones necesarias».

Antes de analizar el contenido de este precepto, conviene señalar que su extensión y minuciosidad parecen tener como objetivo atender aquellas situaciones en las que razones comerciales, económicas o, incluso, meramente personales, conducen a las partes a dejar abiertos algunos términos o cláusulas de un contrato perfeccionado, toda vez que hayan expresado su intención de vincularse. En el fondo, nos recuerda a los previamente comentados *agreements with open terms* del *common law*, que en su momento describimos como acuerdos preparatorios que contienen la mayoría de los términos del acuerdo definitivo, pero en los que las partes postponen la concreción de uno o algunos de sus puntos, sin dejar por ello de estar vinculadas por lo pactado[662].

Igualmente, el artículo parece concretar la apuesta de la PMDOCR por la formación dinámica del contrato, donde una secuencia de actos finaliza con la perfección del contrato, revelando así la influencia del moderno Derecho de contratos[663]. En efecto, la presencia *ex ante* de todos los elementos esenciales del contrato no resulta determinante en la perfección del contrato. Lo determinante será la intención de vincularse y el acuerdo suficiente que permita a las partes establecer a qué se comprometen[664]. Ambos elementos vertebran el art. 1239 PMDOCR, de forma explícita en lo que se refiere a la intención de vinculación de las partes (*ex* art. 1239.1 PMDOCR), e implícita en cuanto al acuerdo suficiente (*ex* art. 1239.2, 3 y 4 PMDOCR), ya que las partes acuerdan los criterios que han de respetarse para determinar el precio o la cláusula abierta, así como el factor de referencia del precio o de cualquier otra circunstancia del contrato. Por lo tanto, el precepto valida los contratos con términos abiertos haciendo hincapié en la máxima recogida en el art. 1218.2 PMDOCR, según el cual:

> «Hay contrato si las partes tienen intención de vincularse y han alcanzado un acuerdo suficiente que permita su ejecución, sin perjuicio de que hayan dejado algún aspecto pendiente de ulteriores negociaciones».

Partiendo de esa máxima, la PMDOCR cambia el esquema tradicional de formación del contrato presente en nuestro vigente CC que establece que no hay contrato sino cuando concurren los elementos esenciales de éste[665]. Con

---

662 *Cfr.* apartado III.1.3 de esta monografía.

663 Marco Molina, «Las nuevas tendencias legislativas en materia de perfección del contrato», 14, Marco Molina, «Las nuevas tendencias legislativas en materia de perfección e interpretación del contrato: la aproximación entre el "civil" y el "common law" en las "nuevas leyes" o codificaciones internacionales del contrato», 592, Parra Lucán, *Negociación y perfección de los contratos*, 58.

664 En este sentido, *vid.* arts. 2.1.1 PICC, 4:101 ACQP, 2:101 PECL y II.-4:101 DCFR, previamente comentados en el apartado III.1.3 de este trabajo.

665 *Artículo 1261 CC. No hay contrato sino cuando concurren los requisitos siguientes: 1.º Consentimiento de los contratantes. 2.º Objeto cierto que sea materia del contrato. 3.º Causa de la obligación que se establezca.*

este nuevo planteamiento, que como se ha indicado coincide con el moderno Derecho de contratos, lo esencial sería la intención de vincularse (consentimiento) y el haber alcanzado un acuerdo suficiente[666].

Consecuentemente, la idea vertebradora del art. 1239 PMDOCR es consentir la perfección del contrato, aun cuando el precio u otra cláusula del contrato quedaron abiertos, siempre y cuando concurran la inequívoca voluntad común y el acuerdo suficiente que permita establecer a qué se comprometen las partes. Independientemente de que el precio pudiera entenderse implícitamente convenido al precio generalmente practicado, el precepto recoge toda una serie de normas que responden a los supuestos en los que la determinación de los términos abiertos se pactó llevarla a cabo por una de las partes, un tercero o en referencia a un factor. Es más, para cada uno de estos supuestos, se prevé cómo operar tanto si la parte o el tercero no pudieran o no quisieran atenerse a lo acordado, como si el factor de referencia no fuera aplicable. En este sentido, parece como si el art. 1239 PMDOCR desarrollara las bases previstas en el art. 2.1.14 PICC, con rúbrica «*Contract with terms deliberately left open*», y según el cual:

> «(1) If the parties intend to conclude a contract, the fact that they intentionally leave a term to be agreed upon in further negotiations or to be determined by one of the parties or by a third person does not prevent a contract from coming into existence.
>
> (2) The existence of the contract is not affected by the fact that subsequently
>
> (a) the parties reach no agreement on the term;
>
> (b) the party who is to determine the term does not do so; or
>
> (c) the third person does not determine the term, provided that there is an alternative means of rendering the term definite that is reasonable in the circumstances, having regard to the intention of the parties».

Sin embargo, y a pesar de la relevancia de la intención de las partes para la virtualidad de estos contratos, el art. 1239 PMDOCR no establece cómo proceder cuando ésta no sea expresamente manifiesta. En tales supuestos, cabría deducirla por el nivel de precisión del contrato, por el hecho de que los términos abiertos se refieran a materias que sólo pueden determinarse posteriormente, por circunstancias tales como el carácter no esencial de los términos, o porque se haya empezado a ejecutar el contrato[667].

---

666 En el caso de Francia, los elementos necesarios para la validez del contrato son el consentimiento y el contenido lícito y cierto. Según dispone el art. 1128 *Code civil* francés: «*Sont nécessaires à la validité d'un contrat: 1.° Le consentement des parties, 2.° Leur capacité de contracter, 3.° Un contenu licite et certain*». En este esquema formativo del contrato será fundamental determinar la suficiencia del contenido del contrato, para lo cual se exigirá una apreciación circunstanciada en cada caso. *Vid.* Díez García, *Contratos incompletos y acuerdos «suficientes»*, 337.

667 Kleinheisterkamp, «Formation I: Arts. 2.1.1-2.1.18-General Provisions on Formation», 295-98.

No resulta ajeno a los textos que venimos considerando como referentes, cuya influencia es marcada en la PMDOCR, el protagonismo que en cierto modo concede al precio el artículo que estamos analizando. En efecto, diversos textos del moderno Derecho de contratos cuentan entre su articulado con una serie de preceptos que regulan la formación del contrato dejando abierto uno de los elementos esenciales del contrato, particularmente el precio, adoptando de este modo el conocido como *open price contract* característico de los ordenamientos de los países del *common law*[668].

Entre dichas normas figuran la referencia al precio del mercado, al precio razonable y al factor de referencia, cuyos equivalentes en la PMDOCR serían el precio generalmente practicado (art. 1239.1 PMDOCR), el precio o cláusula que razonablemente corresponda (art. 1239.2 PMDOCR) y el factor de referencia (art. 1239.4 PMDOCR), respectivamente[669]. Concretamente, si atendemos al contenido del art. 1239.1 PMDOCR, nos recuerda en cierto modo a las previsiones del art. 55 CISG, del que cabía deducir que, si las partes no han pactado el precio ni la forma de determinarlo, es como si hubieran hecho una referencia implícita al precio de mercado[670].

El resto de los apartados del art. 1239 PMDOCR acogen diversos mecanismos para facilitar el cierre de los términos abiertos, ya hagan referencia al precio o a cualquier otra cláusula. Así, en el primer inciso del art. 1239.2 PMDOCR se prevé que, en los supuestos en los que las partes acordaron que, una de ellas, fuera la encargada de determinar el término abierto en atención a los criterios acordados, su determinación quede integrada en el contrato. Esta posibilidad no es contraria a la prohibición de señalamiento del precio de forma arbitraria por uno de los contratantes, recogida expresamente para los contratos de compraventa en el art. 1449 CC y de forma más genérica en el art. 1256 CC[671]. No es contraria porque, aunque sea uno de los contratantes quien fije la cláusula abierta, lo tiene que hacer siguiendo los criterios previamente pactados por las partes, de manera que en ningún momento el art. 1239 PMDOCR avala la arbitrariedad[672]. Una muestra de

---

668 En lo que se refiere al *open price contract*, *cfr.* epígrafe III.1.3 de esta monografía.

669 *Vid.* arts. 5.1.7 (1) PICC, 55 CISG, 6:104 PECL y II. – 9:104 DCFR, comentados previamente en el apartado III.1.3 de este estudio.

670 *Cfr.* Cabanillas Sánchez, «La compraventa internacional de mercaderías. Comentario de la Convención de Viena», 471.

671 Artículo 1449 CC. El señalamiento del precio no podrá nunca dejarse al arbitrio de uno de los contratantes.
Artículo 1256 CC. La validez y el cumplimiento de los contratos no pueden dejarse al arbitrio de uno de los contratantes.

672 Nuestra jurisprudencia ha indicado que no se ataca el ámbito prohibitivo del art. 1256 CC en los supuestos en los que la actuación de una parte está sujeta a criterios preestablecidos. *Cfr.* Díez García, *Contratos incompletos y acuerdos «suficientes»*, 237. *Vid.* STS 1165/2007 de 25 de octubre, RJ 2007\8259, así como la STS de 21 octubre 1985, RJ

su oposición a la arbitrariedad es que, en el segundo inciso del art. 1239.2 PMDOCR, se indica cómo proceder en los supuestos en los que el encargado de la determinación no proceda a hacerla o lo haga desvirtuando los criterios acordados. En tales casos, la cláusula o precio que quedaron abiertos se integrarán razonablemente en el contrato atendiendo a la voluntad implícita de las partes. La influencia del moderno Derecho de contratos aquí es visible ya que en sus textos también se prevé el recurso al precio razonable cuando la parte encargada de la determinación no lo hace de forma adecuada[673].

Puesto que en la PMDOCR no se explica el significado de la voz «razonable», tal y como sucede en los PICC y DCFR, se puede acudir a los PECL, en los que se nos muestra que lo razonable debe juzgarse en función de lo que considerarían las personas que actúan de buena fe y en la misma situación que las partes. Particularmente, se tendrá en cuenta la naturaleza y finalidad del contrato, las circunstancias del caso y los usos y oficios o profesiones implicados[674].

El apartado 3 del art. 1239 PMDOCR comienza regulando los supuestos en los que las partes han optado por encargar a un tercero la determinación del precio o cualquier circunstancia del contrato, de manera que, si éste, no quisiere o no pudiere hacerlo, será la autoridad judicial quien designe a su sustituto[675]. Esta designación no procederá cuando el tercero fue elegido en calidad de su persona. Además, el control judicial no acaba con la designación del sustituto ya que, si el tercero incumple significativamente la observancia de los criterios acordados para su cometido, se estará a lo que decida la autoridad judicial[676]. Estas previsiones reflejan la marcada influencia del moderno Derecho de contratos, cuyos textos contemplan la actuación

---

1985\4956, en la que se afirma que la *«determinación pueda realizarse después, tanto por los propios interesados o por un tercero, como por el propio Juzgador, en la instancia, atendida la tasación pericial practicada en el curso de la misma o, incluso, a través de la apreciación de otros elementos probatorios»*.

673 *Vid.* arts. 5.1.7 (2) PICC, 6:105 PECL y II. – 9:105 DCFR, comentados en el apartado III.1.3 de esta monografía.

674 *Cf.* art. 1:302 PECL, previamente analizado en el epígrafe III.1.3 de este trabajo.

675 Si bien es cierto que la designación del precio por un tercero es algo que ya está recogido en el vigente CC, ex art. 1447¸ también lo es que se ciñe a la compraventa y sólo hace referencia al precio, mientras que el planteamiento de la PMDOCR alcanza a cualquier cláusula y tipo de acuerdo. Entre la jurisprudencia, se puede citar la STS de 21 de marzo de 1989, RJ 1989\2189, donde se reconoce la validez de un contrato de compraventa cuyo precio habría de fijar un censor jurado de cuentas en atención al clausulado del contrato.

676 El Tribunal Supremo ha contemplado la impugnación de la decisión del tercero cuando desvirtúa las instrucciones marcadas por las partes para la determinación de la cláusula abierta. *Vid.* STS de 10 de marzo de 1986, RJ 1986\1168, en la que se afirma que es posible censurar el comportamiento del arbitrador cuando este *«prescinde de las instrucciones señaladas por las partes para la fijación del precio, faltando manifiestamente a la equidad con menoscabo de las prudentes pautas de un arbitrium boni viri, sin duda presupuestas por los interesados al referirse al "valor objetivo" de la cosa cuya fijación se remite al fallo arbitral...»*.

de un tercero en la determinación del precio o de cualquier otro término del contrato, así como la designación judicial de un sustituto cuando el tercero inicialmente escogido no pudiera o quisiera llevar a cabo su actividad, y el recurso al término razonable si lo fijado por el tercero no lo fuera[677]. La fijación de términos abiertos por la autoridad judicial ha sido previamente comentada en la esfera del *common law*[678]. Asimismo, en nuestro ordenamiento existe una marcada corriente jurisprudencial que reconoce la fijación judicial del precio, si bien es cierto que suele centrarse en los contratos de obra y de servicios[679]. No obstante, también se puede traer a colación el art. 708.2.I LEC que, en parte, legitima la fijación de los términos abiertos por la autoridad judicial prevista en el art. 1239 PMDOCR. Lo hace tan solo en parte porque el art. 708.2.I LEC hace referencia a la determinación por parte del tribunal de los elementos no esenciales de un contrato sobre el que debía recaer la declaración de voluntad no emitida por el condenado. De manera que, si los términos pendientes de concreción son los esenciales, se mantiene el planteamiento tradicional de los elementos del contrato recogido en el vigente CC y, en consecuencia, se aplicará el art. 708.2.II LEC, que establece que la no emisión de la declaración de voluntad relativa a tales términos solo conlleve la indemnización de daños y perjuicios, por lo que no habrá determinación[680]. A pesar del contenido del art. 708 LEC, la existencia de jurisprudencia a favor de convenios con los requisitos esenciales indeterminados nos invita a pensar que el modelo previsto en la PMDOCR, donde lo fundamental es el acuerdo suficiente y la voluntad de las partes, tendría plena acogida en nuestro ordenamiento[681].

677 *Cfr.* arts. 5.1.7 (3) PICC, 6:106 PECL y II. – 9:106 DCFR, comentados en el epígrafe III.1.3 de esta monografía.

678 *Mamidoil-Jetil Greek Petroleum Co. S.A. v. Okta Crude Oil Refinery A.D.*, [2001] E.W.C.A. Civ. 406, [2001] Lloyd's Rep. 76, [2003] E.W.C.A. Civ. 1031, *Scammel v. Dicker*, [2005] E.W.C.A. Civ. 405, [2005] 3 All E.R. 838, [31], [40].

679 STS de noviembre de 1980, RJ 1980/4209, STS de 29 de abril de 1983, RJ 1983/2197, STS de 21 de octubre de 1985, RJ 1985/4956, STS de 24 de septiembre de 1990, RJ 1990/6902, STS de 4 de septiembre de 1993, RJ 1993/6636. Es especialmente significativo el pronunciamiento de la STS 780/2007 de 25 de junio, RJ 2007/3545, en la que se constata que *«la intervención del Colegio de Abogados del lugar donde se presten los servicios del Abogado, junto al carácter detallado de la minuta presentada, es exigencia ineludible de orden sustantivo para que el Juez haga uso de sus facultades moderadoras, asumiendo el órgano judicial funciones de arbitrador por ministerio legal (artículo 1.544 del Código Civil [LEG 1889, 27], a relacionar con el artículo 1.447 de igual texto legal)»*.

680 En relación con el art. 708 LEC, *cfr.* apartado III.2.2 de este estudio.

681 En este sentido, la STS 391/2001 de 20 de abril, RJ 2001/6886, el Tribunal Supremo, al pronunciarse sobre un precontrato, admitió *«que en determinados casos pueda darse una indeterminación de los requisitos esenciales del convenio que los interesados quieran celebrar»*. Resulta especialmente interesante el pronunciamiento de la STS 1068/1997 de 26 de noviembre, RJ 1997/8402, en la que se declara que *«si bien la figura del negocio precontractual es muy discutida en la doctrina, lo que no puede desconocerse es que, al*

Finalmente, el art. 1239.4 PMDOCR, se ocupa de los supuestos en los que el factor de referencia para determinar el precio u otra circunstancia del contrato deja de ser operativo, ya sea por desaparición o por falta de acceso a las partes. Ante tales situaciones, y al igual que sucede con el moderno Derecho de contratos, se recurrirá al factor equivalente o, a falta de este, al más similar, con las debidas adaptaciones[682].

Tras haber comentado los diversos mecanismos contenidos en el extenso art. 1239 PMDOCR, se podría afirmar que la materialización de la reforma propuesta equivaldría a reconocer la virtualidad de los acuerdos con términos abiertos, al tiempo que se dispondría de las herramientas necesarias para facilitar el cierre de éstos, puesto que su aplicación fue libremente aceptada por las partes en el momento en el que pactaron el acuerdo con términos abiertos.

IV.2.2. Los acuerdos de intenciones

A continuación, procede iniciar el análisis de la Sección Cuarta «*Los acuerdos y contratos preparatorios*», con la que se cierra el Capítulo II. En concreto, este epígrafe se centrará en el estudio del art. 1260 PMDOCR, con rúbrica «*Acuerdo de intenciones*», dedicado al primero de los acuerdos y contratos preparatorios normados en la mencionada Sección Cuarta.

No obstante, antes de abordar el contenido del señalado precepto, debe apuntarse que su rúbrica no nos parece del todo exacta. Se podría afirmar que regula lo que tradicionalmente se han denominado «cartas de intenciones». Si traemos a colación la definición dada por Carrasco Perera, éstas serían «*un documento unilateral o bilateral en el que una o ambas partes de una negociación (i) declaran su compromiso/intención/deseo/oferta de comenzar o continuar una negociación que acabe con un acuerdo definitivo de compra (ii) fijan los eventuales pactos alcanzados hasta ahora, y establecen que la negociación futura deberá partir de los mismos (iii) delimitan el conjunto de los puntos sobre los que se deberá alcanzar un acuerdo satisfactorio y, en su caso, adelantan una cifra aproximativa del precio a pagar por las acciones o los activos, y (iv) establecen reglas obligatorias de carácter temporal con objeto de ordenar el proceso de negociación futura*»[683]. Precisamente porque pueden ser unilaterales, el término «acuerdos» utilizado en la aludida rúbrica no es

responder a un concierto de voluntades, crea deberes recíprocos de contratar en el futuro, conforme a lo que se hubiera convenido, generando situación de vinculación obligacional en aquello que constituye el contenido especial y propio de la relación acordada (Sentencia de 27 mayo 1993 [RJ 1993\3985]) y es antecedente del contrato definitivo, que exige la necesaria colaboración de las partes interesadas y obligadas».

682 *Vid.* arts. 5.1.7 (4) PICC, 6:107 PECL y II. – 9:107 DCFR, previamente comentados en el epígrafe III.1.3 de esta monografía.

683 Carrasco Perera, *Derecho de contratos*, 93 ss., Carrasco Perera, «Las cartas de intenciones y el proceso contractual», 108.

del todo exacto, en la medida en que exige dos partes, por lo que parece que la denominación «cartas o actos de intenciones» hubiera sido más exacta. Es cierto que las cartas o acuerdos de intenciones han dado cobijo a una pluralidad de manifestaciones que conducen, irremediablemente, a pronunciamientos judiciales carentes de uniformidad sobre su naturaleza y donde se reconoce que pueden tener efectos jurídicos diversos[684]. Quizás, esa incertidumbre impulsó a los redactores de la propuesta a escoger la locución «Acuerdo de intenciones». Además, a diferencia de lo que sucede con las «cartas de intenciones», cuyo nombre nada nos dice sobre su unilateralidad o bilateralidad, con la nomenclatura «acuerdos de intenciones» se puede inferir que estamos ante negocios jurídicos bilaterales. Cuestión distinta es si los redactores de la norma, al hacer uso del término «acuerdo», realmente perseguían excluir los actos unilaterales.

De lo que no cabe duda es que, regulando los acuerdos o cartas de intenciones, se pretende dar cabida en el cuerpo codificado a un término y a un concepto cuya laxitud ha forzado a la jurisprudencia a prescindir de las calificaciones que las partes han dado a los acuerdos en conflicto, de manera que nos encontramos con sentencias relativas a cartas o acuerdos de intenciones que van desde la consideración como un instrumento negociador carente de vinculatoriedad y equiparable a meros tratos preliminares, hasta concebirlos como auténticos precontratos y, por lo tanto, vinculatorios. Todo ello, sin dejar de lado aquellos supuestos intermedios en los que los acuerdos de intenciones disponen un compromiso de negociar de buena fe que va resultando en acuerdos parciales vinculantes, con independencia de que finalmente se celebre o no el contrato[685].

Para comprender el significado que tienen los acuerdos de intenciones en la Propuesta de 2023, es imperativo analizar el art. 1260 PMDOCR, según el cual:

> «1. El acuerdo de intenciones obliga a las partes a negociar un futuro contrato cuyo contenido está todavía sin determinar en los términos establecidos en el apartado siguiente.
>
> 2. El acuerdo de intenciones no obliga a alcanzar el resultado de la celebración del contrato definitivo, pero sí a colaborar de conformidad con las exigencias de la buena fe en la determinación del contenido necesario para su perfección.
>
> 3. Las partes pueden atribuir carácter vinculante a los acuerdos parciales que lleguen a alcanzar».

Su contenido parece estar inspirado por el *projet* CATALA y la propuesta de reforma del profesor TERRÉ, los cuales, como ya se apuntó, formaron parte de

684 Sobre la jurisprudencia y doctrina de las cartas de intenciones en los países del *common law*, *vid.* epígrafe III.1.1 y, en el caso de los países del *civil law*, *cfr.* apartado III.2.1 de este estudio.

685 CARRASCO PERERA, *Derecho de contratos*, 93 ss.

los trabajos preparatorios de la reforma del *Code civil* francés que culminaron con la Ordenanza de 10 de febrero de 2016 y la posterior Ley de ratificación de 20 de abril de 2018[686]. A este respecto, el art. 1104-1 del *projet* CATALA decía lo siguiente:

> «Les parties peuvent, par un accord de principe, s'engager à négocier ultérieurement un contrat dont les éléments sont à déterminer, et à concourir de bonne foi à leur détermination».

Como se puede comprobar, el diseño dispuesto para los acuerdos de intenciones en la PMDOCR es muy similar al principio de acuerdo descrito en el precepto que se acaba de reproducir, que también tuvo eco en otros trabajos preparatorios franceses[687]. Así, en los *accords de principe* referidos, las partes se obligan a negociar los términos de un contrato cuyos elementos están por determinar, pero, además, para determinarlos habrán de negociar de conformidad con la buena fe, lo que conlleva el debido respeto a los deberes de transparencia, confidencialidad y consistencia o seriedad[688]. El objetivo de estos acuerdos de principio es doble: prevenir posibles comportamientos desleales durante las conversaciones y aportar certidumbre al periodo precontractual, aunque finalmente éste no concluya de modo satisfactorio[689]. Tal

---

686 En 2003, y al amparo de la Asociación Henri Capitant, se creó un grupo de trabajo liderado por el profesor Pierre Catala cuyo propósito era la redacción de un anteproyecto de reforma de todo el derecho de obligaciones que culminó en 2005 (Cornu *et al.*, *Avant-projet de réforme du droit des obligations et de la prescription.*). Sirvió de lanzadera para el debate de la modernización del Derecho de Obligaciones en Francia y, de hecho, cabe preguntarse si sirvió de acicate para la presentación de otros proyectos académicos, como lo fueron las tres propuestas de reforma elaboradas bajo la dirección del profesor François Terré (Terré, *Pour une réforme du droit des contrats*, Terré, *Pour une réforme du droit de la responsabilité civile - Thèmes et commentaires - 1*, Terré, *Pour une réforme du régime général des obligations.*).

687 Una muestra de la marcada influencia del *projet* CATALA sobre la propuesta para una reforma del Derecho contractual del profesor Terré la encontramos en la redacción dada para los acuerdos de principio o de intenciones en el art. 26 de su texto, en atención al cual: *«Les parties peuvent, par un accord de principe, s'engager à négocier ultérieurement un contrat dont les éléments sont à déterminer. Elles doivent alors concourir de bonne foi à leur détermination». Vid.* de Vincelles, «Le processus de conclusion du contrat», 145.

688 Cornu *et al.*, *Avant-projet de réforme du droit des obligations et de la prescription*, 16-18.

689 Fauvarque-Cosson, «Part II. 2. Negotiation and Renegotiation: A French Perspective», 35-38, Cartwright, «Part II. 3. Negotiation and Renegotiation: An English Perspective», 59-62.also dubbed the Avant-projet Catala, suggests the most far-reaching reform of the French Civil code since it came into force in 1804. It reviews central aspects of contract law, the law of delict and the law of unjustified enrichment. There is currently a very lively debate in France as to the merits or the demerits of both the particular draft provisions and the general idea of recodification as such. This volume is the first publication to introduce the reform proposals to an English speaking audience. It contains the official English

y como se verá a continuación, las premisas en torno a la libertad de negociación y la buena fe en los *accords de principe*, son atendidas igualmente en los acuerdos de intención de la PMDOCR.

Del texto español de 2023 se deriva que los acuerdos de intenciones se caracterizan por recoger la obligación de negociar establecida en el art. 1260.1 PMDOCR, matizada por la afirmación del art. 1260.2 PMDOCR según la cual el acuerdo no obliga a alcanzar un contrato definitivo, pero sí a colaborar de buena fe en la determinación de los extremos del contrato pendientes de concreción. Además, queda a la voluntad de las partes la posibilidad de vincularse por aquellos acuerdos parciales que vayan alcanzando en las conversaciones, tal y como dispone el tercer y último punto del precepto que estamos analizando, del que parece derivarse que sin esa voluntad ninguna vinculación existe.

En cuanto a la obligación de negociar surgida de un pacto de este tipo, ésta ha sido aceptada previamente en nuestro ordenamiento jurídico. En este sentido se puede comentar la ya citada STS (sala de lo social) de 9 de marzo de 1998[690], que trae su causa en los acuerdos celebrados por las partes en relación con la desconvocatoria de una huelga. En ella se afirma que «*Efectivamente de los distintos acuerdos que se consignan en el resultando de hechos probados de la sentencia, incluso con la limitación de su contenido que resulta de dicha redacción, o del examen pleno de dichos acuerdos, según ese "tenerlos por reproducidos" que se indica en ella, se desprende que el acuerdo existente entre las partes se reduce al deber de negociar sobre unas determinadas bases y con la concreta finalidad de mantener la empresa en su independencia y en su dimensión*», a lo que añade que «*Finalmente hay que destacar que en ningún momento la empresa negó la existencia de dichos pactos, ni la validez previa de los mismos, condicionada como hemos visto al acuerdo global. Existe la obligación de negociar y respetar mientras los acuerdos que se fuesen alcanzando, en tanto en cuanto, no estén condicionados al acuerdo total*». Por su parte, en la también mencionada STS de 25 de junio

translation of the text, and distinguished private lawyers from both England and France analyse and assess particularly interesting aspects of the substantive draft provisions in a comparative perspective. Topics covered include negotiation and renegotiation of contracts, la cause, the enforcement of contractual obligations, termination of contract and its consequences, the effects of contracts on third parties, the definition of la faute, the quantification of damages, and the law of prescription. The volume also contains an overall assessment of the draft provisions by one of the most senior French judges who chaired the Working Party on the Avant-projet, established by the French Supreme Court, the Cour de cassation. The book is indispensable for comparative private lawyers and lawyers with a particular interest in French law. It is also of use to all private lawyers (both academics and practitioners

690 STS (Sala de lo Social) de 9 de marzo de 1998, RJ 1998/2372. *Vid.* apartado II.3 de este estudio.

de 2013[691], relativa a una carta de intenciones para la cesión de un contrato de compraventa, se constató que «*la declaración de voluntad no fue para concertar el contrato, sino para negociar*». Igualmente, en la previamente citada sentencia de la Audiencia Provincial de Barcelona (Sección 15.ª) de 9 de octubre de 2014[692], se daba validez a un acuerdo de intenciones en el que las partes se comprometían a negociar la forma, el modo y las condiciones en las que se adjudicarían ciertas propiedades.

Estos pronunciamientos no hacen sino constatar que el primer requisito de los acuerdos de intenciones está plenamente reconocido en nuestro ordenamiento, y no hay óbice para su integración en un eventual texto reformado del vigente Código civil. Aunque en Derecho comparado la posibilidad de pactar la obligación de negociar haya sido contestada, aludiendo a la incertidumbre y a la dificultad de estimar los daños debidos a un posible incumplimiento, la incógnita de la incertidumbre queda resulta *ex* art. 1260.2 PMDOCR[693]. En él se aclara que, mediante los acuerdos de intenciones, las partes tan solo se obligan a colaborar de buena fe en la consecución del contrato definitivo, pero siguen siendo libres de ejercer su libertad de no contratar, sin temor a que se les exijan responsabilidades en caso de que no se alcance el contrato por razones ajenas al incumplimiento de esa obligación de colaboración de buena fe, o a otras específicamente pactadas en el acuerdo[694].

---

691 STS de 25 de junio de 2013, TOL4.525.355. *Cfr.* epígrafe III.2.1 de esta monografía.

692 Sentencia 321/2014 de la Audiencia Provincial de Barcelona (Sección 15.ª) de 9 de octubre, JUR 2014/283232. *Vid.* apartado III.2.2 de este estudio.

693 En contra de la obligación de negociar se puede citar *Courtney and Fairbairn Ltd. v. Tolaini Brothers (Hotels) Ltd.*, [1975] 1 W.L.R. 297, *Coal Cliff Collieries Pty. Ltd. v. Sijehama Pty. Ltd.*, (1991) 24 N.S.W.L.R. 1. No obstante, diversos autores han defendido que los motivos que la jurisprudencia alega normalmente para negar la obligación de negociar pueden verse superados. *Cfr.* Farnsworth, «Precontractual Liability and Preliminary Agreements», 263 ss., Omalu, «Precontractual Agreements in the Energy and Natural Resources Industries», 318, Brown, «The Contract to Negotiate: A Thing Writ in Water?», 353 ss. De hecho, hay sentencias en las que se reconoce esa obligación de negociar. *Vid. Channel Home Centers Division of Grace Retail Corp. v. Grossman*, 795 F. 2d.391 (3rd Cir. 1986), *Petromec Inc. v. Petroleo Brasileiro SA Petrobas (No.3)*, [2005] E.W.C.A. Civ. 891.

694 Esta misma perspectiva se adopta, por ejemplo, en el CCyC de la Nación Argentina, donde las cartas de intenciones son documentos propios del periodo precontractual y, por ello, su interpretación debe ser restrictiva, en el sentido de que ante la duda de si obligan o no a la celebración del contrato negociado, ha de optarse por la respuesta negativa. Así se deduce del art. 993 CCyC «*Cartas de intención*», previamente comentado en el apartado III.2.1 de este trabajo. Sobre la interpretación restrictiva de las cartas de intenciones se puede consultar la sentencia de la Cámara Nacional de Apelaciones en lo Comercial - Cámara Comercial - Sala B, 17 de febrero de 2010, que dictaminaba que: «*Resulta improcedente la indemnización por falta de preaviso reclamada en virtud de la ruptura de las negociaciones iniciadas a raíz de la suscripción de una "carta de intención" si, en la misma se pactó que la falta de acuerdo de voluntades en cuanto a la celebración del contrato definitivo no generaría derecho a reclamo alguno por ningún concepto, máxime cuando la obligación de preavisar había sido sugerida como un aspecto a ser incluido en el contrato definitivo*».

Este segundo elemento de los acuerdos de intenciones, a saber, colaborar de buena fe en la determinación del contenido necesario para la perfección del contrato, sin que sea obligatoria la consecución o resultado de la celebración de éste, también encuentra amparo jurisprudencial en nuestro sistema. En este sentido, se puede traer de nuevo a colación la STS de 25 de junio de 2013[695], en la que se afirma «*que la carta no se puede calificar como precontrato, ya que carecía de los elementos esenciales de la operación y requería un acuerdo posterior para su concreción; y que sólo hacía referencia al compromiso de negociar de buena fe, y no a concertar el contrato definitivo*». Igualmente, se puede comentar la STS de 11 de abril de 2000[696], que recoge que el documento en disputa era «*un pacto de intenciones, un acuerdo de futuro que no llega, por falta de configuración definitiva, al precontrato unilateral que es la opción y constituye jurídicamente unos tratos preliminares que no vinculan en su eficacia contractual —pues no son contrato— sin perjuicio de que su incumplimiento pueda generar responsabilidad no ya procedente de contrato —que no lo hay— pero sí extracontractual*».

Tras analizar los dos elementos principales que conforman los acuerdos de intenciones, debemos preguntarnos qué sucede en caso de su incumplimiento[697]. Como deriva de su concepción heterogénea, si se incumpliera el acuerdo o carta de intenciones, tendríamos que entrar a analizar su concreto contenido para saber si estamos situados ante un mero supuesto de ruptura de las negociaciones del art. 1241 PMDOCR, o ante un verdadero incumplimiento contractual, que no será el del contrato que se buscaba, sino el del acuerdo no respetado.

En el primer escenario, sería plenamente aplicable lo indicado en el comentario previamente realizado sobre la indemnización por ruptura injustificada de las negociaciones *ex* art. 1241.3 PMDOCR. Básicamente, la indemnización alcanzaría el interés negativo o de confianza, pero no incluiría el interés derivado de la celebración del contrato frustrado y cuya imposición no procede, ya que ello supondría dar efecto a un contrato que nunca existió[698]. Al

---

695 STS 330/2013 de 25 de junio, RJ 2014/4929, ECLI:ES:TS:2014:3845. *Cfr.* epígrafe III.2.1 de esta monografía.

696 STS 395/2000 de 11 abril, RJ 2000/2434, analizada previamente en el epígrafe III.2.1 de esta monografía.

697 En cuanto a los supuestos de incumplimiento cabe recordar que, tal y como se señaló en el apartado III.2.2 de este estudio, se ha afirmado que el art. 708.2.II LEC fue redactado para casos en los que devenía imposible la condena a emitir una declaración de voluntad por la relativa indeterminación de algunos elementos esenciales del acuerdo preliminar e, incluso, para que tuvieran cabida, entre otros, los acuerdos vinculatorios para negociar o acuerdos de intenciones en la terminología de la PMDOCR. *Cfr.* Domínguez Luelmo, «Artículo 708. Condena a la emisión de una declaración de voluntad», 2000, 3702-3, Díez García, *Contratos incompletos y acuerdos «suficientes»*, 421 ss.

698 *Vid.* epígrafe IV.1.1 de esta monografía.

fin y al cabo, tal y como indica el propio art. 1260.2 PMDOCR, el acuerdo de intenciones no obliga a las partes a la celebración del contrato futuro, lo que supone una razón de más para que la indemnización quede limitada al interés negativo. Ahora bien, el acuerdo de intenciones, *ex* art. 1260.2 PMDOCR, sí obliga «*a colaborar de conformidad con las exigencias de la buena fe en la determinación del contenido necesario para su perfección*».

Precisamente, para facilitar que las negociaciones concluyan con la celebración del contrato futuro, las partes pueden llevar a cabo acuerdos (de intenciones) parciales a los que, en virtud del último apartado del art. 1260 PMDOCR, les pueden atribuir un carácter vinculante. Nos situamos entonces en el segundo escenario del que hablábamos, aquel en el que el acuerdo preparatorio ya es vinculante y su inejecución supone un verdadero incumplimiento, no del contrato definitivo, por supuesto, pero sí de ese preparatorio.

Nuestra jurisprudencia se ha manifestado sobre la vinculatoriedad de los acuerdos parciales, tal y como demuestra la citada STS de 3 junio de 1998[699], en la que el Tribunal Supremo concluyó que «*En realidad, cuando los elementos básicos del contrato proyectado no están determinados en el llamado precontrato, se está dentro del ámbito de la formación progresiva del primero, que no existe jurídicamente mientras. En tal ámbito, las partes son libres de llegar a acuerdos vinculantes para ellas, pero no para exigirse obviamente el cumplimiento de lo que todavía no existe, y pueden desistir de sus tratos, que es lo que la sentencia recurrida da a entender que se produjo, al resaltar la abstención de las partes entre la firma del documento y la demanda (más de dos años) para llevar a cabo "sus intenciones"*». Por lo tanto, la voluntad de las partes será dirimente para establecer la vinculatoriedad de estos acuerdos.

A mayor abundamiento, la doctrina se ha planteado la vinculatoriedad o no de los acuerdos parciales desde el horizonte de negociación acordado por las partes. Esto supone que, en aquellos supuestos en los que dicho horizonte comprenda un conjunto de acuerdos parciales que constituyen un contrato como unidad de sentido, la falta de acuerdo sobre el contrato como unidad libera a cada una de las partes de la vinculación que pudieran haber alcanzado en la negociación de los acuerdos parciales. De este modo, estarían exentos de cumplir aquellos compromisos sobre elementos que aisladamente, y sin haber alcanzado el acuerdo definitivo, carezcan de cabal interés[700]. Distinta aproximación opera en el CCyC de la Nación Argentina a raíz del ya comentado art. 982 CCyC, donde se hace referencia a la formación de un contrato partiendo de acuerdos parciales[701]. En atención a este precepto, si las partes consienten indubitadamente los elementos esenciales del contrato, la concreción del resto de elementos del contrato se hará

699 STS 516/1998 de 3 junio, RJ 1998\3715. *Cfr.* apartados II.3 y III.2.1 de este estudio.

700 Carrasco Perera, *Derecho de contratos*, 293.

701 *Vid.* epígrafe III.2.1 de esta monografía.

siguiendo las normas de integración. Si hubiera duda, el contrato se tendrá por no concluido. En todo caso, no se consideraría acuerdo parcial a los meros tratos preliminares o cartas de intenciones, cuyo propósito no es otro que la continuación de las negociaciones sobre aspectos relativos al posible contrato futuro[702].

En cualquier caso, las dos perspectivas comentadas insisten en la importancia de demostrar la voluntad de las partes para dilucidar la vinculatoriedad o no de estos acuerdos parciales. En este sentido, sería procedente acudir al Capítulo V «*La interpretación de los contratos*» del Título II «*De los contratos*» del Libro IV de la PMDOCR, cuyos arts. 1271-1273 contienen las normas que nos ayudarán a establecer si las partes desean o no anudarse mediante los acuerdos parciales. En efecto, el artículo 1271 PMDOCR «*Consentimiento contractual e interpretación*», junto con el art. 1272 PMDOCR «*Criterios de interpretación del contrato*» y el art. 1273 PMDOCR «*Otras reglas de interpretación del contrato*», contienen toda una serie de normas hermenéuticas y principios, en su mayoría coincidentes con las dispuestas en los arts. 1281 ss. del vigente Código civil, que nos ayudan en la interpretación del contrato[703]. Aunque aquí no proceda analizar de forma pormenorizada el contenido de las normas y principios que se contienen en estos tres artículos, ya que excedería los límites de este estudio, sí resulta oportuno comentar aquellas que puedan resultar más útiles para deducir la intención de las partes en el caso de los acuerdos parciales a los que nos venimos refiriendo.

Resulta más que significativo que la norma de apertura del mencionado Capítulo V refleje el principio de la búsqueda de la voluntad común de las partes, además de preferir la efectiva voluntad contractual de las partes al sentido literal de sus palabras. En efecto, el art. 1271.1 PMDOCR señala que:

> «Los contratos se interpretarán según la intención común de las partes, la cual prevalecerá sobre el sentido literal de las palabras».

De su dicción, cabría deducir que la PMDOCR quizás se sitúa más a favor de la interpretación subjetiva que de la objetiva, ya que da prioridad a la intención de las partes sobre la literalidad de las palabras[704]. Ello no obsta

---

702 Ibáñez, «La celebración del contrato», 19-22, Caramelo, *Código Civil y Comercial de la Nación Comentado*, 369-370, Moeremans, «Tratativas preliminares. Responsabilidad precontractual», 128 ss.

703 Dichos principios serían el principio de búsqueda de la voluntad común de los contratantes, el principio de conservación del contrato y el principio de la buena fe. *Cfr.* Díez Picazo, *Fundamentos del Derecho civil patrimonial. Volumen primero. Introducción. Teoría del contrato*, 498 ss., Díez García y Gutiérrez Santiago, «Interpretación e integración del contrato», 1029 ss.

704 En el caso de la interpretación subjetiva, cuyo principal fundamento es el principio de autonomía de la voluntad, la finalidad consiste en averiguar la realidad de lo querido o la intención común de los contratantes, que habrá de prevalecer sobre la voluntad declarada. Sin embargo, en la objetiva, el fundamento es la eliminación de las dudas, ambigüedades y oscuridades de la declaración contractual, de manera que habrá de prevalecer la

a que, en caso de duda sobre la intención común de las partes, se recurra a la literalidad de las palabras para fijar la voluntad de las partes. En tales casos, la PMDOCR coincidiría con lo dispuesto en el vigente CC, cuyo art. 1281 matiza que, en defecto de prueba de voluntad contraria, prevalecerá el tenor claro de los términos del contrato[705]. En cualquier caso, la PMDOCR sigue la opinión unánime de la doctrina y de la jurisprudencia al hacer hincapié en que se estará a la voluntad común de las partes, de manera que la única interpretación admisible es la que atiende a la común intención de los contratantes[706].

Asimismo, resalta la importancia capital de la percepción mutua del entendimiento del contrato, toda vez que el art. 1271.2 PMDOCR subraya que:

> «Si una de las partes contratantes hubiere entendido el contrato, o una de sus cláusulas o expresiones, en un determinado sentido que la otra, en el momento de su conclusión, no podía ignorar, el contrato se entenderá en el sentido que le dio aquella».

Se podría afirmar que lo que subyace en este apartado es la necesidad de interpretar las declaraciones de voluntad en el sentido más conforme con la confianza que hayan podido despertar en atención a la buena fe, cuya fuerza expansiva llega, como no podía ser menos, a la interpretación de los contratos[707]. Asimismo, el art. 1271.2 PMDOCR resalta que se debe estar a

---

voluntad exteriorizada, ya que la intención de las partes carece de relevancia jurídica salvo que sea reconocible en forma de declaración. Díez García y Gutiérrez Santiago, «Interpretación e integración del contrato», 1020 ss.

705 Tal y como se indica en la STS 292/2011 de 2 de mayo, TOL2.125.806, *«la interpretación del contrato tiene por finalidad la investigación de lo que las partes realmente consintieron de común acuerdo con independencia de que la literalidad de lo expresado se ajuste o no literalmente a lo consentido, por lo que la previsión contenida en el artículo 1281 del Código Civil debe entenderse en el sentido de que, para investigar la intención de los contratantes en caso de discrepancias sobre lo que se quiso pactar es preciso tener en cuenta el principio id quod plerumque accidit , de acuerdo con el cual, cuando los términos del contrato son claros e inequívocos, lo razonable es que lo realmente convenido por los contratantes coincida con lo que declararon consentir»*.

706 Díez Picazo, *Fundamentos del Derecho civil patrimonial. Volumen primero. Introducción. Teoría del contrato*, 498 ss., Carrasco Perera, *Derecho de contratos,* 472 ss., Lete Achirica, «Artículos 1281 a 1289», 1411, Díez García y Gutiérrez Santiago, «Interpretación e integración del contrato», 1029 ss. Según se indica en la STS de 25 de junio de 1985, RJ 1985\3314, *«para averiguar la intención de los contratantes no puede atenderse a lo que cada uno entendió o pensó al contratar sobre aquello que es objeto de discordia»*, de manera que no resulta *«admisible entender como voluntad o intención de los contratantes únicamente la de uno de ellos y prescindir de la del otro...»*. Asimismo, *vid.* STS 494/2019 de 25 de septiembre, TOL7.513.084, ES:TS:2019:2916 y STS 266/2019 de 10 de mayo, TOL7.235.446, ES:TS:2019:1449.

707 López y López, *La interpretación de los contratos*, 49-52, Díez Picazo, *Fundamentos del Derecho civil patrimonial. Volumen primero. Introducción. Teoría del contrato*, 499 ss., Díez García y Gutiérrez Santiago, «Interpretación e integración del contrato», 1036 ss. Sobre

la voluntad de las partes en el momento de la conclusión del contrato, y no en un momento posterior. Se trata, pues, de una nueva manifestación del principio de búsqueda de la voluntad real que, como hemos dicho, vertebra la interpretación del contrato de la mano de la buena fe y la conservación del contrato[708].

Si ninguna de las reglas precedentes permite interpretar el contrato, la PMDOCR toma como recurso a la «persona razonable», ya que el art. 1271.3 PMDOCR preceptúa que:

> «Cuando el contrato no pueda interpretarse de acuerdo con lo que disponen los apartados anteriores, se le dará el sentido que una persona razonable, de similar condición que los contratantes, le hubiere dado en las mismas circunstancias».

Dicha persona razonable, probablemente, recurrirá tanto a la literalidad del contrato como al resto de criterios de interpretación que tenga a su disposición para interpretarlo. No obstante, será clave que pueda situarse en las mismas circunstancias de los contratantes ya que, al fin y al cabo, lo más relevante será intentar dilucidar la intención de éstos[709].

Adicionalmente, los arts. 1272 y 1273 PMDOCR contienen otras normas que nos pueden servir para decidir si las partes tenían o no la intención de vincularse a través de los acuerdos parciales que fueron celebrando en las negociaciones[710]. *Grosso modo*, son una reproducción de las que aparecen

---

el papel de la buena fe en la interpretación del contrato, *cfr.* STS 521/2015 de 15 de septiembre, TOL5.567.279, ES:TS:2015:4709, en la que se afirma que «*la reciente doctrina jurisprudencial de esta Sala también ha resaltado el papel básico que juegan los principios de conservación del contrato y de buena fe contractual (artículos 1284, 1289 y 1258 del Código Civil, respectivamente). [...]. Con relación al principio de buena fe no solo se ha destacado su papel típico en el plano diferenciado de la integración del contrato (artículo 1258 del Código Civil), sino que también se ha reforzado su función como criterio decisivo en materia de interpretación y ejecución del contrato STS de 14 de enero de 2014 (núm. 537/2013)*».

708 Díez Picazo, *Fundamentos del Derecho civil patrimonial. Volumen primero. Introducción. Teoría del contrato*, 498 ss.

709 Aunque la PMDOCR no describa qué se debe entender por razonable, se puede recurrir a la definición dada en los PECL, en los que se indica que lo razonable debe juzgarse en función de lo que considerarían las personas que actúan de buena fe y en la misma situación que las partes. *Cfr.* epígrafe III.1.3 de esta monografía.

710 Artículo 1272: Criterios de interpretación del contrato.
Para interpretar las cláusulas de un determinado contrato, se tendrán en cuenta:
1.° Las circunstancias concurrentes en el momento de su conclusión, así como los actos de los contratantes, anteriores, coetáneos o posteriores.
2.° La naturaleza y finalidad del contrato.
3.° La interpretación que las partes hubieran dado anteriormente a cláusulas análogas y las prácticas establecidas entre ellas.
4.° El sentido que habitualmente se confiera a dichas cláusulas y expresiones en el sector en el que actúan y la interpretación que se les hubiera podido dar previamente.

en el vigente CC[711]. Entre todas ellas nos resulta de especial interés la que dicta que «*Las circunstancias concurrentes en el momento de su conclusión, así como los actos de los contratantes, anteriores, coetáneos o posteriores*», ya que ofrece un marco de referencia objetivo para dilucidar la intención de las partes. Asimismo, dicho marco objetivo se complementa con la norma que señala que se habrá de tener en cuenta «*La interpretación que las partes hubieran dado anteriormente a cláusulas análogas y las prácticas establecidas entre ellas*». A mayor abundamiento, la PMDOCR especifica en el art. 1272 PMDOCR que la buena fe es un criterio interpretativo. Es, por lo tanto, una concreción del principio general de la buena fe en los contratos recogido en el art. 1220 PMDOCR. Resulta así más garantista que el vigente CC, que carece de una mención específica a la buena fe en sede de interpretación de los contratos.

Si después de haber aplicado las reglas hermenéuticas ofrecidas por la PMDOCR, resulta que los acuerdos parciales son vinculantes, nos situaríamos en el segundo escenario inicialmente postulado: el acuerdo preparatorio ya es vinculante y su inejecución supone un verdadero incumplimiento, no del contrato definitivo, pero sí de ese contrato preparatorio. Ante este supuesto nos debemos preguntar qué remedios nos ofrece la PMDOCR.

Como nos encontramos ante el incumplimiento de un contrato, podríamos plantearnos acudir a los remedios previstos en el Capítulo VI «*El incumplimiento*» del *Título I* «*De las obligaciones*» del Libro IV de la propuesta, a los cuales nos referiremos brevemente[712].

Según señala el art. 1173 PMDOCR, que es el artículo de cierre de la Sección Primera «*Disposiciones generales*» del mencionado Capítulo VI:

5.° Los usos.

6.° Las exigencias de la buena fe.

Artículo 1273: Otras reglas de interpretación del contrato.

1. Las cláusulas de un contrato deberán interpretarse las unas por las otras, atribuyendo a las dudosas el sentido que resulte del conjunto de todas ellas.
2. A las cláusulas de un contrato se les dará el sentido que favorezca su licitud y eficacia.
3. La interpretación de las cláusulas oscuras de un contrato no deberá favorecer a la parte que hubiese ocasionado la oscuridad.
4. Cuando existan versiones de un contrato en diferentes lenguas y ninguna de ellas haya sido declarada preferente, en caso de discrepancia se atenderá para la interpretación a la versión original.

711 *Vid.* arts. 1281-1289 CC, que conforman el Capítulo IV *«De la interpretación de los contratos»* del Título II *«De los contratos»* del Libro IV *«De las obligaciones y contratos»* del CC.

712 El Capítulo VI pone de relieve la influencia del moderno Derecho de contratos en la concepción de la PMDCOR ya que, al igual que los textos del *soft law*, recoge toda una serie ordenada de remedios en caso de incumplimiento del contrato. *Cfr. Chapter 8: Non-Performance and Remedies in General* y *Chapter 9: Particular Remedies for Non Performance* de los PECL, *Chapter 7: Non-Performance* de los PICC y *Chapter 3: Remedies for non-performance* del DCFR.

«1. En caso de incumplimiento del contrato, podrá el contratante insatisfecho ejercitar los siguientes remedios:

1.º Exigir el cumplimiento de la obligación.

2.º Reducir el precio.

3.º Suspender el cumplimiento de su obligación.

4.º Resolver el contrato.

5.º Exigir indemnización de los daños que el incumplimiento le hubiera producido.

2. Los remedios que no sean incompatibles podrán ser acumulados. La indemnización de daños es siempre compatible con los demás remedios.

3. Los remedios previstos para el incumplimiento del contrato son aplicables al de otras relaciones obligatorias, en la medida en que resulten adecuados a la naturaleza de cada una de ellas».

Son, pues, cinco los remedios de incumplimiento puestos a disposición ante la vulneración de un acuerdo vinculante, siendo cada uno de ellos desarrollado pormenorizadamente en una sección propia dentro del mencionado Capítulo VI. Resulta reseñable que, salvo que sean incompatibles, se puedan acumular, siendo la excepción a la regla la indemnización, que siempre será compatible con el resto.

La elección por uno u otro remedio puede verse influenciada porque el objetivo de los acuerdos parciales sea facilitar la celebración del contrato proyectado. Por lo tanto, el incumplimiento de aquellos puede interpretarse como una señal de que el contrato que se está negociando finalmente no se concluirá. Ante tal señal, es probable que la virtualidad de los acuerdos parciales quede fuertemente mermada y que, incluso la parte cumplidora, pierda interés en mantener la ejecución del acuerdo parcial, puesto que ya no conducirá a la firma del contrato proyectado. Frente a esta perspectiva, es razonable que remedios como exigir el cumplimiento o la suspensión de las obligaciones del acuerdo parcial, o la reducción del precio, no sean operativos en el caso concreto o resulten menos atractivos que otros, como la resolución del acuerdo o la indemnización de los daños que el incumplimiento del acuerdo haya generado. Precisamente, procede hacer un breve comentario adicional sobre la indemnización, toda vez que, además de que en sí misma es un remedio de interés para quien no desvirtuó el acuerdo parcial, comporta un remedio compatible con el resto.

Algunos de los artículos que conforman la Sección Quinta «*Indemnización de daños*» del Capítulo VI «*El incumplimiento*», han sido analizados en otros epígrafes anteriores, a los que me remito con el ánimo de no ser reiterativo[713]. Brevemente, indicaré que se analizaron el art. 1188 PMDOCR «*Daño patrimonial y no patrimonial*», el art. 1190 PMDOCR «*Previsibilidad e incumplimiento doloso*» y el art. 1192 PMDOCR «*Daños causados por el acreedor. Deber de mitigar el daño*», que aquí resultarían plenamente aplicables. Del resto de los

713 *Cfr.* epígrafe IV.1.3 de esta monografía.

artículos que conforman la sección mencionada, y en lo que aquí nos atañe, resulta de especial interés el art. 1191 PMDOCR «*Excepciones a la obligación de indemnizar*», ya que nos ayuda a discernir en qué supuestos el deudor incumplidor se verá eximido de la responsabilidad de los daños causados al cumplidor del acuerdo[714].

En definitiva, el art. 1260 PMDOCR, bajo la rúbrica «*Acuerdo de intenciones*», pretende abarcar una pluralidad de situaciones diversas en las que las partes negociadoras de un futuro contrato de contenido todavía incierto y cuya celebración no es obligatoria, adoptan acuerdos con distinto grado de vinculatoriedad en la búsqueda del contrato definitivo, que puede llegar o no a celebrarse.

IV.2.3. El pacto de preferencia y el contrato de opción

La PMDOCR dedica el art. 1261 al pacto de preferencia, en el que dispone:

> «1. El pacto de preferencia atribuye al beneficiario el derecho a ser parte de modo prioritario en un contrato que, en el futuro, decida celebrar el obligado.
>
> 2. Salvo disposición legal o contractual en contrario, el pacto de preferencia está sujeto a las siguientes reglas:
>
> 1.ª El obligado sólo puede celebrar un contrato con un tercero tras haber dado al beneficiario la oportunidad de ejercitar su derecho preferente.
>
> 2.ª El obligado deberá notificar al beneficiario el contenido del contrato que pretende celebrar. Esta notificación constituirá una oferta.
>
> 3.ª Si el beneficiario no acepta la oferta, el obligado no podrá celebrar un contrato con un tercero a un precio inferior o en condiciones más favorables sin realizar una nueva notificación, de conformidad con la regla 2.ª».

---

714 Artículo 1191 PMDOCR: Excepciones a la obligación de indemnizar

1. El deudor no será responsable de los daños causados por el incumplimiento cuando concurran las circunstancias siguientes:

1.ª Que el incumplimiento haya obedecido a un impedimento ajeno a su voluntad y extraño a su esfera de control.

2.ª Que, de acuerdo con el contrato y con las reglas de la buena fe y los usos, no le correspondiera el deber de prever el mencionado impedimento, evitarlo, o superar sus consecuencias.

2. Siendo el impedimento temporal, la exoneración de la obligación de indemnizar los daños solo surtirá efecto mientras dure el impedimento.

3. El deudor que conozca la concurrencia de un hecho o circunstancia que impida cumplir la prestación deberá, sin demora, ponerlo en conocimiento de la otra parte y será responsable de los daños causados por no hacerlo.

4. Lo dispuesto en este artículo no priva al acreedor del derecho a ejercitar cualquier otro remedio que le pudiera corresponder en caso de incumplimiento.

De su tenor literal se deduce la fuerte influencia procedente de la modernización del Derecho de Obligaciones y Contratos que ha tenido lugar en los códigos civiles de otras naciones del ámbito del *civil law*, como Argentina, Francia y, muy especialmente, Bélgica[715].

La PMDOCR caracteriza el pacto de preferencia como el pacto o contrato en el que una parte, el obligado, promitente, deudor del pacto u otorgante de la preferencia, se compromete a dar prioridad al beneficiario para ser parte de un contrato que decidiera celebrar en el futuro. Su ámbito de aplicación sería cualquier compromiso en el que una parte conceda prioridad a otra a la hora de celebrar un contrato[716]. Puede afirmarse que, en realidad, no es un pacto que otorgue una acción al beneficiario para obligar al otorgante de la preferencia a transmitir sus derechos, sino que le obliga a preferir al beneficiario si decidiera realizar dicha transmisión de derechos en un contrato. Es más, si nos situamos en el ámbito de lo mercantil, podría afirmarse que la finalidad de este pacto es favorecer que aquellos que tengan interés jurídico o económico en un determinado negocio o bien en el que ya participan, puedan incrementar su cuota antes de que se incorpore a terceros[717]. No obstante, es un pacto que puede ser accesorio de un contrato o celebrarse entre dos personas que no estén jurídicamente conectadas con anterioridad[718].

Tras definir el pacto de preferencia, el precepto se ocupa de establecer toda una serie de normas reguladoras de carácter dispositivo o supletorio *(Salvo disposición legal o contractual en contrario...)*, de modo que las partes recurrirán a ellas libremente si al celebrar el pacto de preferencia no indicaron cómo debía cumplirse el compromiso que se derivaba del pacto. Según estas normas, el obligado, antes de celebrar un contrato con un tercero, tendrá que informar al beneficiario del contenido del contrato, siendo esta notificación equivalente a una oferta. De no ser aceptada, se verá impedido a celebrar un contrato con un tercero a un precio inferior o en mejores condiciones, salvo que reformule la oferta al beneficiario del pacto. Tal es así que podría darse el caso en el que el obligado reciba la oferta de un tercero cuyos elementos esenciales comunique al beneficiario del pacto, quien a su vez rechace a contratar bajo dichos términos y, finalmente, el obligado celebre el contrato bajo los términos esenciales que fueron transmitidos previamente al beneficiario. Es más, antes de concluir el contrato, podrían negociarse elementos acceso-

715 *Vid.* apartado III.2.2 de este estudio.

716 Lambert y Derval, «La conclusion dynamique du contrat», 98-99, Vanwijck-Alexandre y Wéry, «Le pacte de préférence ou le droit de conclure par priorité», 147-48.

717 Caramelo, *Código Civil y Comercial de la Nación Comentado*, 396-97.

718 Vanwijck-Alexandre y Wéry, «Le pacte de préférence ou le droit de conclure par priorité», 142, Ninane y Standaert, «La formation du contrat: conclusion dynamique et devoir d´information», 51.

rios diferentes a los recogidos en la oferta pero que, al no ser esenciales ni oponerse a ellos, no supongan un quebranto del derecho preferente[719].

Las consecuencias por incumplimiento del pacto de preferencia son idénticas a las previstas para el contrato de opción o promesa unilateral, de ahí que la PMDOCR las recoja bajo un único artículo después de haber normado el contrato de opción[720]. Este último ha de diferenciarse del pacto de referencia ya que, mientras en el pacto el deudor es libre de celebrar o no el contrato, en la promesa de contrato el promitente se ve conminado a celebrar el contrato si el beneficiario ejerce la opción[721]. En efecto, tal y como se indica en el art. 1262 PMDOCR:

> «El beneficiario de un contrato de opción o de una promesa unilateral de contrato tiene derecho a decidir la celebración del contrato siempre que su contenido esté suficientemente determinado».

De nuevo, y al igual que sucede con el pacto de preferencia, en la regulación del contrato de opción o promesa unilateral de contrato se siente la marcada influencia de los reformados códigos civiles de Argentina, Francia y, muy especialmente, Bélgica[722]. Esta similitud no obsta a que, antes de describir su contenido, se subraye que los proponentes inician la redacción del precepto resolviendo la controversia entre si el contrato de opción y la promesa unilateral del contrato han de tenerse o no como equivalentes[723]. Y la resuelven en sentido positivo, reafirmando la posición doctrinal y jurisprudencial que defiende que la promesa unilateral de contrato es equivalente al contrato de opción y que, incluso, la opción de compra es una modalidad de precontrato bajo la forma de promesa unilateral, tal y como lo sería la promesa bilateral de contrato[724].

---

719 Lambert y Derval, «La conclusion dynamique du contrat», 97-99.

720 La PMDOCR se estructura tal y como lo hace el *Code* belga, que dedica los artículos 5.24, 5.25 y 5.26 del *Paragraphe 3. Le pacte de préférence et le contrat d'option*, al pacto de preferencia, al contrato de opción y a la sanción, respectivamente.

721 Hélas, «Le Pacte de Préférence», 568.

722 *Cfr.* apartado III.2.2 de este estudio.

723 En el caso de Argentina, se dedica un artículo a la promesa de celebrar un contrato y otro al contrato de opción, tratándolos como dos figuras jurídicas dispares ya que, mientras en la promesa de celebrar un contrato se exige una posterior manifestación de voluntad de ambas partes para celebrar el contrato futuro, en el contrato de opción solo recae en el beneficiario la posibilidad de aceptar el contrato propuesto. *Vid.* arts. 995 y 996 CCyC y Moeremans, «El contrato preliminar en el Código Civil y Comercial Argentino», 170 ss., Caramelo, *Código Civil y Comercial de la Nación Comentado*, 394-95, Rivera, Crovi, y Di Chiazza, *Contratos. Parte General*, 240 ss., Sobrino Reig, *Contratos. Parte General*, 124.

724 Entre los autores a favor de la equiparación entre el precontrato unilateral y el contrato de opción se pueden citar De Castro y Bravo, «La promesa de contrato», 1167, Díez Picazo, *Fundamentos del Derecho civil patrimonial. Volumen primero. Introducción. Teoría del contrato*, 409 ss., Román García, *El precontrato. Estudio dogmático y jurisprudencial*,

Si analizamos el contenido del art. 1262 PMDOCR, comprobaremos que nos describe el contrato de opción o promesa unilateral de contrato como aquel contrato en el que una de las partes, que podríamos denominar promitente, se aviene a conceder al beneficiario el derecho a celebrar un contrato cuyo contenido esté suficientemente determinado, de manera que para su formación sólo restaría el consentimiento del beneficiario, que tendría lugar en el momento en el que éste ejercite la opción de compra. Partiendo de esta descripción, se podría afirmar que la PMDOCR acoge la hipótesis que concibe el contrato de opción o promesa unilateral de contrato como una etapa preparatoria de un *iter* negocial que consta de un primer momento, en el que los contratantes se obligan a que el contrato proyectado sea eficaz en cuanto lo demande la parte o partes que tienen dicha facultad, y de un segundo momento, en el que el contrato se pone en vigor o se ejercita la opción. En consecuencia, no estaríamos ante dos contratos, sino ante un único contrato con dos etapas distintas[725].

El inciso final del precepto subrayando la determinación del contenido del contrato, facilita la diferenciación entre el contrato de opción y el pacto de preferencia, toda vez que, mientras la promesa unilateral tiene la finalidad de determinar los elementos esenciales del contrato futuro para, a continuación, encontrar un contratante, el propósito del pacto de preferencia es localizar un contratante para, seguidamente, tratar con él los términos del negocio[726]. También debemos diferenciar el contrato de opción de la oferta. En ambos se exige el contenido determinado del contrato, y tanto la acep-

406-7. No obstante, también hay un sector doctrinal que entiende que ambas figuras son diferenciables, así MENÉNDEZ MATO, *La oferta contractual*, 121-22, LALAGUNA DOMÍNGUEZ, «La función negocial de la promesa de venta», 304-9, LALAGUNA DOMÍNGUEZ, «Estudios de Derecho Civil. Obligaciones y contratos», 213 ss. La jurisprudencia dominante en la actualidad considera el contrato de opción como una modalidad del precontrato. *Cfr.* STS de 21 de noviembre de 2000, RJ 2000/10429, STS de 5 de junio de 2003, RJ 2003/5018, STS de 14 de abril de 2008, RJ 2008/2945, STS de 17 de junio de 2008, RJ 2008/4251, STS de 9 de febrero de 2009, RJ 2009/269, STS de 12 de mayo de 2009, RJ 2009/4741, STS de 22 de septiembre de 2009, RJ 2009/4595 y STS de 17 de septiembre de 2010, RJ 2010/8865. En cuanto a la promesa de venta como precontrato bilateral, *cfr.* STS 488/2011 de 24 de junio, RJ 2011\7370, STS 175/2012 de 21 de marzo, RJ 2012\5128, ECLI:ES:TS:2012:1694 y STS 107/2013 de 21 de febrero, RJ 2013\2149, ECLI:ES:TS:2013:853.

725 CAÑIZARES LASO, «Contrato de opción de compra», 152-53. La STS 67/2020 de 3 de febrero, RJ 2020\319, ECLI:ES:TS:2020:308 menciona la STS de 23 de abril de 2010, RJ 2010/3546, según la cual *«El precontrato de opción es aquel por el que una de las partes atribuye a la optante el derecho de decidir la puesta en vigor de un contrato (normalmente, como en el presente caso, de compraventa) en un concreto plazo. [...] Por tanto, el efecto que produce es que si el optante ejercita su derecho, pone en vigor el precontrato y la otra parte, la concedente, tiene el deber jurídico de celebrarlo efectivamente. Y el optante, desde el momento en que declara su voluntad de ejercicio de la opción, puede exigir dicha celebración, que se hará de mutuo acuerdo o por resolución judicial, tras el procedente proceso».*

726 WDOWIAK, «Precontratos en el Derecho francés, entre la libertad contractual y la coacción», 149 ss., MAZEAUD, *L'avant-contrat*, 7 ss., MAZEAUD, 13 ss.

tación de la oferta como el ejercicio de la opción de compra se traducen en la formación del contrato, pero mientras que la oferta es un acto jurídico unilateral, la promesa constituye un contrato unilateral[727]. Precisamente, la caracterización de la promesa unilateral o contrato de opción como un precontrato, en lugar de como un auténtico contrato, es una cuestión que se ha debatido por la doctrina y jurisprudencia al considerarla artificiosa[728]. En este sentido, la PMDOCR resuelve esta diatriba puesto que, al incluirlos en la *Sección Cuarta «Los acuerdos y contratos preparatorios»*, parece afirmar que se trata de auténticos contratos que tienen la peculiaridad de ser preparatorios de otros contratos.

Una vez regulados el pacto de preferencia y el contrato de opción, la PMDOCR dedica el artículo 1263 PMDOCR, rubricado «*Incumplimiento y remedios*», a las consecuencias aparejadas a la desvirtuación de cualquiera de ellos. Esta labor la lleva a cabo siguiendo el camino trazado por las reformas del Derecho de Obligaciones y Contratos operadas en Argentina, Francia y, muy señaladamente, Bélgica, a la que emula puesto que norma de forma conjunta la sanción por incumplimiento del pacto de preferencia y de la opción de compra, y lo hace con unas consecuencias muy similares a las que el *Code civil* belga dispuso[729]. En efecto, el art. 1263 PMDOCR estatuye que:

> «1. Si el obligado, en virtud de un pacto de preferencia o de un contrato de opción, incumple su obligación con el beneficiario, este podrá ejercitar los remedios del incumplimiento del contrato.
>
> 2. El beneficiario también podrá reclamar contra el tercero que haya colaborado a sabiendas en el incumplimiento del pacto de preferencia o del contrato de opción, una indemnización por los daños sufridos, la ineficacia del contrato o su sustitución en el lugar del tercero en el contrato celebrado por este».

---

727 HÉLAS, «Le Pacte de Préférence», 568, VANDERMEERSCH, «La formation dynamique du contrat», 106-7.

728 En relación con el contrato de opción y su innecesaria adjetivación como precontrato se han expresado CARRASCO PERERA, *Derecho de contratos*, 114, TORRES LANA, «Perfección de la compraventa mediante el ejercicio de una opción», 435. En la jurisprudencia se ha considerado artificioso hablar de promesa de contrato cuando en realidad se trataba de contratos definitivos sujetos a condición suspensiva (*vid.* STS de 22 de octubre 1992, RJ 1992\8594, STS de 24 de junio 1993, RJ 1993\5382, STS 751/1998 de 24 de julio, RJ 1998\6393, STS 755/2006 de 18 de julio, RJ 2006\3990) o contratos formalizados en documento privado que requiere su elevación a documento público (*cfr.* STS de 22 de marzo 1985, RJ 1985\1196, STS 1067/1994 de 28 de noviembre, RJ 1994\8631, STS 936/2002 de 15 de octubre, RJ 2002\10127). Asimismo, se ha indicado que tildar de precontrato a la promesa de constituir un derecho o contrato real carece de sentido práctico, ya que en puridad son contratos obligatorios plenamente eficaces en cuanto la prenda o hipoteca se constituyan conforme a Derecho. *Cfr.* CARRASCO PERERA, *Derecho de contratos*, 114 ss., PARRA LUCÁN, «Promesa de compraventa, precontrato y carta de intenciones en la jurisprudencia», 423 ss., DÍEZ GARCÍA, *Contratos incompletos y acuerdos «suficientes»*, 413 ss.

729 *Vid.* epígrafe III.2.2 de esta monografía.

Ante el incumplimiento por parte del obligado, el art. 1263.1 PMDOCR legitima al beneficiario para ejercitar los remedios del incumplimiento del contrato. Dichos remedios están previstos en el ya mencionado Capítulo VI «*El incumplimiento*» del Título I «*De las obligaciones*» del Libro IV de la propuesta[730]. Tras la Sección Primera «*Disposiciones generales*», el Capítulo VI dedica cada una de sus cinco secciones restantes a regular los cinco remedios listados en el art. 1173 PMDOCR[731]. En virtud de este precepto, el beneficiario podrá exigir el cumplimiento de la obligación, reducir el precio, suspender el cumplimiento de su obligación, resolver el contrato y exigir indemnización de los daños que el incumplimiento le hubiera producido. Es más, podrá acumular los remedios que no sean incompatibles, con el aliciente de que la indemnización es compatible con todos ellos.

Ante este abanico de remedios, podemos postular cuál de ellos resulta más oportuno. Si comenzamos con la exigencia del cumplimiento de la obligación, hemos de tener en cuenta que, en ocasiones, el deudor del pacto o promitente estará ejecutando el contrato con un tercero de buena fe, el cual no tiene por qué verse afectado por el incumplimiento del obligado. Ante tales supuestos, no se podrá exigir la responsabilidad extracontractual del tercero, ni será viable demandar la ejecución del contrato que ya se está ejecutando con éste, pero sí se podrá exigir la indemnización al deudor del pacto o promitente[732]. En cuanto a la reducción del precio, si un precio más reducido fue la causa que llevó al incumplidor a celebrar el contrato con un tercero, es poco probable que este remedio resulte atractivo para el beneficiario de estos contratos preparatorios. Sobre la suspensión de la obligación del beneficiario, solo cabe decir que es una consecuencia lógica ya que, como el contrato con el beneficiario no ha llegado a celebrarse, el beneficiario afectado por el incumplimiento no estará obligado a cumplir con las obligaciones que se hubieran derivado de haberse celebrado el contrato. En cuanto a resolver el contrato, carece de sentido si se refiere al contrato que iba a celebrarse entre el beneficiario de los contratos preparatorios y el obligado, ya que el contrato previsto u ofertado no ha llegado a celebrarse. Sí tiene razón de ser si hace referencia al contrato celebrado entre el tercero y el obligado incumplidor. Sin embargo, esta contingencia, como veremos a continuación, ya está prevista en el apartado 2 del art. 1263 PMDOCR, de manera que no sería necesario acudir a los arts. 1173 ss. PMDOCR. Llegamos así al 5.º remedio ofertado en el art. 1173 PMDOCR: exigir indemnización de los daños que el incumplimiento le hubiera producido. Tiene la virtud de ser compatible con el resto de los remedios, además de poder ejercitarse incluso cuando el con-

730 *Cfr.* apartado IV.2.2 de este estudio.

731 *Vid.* epígrafe IV.2.2 de esta monografía, donde el artículo en cuestión fue transcrito y comentado.

732 Esa solución es la que se plantea en los códices civiles francés y belga recientemente reformados. *Cfr.* apartado IV.2.2 de este estudio.

trato se celebró entre el obligado incumplidor y un tercero de buena fe. Se desarrolla en la Sección Quinta «*Indemnización de daños*» del mencionado Capítulo VI, algunos de cuyos preceptos ya han sido anteriormente comentados. Tal es el caso del art. 1188 PMDOCR «*Daño patrimonial y no patrimonial*», del art. 1190 PMDOCR «*Previsibilidad e incumplimiento doloso*», del art. 1191 PMDOCR «*Excepciones a la obligación de indemnizar*» y del art. 1192 PMDOCR «*Daños causados por el acreedor. Deber de mitigar el daño*», a cuyo análisis me remito[733]. Uno de los artículos de esta sección que aún no se ha comentado, y que podría resultar de utilidad en caso de incumplimiento del contrato de opción, sería el artículo 1194 PMDOCR «*Indemnización en lugar del cumplimiento*». Según estatuye este precepto:

> «1. En caso de incumplimiento del deudor, el acreedor podrá obtener el cumplimiento de un tercero, con cargo al deudor.
>
> 2. Para que el acreedor tenga el derecho que le atribuye el apartado anterior, será necesario:
>
> 1.º Que conserve la pretensión de cumplimiento.
>
> 2.º Que la sustitución de la actuación del deudor por la del tercero se haga en condiciones razonables.
>
> 3.º Que, previamente, el acreedor haya fijado al deudor un plazo razonable para cumplir, advirtiéndole de las consecuencias de no atender a este requerimiento.
>
> Este requerimiento no será necesario si el deudor ha puesto de manifiesto su intención de no cumplir.
>
> 3. La indemnización prevista en este artículo no excluye la de otros daños derivados del incumplimiento».

El ejercicio de este artículo tendría el mismo resultado que la ejecución forzosa *in natura* del contrato de opción, ya que se sustituiría al deudor incumplidor con un tercero que, con cargo a éste, cumpliera con lo acordado en el contrato de opción[734].

No obstante, el beneficiario, además de poder ejercitar los remedios del incumplimiento del contrato arriba descritos, tiene a su alcance la previsión del art. 1263.2 PMDOCR, que le permite reclamar contra el tercero colaborador de mala fe en el incumplimiento del pacto de preferencia o del contrato de opción, la indemnización por los daños sufridos, la ineficacia del contrato o la sustitución en el lugar que ocupa el tercero en el contrato celebrado por este con el obligado incumplidor del contrato pactado o prometido al beneficiario primigenio.

---

733 *Cfr.* apartados IV.1.3 y IV.2.2 de este estudio.

734 Aunque el supuesto recogido en el art. 1194 PMDOCR no sea en puridad un supuesto de ejecución forzosa del contrato de opción, ésta sí ha sido reconocida por el Alto Tribunal. *Cfr.* STS de 24 de mayo de 1985, RJ 1985/2621 y STS de 14 de febrero de 1995, TOL210.721, entre otras.

Consecuentemente, en virtud del art. 1263.2 PMDOCR, el beneficiario puede optar por la inoponibilidad del contrato celebrado entre el tercero cómplice y el deudor de la promesa de contrato, y celebrar un contrato acorde con la promesa, siendo recomendable para ello que expresase su interés por el contrato ejercitando la opción dentro del plazo fijado para hacerlo[735]. Asimismo, en el caso del pacto preferente, podría oponerse al contrato celebrado entre el deudor del pacto y el tercero, aunque, en puridad, dicho contrato no pueda tenerse como una notificación de los elementos esenciales del contrato, condición necesaria para ejercitar el derecho de preferencia otorgado en el pacto. Lo anterior ha llevado a afirmar que la inoponibilidad en los supuestos de pacto de preferencia es menos beneficiosa que en los contratos de opción y que, en la práctica, solo pueda aplicarse a éstos[736]. Tal es así que incluso se ha postulado la condena al deudor, a título de ejecución *in natura*, de hacer una oferta al beneficiario del pacto[737].

No obstante, como ya dijimos, el beneficiario del pacto de preferencia o del contrato de opción aún tiene a su alcance un último recurso previsto en el art. 1263.2 PMDOCR: sustituir al tercero colaborador de mala fe en el puesto que éste ocupa en el contrato celebrado con el obligado incumplidor. Se podría interpretar como una forma de subrogación personal por la que el beneficiario sustituye al tercero en el contrato celebrado con el deudor incumplidor. Si pensamos en el pacto de preferencia, la sustitución consistiría en una sanción que emplazaría al afectado en la situación en la que se hubiera encontrado si hubiera ejercido su derecho de preferencia. En cuanto al contrato de opción, es probable que el beneficiario se sienta inclinado a recurrir a esta sanción en lugar de optar por la inoponibilidad si el contrato celebrado en violación de su opción contenía condiciones más favorables que las de la promesa que pactó[738]. En cualquier caso, si se optase por la sustitución, el incumplidor no podrá alegar un atentado a su libertad contractual, toda vez que ya la expresó al celebrar el contrato con el tercero[739].

Una vez ejecutado el comentario del pacto de preferencia y del contrato de opción en la PMDOCR, procedería analizar el último de los contratos preparatorios previstos en la propuesta y que no es otro que el precontrato.

735 NINANE Y STANDAERT, «La formation du contrat: conclusion dynamique et devoir d'information», 53, VANDERMEERSCH, «La formation dynamique du contrat», 108.

736 NINANE Y STANDAERT, «La formation du contrat: conclusion dynamique et devoir d'information», 53, LAMBERT Y DERVAL, «La conclusion dynamique du contrat», 101.

737 NINANE Y STANDAERT, «La formation du contrat: conclusion dynamique et devoir d'information», 53.

738 LAMBERT Y DERVAL, «La conclusion dynamique du contrat», 101.

739 VANWIJCK-ALEXANDRE Y WÉRY, «Le pacte de préférence ou le droit de conclure par priorité», 176.

IV.2.4. El precontrato

Finalmente, la norma que clausura la Sección Cuarta «*Los acuerdos y contratos preparatorios*», es el artículo 1264 PMDOCR que, bajo el epígrafe «*Precontrato*», tiene el siguiente contenido:

> «1. La promesa mutua de celebrar un contrato permite exigir su cumplimiento en los términos acordados, siempre que su contenido llegue a estar suficientemente determinado.
>
> 2. El incumplimiento de la promesa por una de las partes dará, a la otra, derecho a ejercitar los remedios derivados del incumplimiento del contrato».

Antes de estudiar el contenido del precepto, ha de señalarse que su localización en la PMDOCR es especialmente significativa por, al menos, dos motivos. El primero es que se encuentra después del contrato de opción o promesa unilateral de contrato que, como se ha mostrado en el epígrafe anterior, se concibe como una modalidad de precontrato, en concreto, el precontrato perfecto unilateral. Por lo tanto, no resulta accidental que este último anteceda a la promesa bilateral o mutua de contrato. El segundo es que contiene el último de los contratos preparatorios de otros contratos previstos en la propuesta, situándose en la misma frontera de la formación del contrato como precepto de cierre de la Sección Cuarta que, a su vez, concluye el Capítulo II «*La formación del contrato*». Además, es importante señalar que la PMDOCR da nueva redacción al artículo 1451 del CC, cuya redacción actual[740] es sustituida por la siguiente:

> «Se le aplicará lo previsto en el artículo 1264 a la promesa de vender o comprar».

En cuanto al artículo en cuestión, nos describe al precontrato como aquella promesa bilateral que permite exigir el cumplimiento de un contrato suficientemente determinado bajo las premisas acordadas. Esta definición del precontrato se asemeja a la dada en la doctrina alemana a esta figura, que es donde se creó inicialmente y lo caracterizó como un contrato mediante el que alguien se obliga a celebrar un contrato de efectos personales, de manera que constituye un contrato en sí mismo que tiene por objeto la celebración de un contrato posterior. Bajo esta concepción, sería una manifestación del principio de autonomía de la voluntad, a cuyo través surgiría el «deber de

740 Artículo 1451 CC.
La promesa de vender o comprar, habiendo conformidad en la cosa y en el precio, dará derecho a los contratantes para reclamar recíprocamente el cumplimiento del contrato.
Siempre que no pueda cumplirse la promesa de compra y venta, regirá para vendedor y comprador, según los casos, lo dispuesto acerca de las obligaciones y contratos en el presente libro.

conclusión»[741]. A diferencia de lo que sucede en el BGB alemán, en Italia, el *Codice civile* de 1942 sí recoge el *contratto preliminare* entre su articulado, habiéndose definido como un compromiso vinculante que no constituye una fase más de la formación del contrato, sino que es un contrato por el que las partes se comprometen a celebrar posteriormente el *contratto definitivo*, por lo que a su vez se ha caracterizado como el contrato que consiste en facilitar la formación del futuro contrato[742]. Resulta significativo que el CCyC de la Nación Argentina emplee el término «*contrato preliminar*» para referirse a la promesa de celebrar un contrato y al contrato de opción, así como que regule fuera de los contratos preliminares al pacto de preferencia[743]. Por su parte, el *Code civil* francés dispone como variantes del precontrato al pacto de preferencia y a la promesa unilateral[744]. En la misma línea, el *Code civil* belga establece como precontratos al pacto de preferencia y a la promesa unilateral o contrato de opción[745].

Se puede comprobar que, a diferencia de lo que sucede en el CCyC argentino, en el *Code civil* francés y en el *Code civil* belga, en la PMDOCR el precontrato es una figura jurídica independiente y diferenciada del pacto de preferencia y el contrato de opción[746]. Tal y como se comentó anteriormente, el precontrato es una figura jurídica que ha sido objeto de un ingente debate

---

741 *Vid.* SANCIÑENA ASURMENDI, *La opción de compra*, 70, THÖL, *Das Handelsrecht*, I:777, DEGENKOLB, «Zur lehre vom Vorvertrag», 1-92, ADLER, «Realcontract und Vorvertrag», 190 ss., SCHLOSSMANN, «Über den Vorvertrag und die rechliche Natur der sogenannten Realcontracte», 1 ss., FLUME, *El negocio jurídico*, 719 ss., MARKESINIS, *The German Law of Contract*, 78, VON TUHR, *Tratado de las obligaciones*, 151, MARÍN NARROS, *Estudio de los principales acuerdos precontractuales con modelos en inglés y español*, 73-74, MOEREMANS, «El contrato preliminar en el Código Civil y Comercial Argentino», 165.

742 *Cfr.* GUISTI Y PALADINI, *Il contratto preliminare*, 61, RASCIO, *Il contratto preliminare*, GABRIELLI, *Il contratto preliminare*, MESSINEO, *Doctrina General del Contrato. Tomo I*, 354.

743 *Vid.* MOEREMANS, «El contrato preliminar en el Código Civil y Comercial Argentino», 168 ss., CARAMELO, *Código Civil y Comercial de la Nación Comentado*, 394-95, RIVERA, CROVI, Y DI CHIAZZA, *Contratos. Parte General*, 240 ss.

744 *Cfr.* MÉLIN, *Droit des obligations*, 84-86, CABRILLAC, «El nuevo derecho francés de los contratos», 59-66, AZAR-BAUD, «Introducción. La formación del contrato en la reforma del Derecho francés de las obligaciones», XIV, WDOWIAK, «Precontratos en el Derecho francés, entre la libertad contractual y la coacción», 151. La promesa de venta se mantiene en los arts. 1589 ss. *Code civil* y deja de considerarse por el legislador como un contrato preliminar para serlo definitivo. WDOWIAK, 151.

745 *Vid.* VANDERMEERSCH, «La formation dynamique du contrat», 73-110, VANWIJCK-ALEXANDRE Y WÉRY, «Le pacte de préférence ou le droit de conclure par priorité», 139 ss., HÉLAS, «Le Pacte de Préférence», 567-69, NINANE Y STANDAERT, «La formation du contrat: conclusion dynamique et devoir d´information», 23-55, LAMBERT Y DERVAL, «La conclusion dynamique du contrat», 73-102.

746 *Cfr.* apartado III.2.2 de esta monografía, donde se estudiaron otros acuerdos y contratos preparatorios de otros contratos en los ordenamientos alemán, italiano, argentino, francés, belga y español.

doctrinal y jurisprudencial en nuestro Derecho y, en última instancia, la evolución de dicho debate nos ayuda a comprender la redacción del precepto que aquí estamos comentando[747]. En efecto, a través del art. 1264 PMDOCR, los proponentes parecen inclinarse a favor de la teoría que mejor ha resistido el paso del tiempo y que ha sido inspiradora de abundante doctrina y jurisprudencia. Se trata del planteamiento de DE CASTRO Y BRAVO, previamente comentado, y que se podría resumir afirmando que el precontrato es una figura independiente en la fase de negociaciones, creadora de un vínculo obligatorio que genera la facultad de puesta en funcionamiento del contrato planeado. De este modo, la consumación del contrato proyectado solo requerirá el ejercicio de dicha facultad por parte del beneficiario del precontrato, no siendo necesario un nuevo otorgamiento del consentimiento[748].

Estos postulados quedan recogidos en el art. 1264.1 PMDOCR, que estatuye que la promesa mutua o precontrato genera un vínculo obligatorio que permite exigir el cumplimiento del contrato objeto de la promesa y cuyo contenido está suficientemente determinado. Serán las partes, además, quienes al celebrar el precontrato pacten los términos bajo los cuales se podrá exigir el cumplimiento del contrato proyectado. Con esta redacción, pues, se solventa el problema relacionado con el otorgamiento del consentimiento en el momento de la consumación del contrato definitivo, toda vez que los contratantes, de mutuo acuerdo, hacen o aceptan un proyecto de contrato y convienen, también de mutuo acuerdo, en que ambos se obligan a que el contrato proyectado tenga eficacia plena en el momento en el que se exija, eludiendo de este modo la necesidad de emitir una nueva declaración de voluntad sin interés para ellos ni valor patrimonial o jurídico[749].

Asimismo, la definición recogida en el art. 1264.1 PMDOCR tiene la virtud de arrojar claridad sobre una locución que, al emplearse de forma desmedida en documentos de diverso significado jurídico, ha turbado resoluciones judiciales, con independencia de que éstas pudieran resultar razonables y justas. Esta descripción clara del precontrato ayudaría aún más a delimitar al precontrato de lo que CARRASCO PERERA denominó falso precontrato[750].

En caso de incumplimiento, el art. 1264.2 PMDOCR indica que se podrán ejercitar los remedios derivados del incumplimiento del contrato. Dichos remedios se han comentado en diversos apartados de este estudio, a los cuales me remito para no pecar de redundancia[751]. No obstante, y aunque

747 Sobre las diversas teorías y pronunciamientos judiciales que ha dado lugar esta figura, *vid.* epígrafe III.2.2 de este estudio.

748 *Cfr.* epígrafe III.2.2 de este estudio.

749 DE CASTRO Y BRAVO, «La promesa de contrato», 1168-69.

750 CARRASCO PERERA, *Derecho de contratos*, 112.

751 Los remedios derivados del incumplimiento del contrato se han comentado previamente en los apartados IV.2.2 y IV.2.3 y, en el caso de la indemnización, también se ha analizado

sea brevemente, se puede apuntar que los remedios disponibles son: exigir el cumplimiento de la obligación; reducir el precio; suspender el cumplimiento de su obligación; resolver el contrato; y exigir indemnización de los daños que el incumplimiento le hubiera producido. Mientras no sean incompatibles, se podrán acumular, si bien es cierto que la indemnización siempre será compatible con el resto. Puesto que el precontrato y la opción de compra son figuras jurídicas muy próximas, diferenciándose tan solo por la bilateralidad o unilateralidad, podríamos extrapolar al precontrato los comentarios que en materia de incumplimiento se hicieron para el contrato de opción[752].

Finalmente, quedaría por señalar que la previsión de la PMDOCR sobre el ejercicio de los remedios derivados del incumplimiento del contrato equivale, en cierto modo, a reconocer la naturaleza contractual del precontrato y a acoger la práctica jurisprudencial y doctrinal que ha defendido la posibilidad de exigir el cumplimiento forzoso del precontrato y, por lo tanto, la ejecución del contrato acordado, siempre y cuando su contenido se hubiera determinado suficientemente en el precontrato[753]. Si no lo estuviera, ya no estaríamos ante un precontrato en sentido propio y, por ello, el incumplimiento de la promesa tan solo daría lugar a una posible indemnización de daños y perjuicios[754]. Además, recordamos que, tratándose de un verdadero precontrato, el art. 708.1 LEC permite que el juez supla al promitente incumplidor en su declaración de voluntad para que se tenga por concluido el contrato, toda vez que en realidad ya prestó su consentimiento al contrato pactado cuando celebró el precontrato[755].

en el epígrafe IV.1.3 de esta monografía.

752 *Cfr.* apartado IV.2.3 de este estudio.

753 De Castro y Bravo, «La promesa de contrato», 1183-86, Díez Picazo, *Fundamentos del Derecho civil patrimonial. Volumen primero. Introducción. Teoría del contrato*, 341. El cumplimiento forzoso se reconoce desde sentencias del Alto Tribunal tan tempranas como la STS de 1 de julio de 1950, RJ 1950/1987 y la STS de 21 de diciembre de 1955, RJ 1955/232, hasta otras más recientes como la STS de 14 de diciembre de 2006, RJ 2006/8325 y la STS de 21 de marzo de 2012, RJ 2012/5128. A título de ejemplo, en la STS de 3 de marzo 1992, RJ 1992\2156, se constataba *«el cumplimiento forzoso de la promesa de compraventa con la sustitución de la voluntad del obligado por la del Juez»*. En otra sentencia más reciente, la STS 720/2021 de 25 de enero de 2021, TOL8.634.403, ECLI:ES:TS:2021:3870, se traían a colación pronunciamientos previos del Alto Tribunal en los que se afirmaba que *«el optante, desde el momento en que declara su voluntad de ejercicio de la opción, puede exigir dicha celebración, que se hará de mutuo acuerdo o por resolución judicial, tras el procedente proceso»*.

754 Este parecer se ha mantenido en la STS de 16 de octubre de 1965, RJ 1965/4468, STS de 4 de julio de 1991, RJ 1991/5325 y STS de 20 de abril de 2001, RJ 2001/5282, entre otras.

755 García Rubio, «La ejecución forzosa de la obligación derivada del precontrato en la ley de enjuiciamiento civil: algunas cuestiones», 1181 ss.

BIBLIOGRAFÍA

ADLER, K. «Realcontract und Vorvertrag». *Jherings Jahrbücher für die Dogmatik* 31 (1892): 190 ss.

ALBADALEJO GARCÍA, M. *Derecho Civil. Tomo II. Derecho de Obligaciones,* 13ª. Madrid: EDISOFER S.L., 2008.

ALONSO PÉREZ, M. «La responsabilidad precontractual». *Revista Crítica de Derecho Inmobiliario*, 1971, 859-922.

ALPA, G. *Manuale di Diritto Privato*. 7ª. Padova: CEDAM, 2011.

APALATEGUI, P. «Código Civil, Tomo XXIX.» En *Código civil*, editado por Q. M. MUCIUS SCAEVOLA, 331. Madrid: Reus, s. f.

ARENAS GARCÍA, R. «La regulación de la responsabilidad precontractual en el Reglamento Roma II». *Indret: Revista para el Análisis del Derecho*, n.º 4 (2008): 1-27.

ASÚA GONZÁLEZ, C. I. *La culpa in contrahendo: tratamiento en el derecho alemán y presencia en otros ordenamientos*. Servicio editorial de la Universidad del País Vasco - Euskal Herriko Unibertsitatea, 1989.

«Responsabilidad en la formación del contrato (responsabilidad precontractual)». En *Negociación y perfección de los contratos,* 2014, ISBN 978-84-9059-297-7, págs. 139-168, 139-68. Thomson Reuters Aranzadi, 2014.

ASÚA GONZÁLEZ, C. I., Y J. J. HUALDE SÁNCHEZ. «Codificación de la culpa in contraendo en el derecho alemán». En *Estudios jurídicos en homenaje al profesor Luis Díez-Picazo*, 1415-38. Civitas, 2002.

ATIYAH, P. S. *The Rise and Fall of Freedom of Contract*. Repri. Oxford: Clarendon Press, 1979.

ATIYAH, P. S., Y S. A. SMITH. *Atiyah's Introduction to the Law of Contract*. Clarendon Press, 2005.

Austen-Vaker, R. «A Relational Law of Contract?» *Journal of Contract Law*, 2004, 125-44.

Azar-Baud, M. J. «Introducción. La formación del contrato en la reforma del Derecho francés de las obligaciones». En *La formación del contrato: estudio comparado argentino-francés*, editado por D. E. Moeremans y M. J. Azar-Baud, VII-XVII, 2023.

Aznar Giner, E. *Las negociaciones o tratos preliminares al contrato*. 1.ª ed. Monografías. Tirant lo Blanch, 2010.

Banakas, S. «Liability for Contractual Negotiations in English Law: Looking for the Litmus Test». *SSRN Scholarly Paper*. Rochester, NY, 2009.

Bar, C. V., E. Clive, y H. Schulte-Nolte, eds. *Principles, Definitions and Model Rules of European Private Law: Draft Common Frame of Reference (DCFR), Outline Edition*. Munich, 2009.

Basozábal Arrúe, X. «En torno a las obligaciones precontractuales de información». *Anuario de derecho civil* 62, n.º 2 (2009): 647-712.

Beatson, J., y D. Friedman. *Good Faith and Fault in Contract Law*. Turtleback, 1997.

Bell, A. J., y J. H. Mccunn. «Professional Negligence in 2020: The Year in Review». *Tottel's Journal of Professional Negligence* 37, n.º 1 (2021): 5-20.

Benatti, F. *La responsabilità precontrattuale*. Milano: Giufré, 1963.

Berlin, I. «Two concepts of Liberty». En *Four Essays on Liberty*, 118-72. Oxford: Oxford University Press, 1969.

Bertolini, D. «Decomposing Bhasin v. Hrynew: Towards an institutional understanding of the general organizing principle of good faith in contractual performance». *University of Toronto Law Journal* 67, n.º 3 (junio de 2017): 348-410.

«Toward a Framework to Define the Outer Boundaries of Good Faith in Contractual Performance». *Alberta Law Review*, 11 de marzo de 2021, 573-620.

Bianca, C. M. *Diritto civile, III, Il contrato*. Milano: Giuffrè, 1984.

Istituzioni di Dirito Privato. 4ª edición. Bologna: Zanichelli, 1958.

Boldó Roda, M. C. «Comentario al art. 69». En *Comentarios a la Ley de Igualdad,* editado por A. Garrigues Giménez. CISS, 2007.

Bonassies, P. «Formation of Contracts». En *Formation of Contracts: A Study of the Common Core of Legal Systems, Conducted Under the Auspices of the General Principles of Law Project of the Cornell Law School*, editado por R. B. Schlesinger, 1649-53. Oceana Publications, 1968c.

BOSCH CAPDEVILA, E. «Libro II. Capítulo 4. Formación». En *Derecho europeo de los contratos: libros II y IV del marco común de referencia*, editado por A. VAQUER ALOY, E. BOSCH CAPDEVILA, Y M. P. SÁNCHEZ GONZÁLEZ, 273-338. Barcelona: Atelier, 2012.

BRAUCHER, R., Y E. A. FARNSWORTH. *Restatement of the Law of Second, Contracts.* Vol. 1. The American Law Institute. Accedido 6 de agosto de 2024. https://www.ali.org/publications/show/contracts/.

BROWN, I. «The Contract to Negotiate: A Thing Writ in Water?» *Journal of Business Law*, 1992, 353-68.

BRUDNER, A. «Reconstructing Contracts». *University of Toronto Law Journal* 43, n.º 1 (1993): 1-64.

BUFFELAN-LANORE, Y., Y V. LARRIBAU-TERNEYRE. *Droit civil. Les obligations.* 12e édition. Paris: Sirey/Dalloz, 2010.

CABANILLAS SÁNCHEZ, A. «El ámbito de responsabilidad precontractual o culpa in contrahendo». *Revista Crítica de Derecho Inmobiliario* 71, n.º 628 (1995): 747-88.

«La compraventa internacional de mercaderías. Comentario de la Convención de Viena». En *La Compraventa Internacional de Mercaderías Comentario de la Convención de Viena*, editado por L. DÍEZ PICAZO, 467-73, 1998.

CABRILLAC, R. «El nuevo derecho francés de los contratos». *THEMIS: Revista de Derecho*, n.º 70 (2016): 59-66.

CALAMARI, J. D. *The Law of Contracts*. 2d ed. Hornbook Series. St. Paul, Minn: West Pub. Co., 1977.

CANARIS, C. W. *El sistema en la jurisprudencia*. Chile: Olejnik, 2023.

CANDIAN, A. *Instituciones de Derecho Privado*. Méjico: Unión tipográfica editorial hispano-americana, 1956.

CAÑIZARES LASO, A. «Contrato de opción de compra». En *Estudios de derecho de contratos,* 2022, ISBN 978-84-340-2815-9, págs. 147-166, 147-66. Agencia Estatal Boletín Oficial del Estado, 2022.

CAPPER, D. «Good Faith, Gazumping and Lock-Out Agreements Comments and Notes». *Northern Ireland Legal Quarterly* 45, n.º 4 (1994): 408-16.

CARAMELO, G. *Código Civil y Comercial de la Nación Comentado*. Editado por M. HERRERA, G. CARAMELO, Y S. PICASSO. 2ª. Sistema Argentino de Información Jurídica, 2022.

CARBONNIER, J. *Droit civil. Tome 4. Les obligations*. 17e édition. Paris: Presses Universitaires de France, 1993.

Carrasco Perera, A. «Cartas de intenciones, precontratos, responsabilidad in contrahendo y obligatoriedad de los tratos en la Jurisprudencia Española». *Aranzadi civil: revista quincenal*, n.º 3 (2005): 2369-92.

Derecho de contratos. 3ª ed. Cizur Menor: Thomson Reuters Aranzadi, 2021.

«Las cartas de intenciones». En *Fusiones y adquisiciones de empresas*, editado por J. M. Álvarez Arjona y A. Carrasco Perera, 87-144. Thomson Reuters Aranzadi, 2004. https://dialnet.unirioja.es/servlet/libro?codigo=5092.

«Las cartas de intenciones y el proceso contractual». editado por A. Carrasco Perera y J. M. Álvarez Arjona, 107-61. Thomson Reuters Aranzadi, 2019.

Carrasco Perera, A., J. M. Álvarez Arjona, y R. Alonso Soto. *Fusiones y adquisiciones de empresas*. Monografías Aranzadi. Derecho administrativo 322. Elcano (Navarra): Aranzadi, 2004.

Carrasco Perera, A., y I. Fontes Migallón. *Construyendo contratos: estrategias para la praxis negocial*. Pamplona: Thomson Reuters Aranzadi, 2019.

Carreño Mendoza, S. *Acuerdos de intenciones y gestión de la incertidumbre en adquisiciones de empresa*. 1st ed. Colección Biblioteca jurídica uniandina. Bogotá D.C., Colombia: Ediciones Uniandes, 2022.

Carresi, F. *Il contratto*. Milano: Giuffrè, 1987.

Carter, J. W., y W. Courtney. «Good Faith in Contracts: Is There an Implied Promise to Act Honestly?» *The Cambridge Law Journal* 75, n.º 3 (noviembre de 2016): 608-19.

Cartwright, J. «English case note, Cour de Cass., 26.11.2003 - "Perte de Chance" (Expectacion Interest) and Liability of a Third Person in Case of Breaking Off Negotiations». *European Review of Private Law*, n.º 3 (2005): 455-61.

«Part II. 3. Negotiation and Renegotiation: An English Perspective». En *Reforming the French Law of Obligations. Comparative Reflections on the Avant-Projet de Réforme Du Droit Des Obligations et de La Prescription the Avant-Projet Catala*, editado por J. Cartwright, S. Vogenauer, y S. Whitakker, 1st ed., 51-70. Oxford: Hart Publishing, 2009.

Unequal Bargaining: A Study of Vitiating Factors in the Formation of Contracts. Clarendon Press, 1991.

Castán Tobeñas, J. *Derecho civil español, común y foral: Tomo IV: Derecho de obligaciones. Las particulares relaciones obligatorias*. Editado por J. Ferrandis Vilella. 15ª. Madrid: Reus, 1993.

CASTRONOVO, C. «Information Duties and Precontractual Good Faith». *European Review of Private Law* 17, n.º 4 (1 de agosto de 2009): 559-71.

CAVANILLAS MÚGICA, S. «14 de junio de 1999. Responsabilidad por ruptura de tratos preliminares». *Cuadernos Civitas de jurisprudencia civil*, n.º 51 (1999): 1231-42.

«Comentario a la STS de 11 de abril de 2000». *Cuadernos Civitas de Jurisprudencia Civil*, n.º 54 (2000): 1141 ss.

CHITTY, J. *Chitty on Contracts: General Principles*. Sweet & Maxwell, 2008.

COHEN, N. «Pre-Contractual Duties: Two Freedoms and the Contract to Negotiate». En *Good Faith and Fault in Contract Law*, editado por J. BEATSON Y D. FRIEDMAN, 25-56. Turtleback, 1997.

COMMISSION ON EUROPEAN CONTRACT LAW. *Principles of European Contract Law: Parts I and II*. Editado por O. LANDO Y H. BEALE. Kluwer Law International B.V., 2000.

CORBIN, A. L. *Corbin on Contracts: A Comprehensive Treatise on the Working Rules of Contract Law*. West, 1963.

CORNU, G., P. CATALA, P. DELEBECQUE, Y D. MAZEAUD. *Avant-projet de réforme du droit des obligations et de la prescription*. Paris, 2006.

CREMEAN, D. «Agreements to Negotiate in Good Faith». *Commercial Dispute Resolution Journal*, 1996, 61 ss.

CUADRADO PÉREZ, C. «La responsabilidad precontractual en la reforma proyectada: ¿una ocasión perdida? (Parte I)». *Revista Crítica de Derecho Inmobiliario* 90, n.º 744 (2014): 1717-58.

Oferta, aceptación y conclusión del contrato, 2003.

CUMBERBATCH, J. «In Freedom's Cause: The Contract to Negotiate Comment». *Oxford Journal of Legal Studies* 12, n.º 4 (1992): 586-90.

DAVENPORT, B. J. «Lock-Out Agreements». *Law Quarterly Review*, 1991, 366-70.

DE ÁNGEL YÁGÜEZ, R. «Lealtad en el período precontractual (La conducta de las partes en las negociaciones preliminares, según proyectos de Derecho contractual europeo y conforme a otros trabajos prelegislativos)». *Anuario de derecho civil* 63, n.º 2 (2010): 575-636.

DE BOECK, A. «De tussenkomst van de rechter in de precontractuele fase: mogelijkheden en grenzen». En *De rol van de rechter in het contract*, 251-52. Die Keure, 2014.

De Castro y Bravo, F. *El negocio jurídico*. Madrid: Instituto Nacional de Estudios Jurídicos, 1971.

«La promesa de contrato». *Anuario de Derecho Civil,* 1950, 1133-86.

De Cossío y Corral, A. *El dolo en el derecho civil*. Monografías Prácticas de Derecho Español. Serie J 28. Madrid: Revista de Derecho Privado, 1955.

De la Maza Gazmuri, I. «Casos realmente difíciles: los deberes precontractuales de información y las consideraciones de eficiencia». *Anuario de derecho civil* 63, n.º 4 (2010): 1683-1723.

Los límites del deber precontractual de información. Civitas, 2010.

De Vincelles, C. A. «Le processus de conclusion du contrat». En *Pour une réforme du droit des contrats*, editado por F. Terré, 119-49. Paris: Dalloz, 2009.

Degenkolb, H. «Zur lehre vom Vorvertrag». *Archiv für die civilistische Praxis,* 1887, 1-92.

Del Fante, A. «Buona fede prenegoziale e principio costituzionale di solidarietà». *Rassegna di diritto civile*, 1983, 122-82.

Delforge, C., y B. De Coninck. «La Rupture Des Négociations et Le Retrait Intempestif de l'offre. Régime Général et Sanctions», 2004.

Díez García, H. *Contratos incompletos y acuerdos «suficientes»*. Thomson Reuters Aranzadi, 2022.

Díez García, H., y P. Gutiérrez Santiago. «Interpretación e integración del contrato». En *Tratado de contratos*, editado por R. Bercovitz Rodríguez-Cano, N. Moralejo Imbernón, y M. S. Quicios Molina, 3ª ed., 985-1252. Tratados. Valencia: Tirant lo Blanch, 2020.

Díez Picazo, L. *Fundamentos del Derecho civil patrimonial. Volumen primero. Introducción. Teoría del contrato*. Sexta edición (tercera en Cívitas), 2007. Cizur Menor (Navarra): Thomson Reuters Civitas, 2007.

La doctrina de los propios actos. Un estudio crítico sobre la jurisprudencia del Tribunal Supremo. 1ª. Madrid: Bosch, 1963.

La doctrina del enriquecimiento injustificado, 1987.

«La existencia del contrato». *Anales de la Real Academia de Jurisprudencia y Legislación*, 2009, 179-94.

«Notas sobre la indemnización del daño causado por el dolo incidental». *Anuario de derecho civil* 62, n.º 3 (2009): 1043-54.

«Prólogo a la obra "El principio general de la buena fe"». En *El principio general de la buena fe*, de F. Wieacker, 11-18. Biblioteca de filosofía del derecho. Colección «Luis Díez-Picazo y Ponce de León». Santiago, Chile: Ediciones Olejnik, 2019.

Díez Picazo, L., E. Roca i Trías, y A. M. Morales Moreno. *Los principios del derecho europeo de contratos*. Madrid: Civitas, 2002.

Domínguez Luelmo, A. «Artículo 708. Condena a la emisión de una declaración de voluntad». En *Comentarios a la Ley de Enjuiciamiento Civil*, editado por A. M. Lorca Navarrete, 3687-3709. Biblioteca Lex Nova. Valladolid: Lex Nova, 2000.

«Artículo 708. Condena a la emisión de una declaración de voluntad». En *Comentarios a la Ley de Enjuiciamiento Civil*, editado por F. Toribios Fuente, 1321-25. Biblioteca Lex Nova. Valladolid: Lex Nova, 2012.

Dore, I. I., y J. E. Defranco. «Comparison of the Non-Substantive Provisions of the UNCITRAL Convention on the International Sale of Goods and the Uniform Commercial Code, A». *Harvard International Law Journal* 23, n.º 1 (1983 de 1982): 49-68.

Draetta, U. «The Pennzoil Case and the Binding Effect of the Letters Intent in the International Trade Practice». *International Business Law Journal* 1988, n.º 2 (1988): 155-72.

Draetta, U., y R. B. Lake. «Letters of Intent and Precontractual Liability». *International Business Law Journal* 1993, n.º 7 (1993): 835-68.

Durant, I. «La rupture unilatérale des pourparlers ou l'exercice d'une liberté surveillée». En *La volonté unilatérale dans le contrat*, editado por F. Germain, 39-85. Éditions Larcier, 2008.

Enman-Beech, J. «Good Faith between Public and Private». *Supreme Court Law Review*, n.º 84 (2018): 353-83.

Ennecerus, L., y H. Lehmann. *Derecho de Obligaciones.* Vol. T. II 2º, V. 1º, Primera parte. Editorial Bosch, S.A., 1966.

Eörsi, G. «A Propos the 1980 Vienna Convention on Contracts for the International Sale of Goods». *The American Journal of Comparative Law* 31, n.º 2 (1983): 333-56.

Fabre-Magnan, M. *Droit des obligations. Tome 1. Contrat et engagement unilatéral*. 6e ed. Vol. 1. Paris: Presses Universitaires de France, 2021.

Farnsworth, E. A. «Precontractual Liability and Preliminary Agreements: Fair Dealing and Failed Negotiations». *Columbia Law Review* 87, n.º 2 (1987): 217-94.

«Responsabilidad precontractual y acuerdos preliminares: fair dealing y fracaso en las negociaciones». *THEMIS Revista de Derecho*, n.º 49 (1 de diciembre de 2004): 81-125.

«The Convention on the International Sale of Goods from the Perspective of the Socialist Countries». En *La vendita Internazionale. La convenzione di Vienna dell'11 aprile 1980. Atti del Convegno di Studi di S. Margherita Ligure (26-28 settembre 1980) - Libro*, 3-21. Milano: Giuffré, 1981.

Fauvarque-Cosson, B. «Part II. 2. Negotiation and Renegotiation: A French Perspective». En *Reforming the French Law of Obligations Comparative Reflections on the Avant-Projet de Réforme Du Droit Des Obligations et de La Prescription the Avant-Projet Catala*, editado por J. Cartwright, S. Vogenauer, y S. Whitakker, 1st ed., 33-49. Oxford: Hart Publishing, 2009.

Fenoy Picón, N. *Dolo, ventaja injusta y rescisión por lesión en los contratos*. Editado por A. M. Morales Moreno. Agencia Estatal Boletín Oficial del Estado, 2023.

«El dolo en el periodo precontractual: vicio del consentimiento e imputación de responsabilidad en los derechos francés y belga». *Anuario de derecho civil* 73, n.º 4 (2020): 1331-1499.

El sistema de protección del comprador, 2005.

«La modernización del régimen del incumplimiento del contrato: propuestas de la Comisión General de Codificación. Parte Primera: aspectos generales. El incumplimiento». *Anuario de derecho civil* 63, n.º 1 (2010): 47-136.

Ferrante, A. *Open Price y compraventa*. Monografías Aranzadi. Derecho civil 718. Cizur Menor (Navarra): Thomson-Aranzadi, 2012.

Ferrari, F. «Uniform Interpretation of the 1980 Uniform Sales Law». *Georgia Journal of International and Comparative Law,* 1994, 183-228.

Flume, W. *El negocio jurídico*. Clásicos Contemporáneos. Madrid: Fundación Cultural del Notariado, 1998.

Fontaine, M., y de Ly, F. *Drafting International Contracts.* Boston, UNITED STATES: BRILL, 2009.

Fuenteseca, C. *El dolo recíproco*. Madrid: Dykinson, 2002.

Furmston, M. «Letters of Intent». En *Contract Formation and Parties*, editado por A. Burrows y E. Peel, 17-36. Oxford-Norton Rose Law Colloquium. Oxford, New York: Oxford University Press, 2010.

The Law of Contract. 3rd ed. LexisNexis, 2007.

Gabrielli, G. *Il contratto preliminare*. Publicazioni della Facolta di Giurisprudenza della Universita di Trieste. D.A. Giuffrè, 1970.

García Rubio, M. P. «Artículo 1258: de los contratos. Disposiciones generales (II)». En *Comentarios al Código Civil*, 1373-74. Lex Nova, 2010.

«Cour de Cass., 26.11.2003 - Perte de Chance (Expectation Interest) and Liability of a Third Person in Case of Breaking Off Negotiations». *European Review of Private Law*, n.º 3 (2005): 447-52.

«La ejecución forzosa de la obligación derivada del precontrato en la ley de enjuiciamiento civil: algunas cuestiones». En *Estudios jurídicos en homenaje al profesor Luis Díez-Picazo, Vol. 2*, 1881-1902. Civitas, 2002.

«La responsabilidad precontractual». En *Estudios de Derecho de Contratos*, editado por A.M. Morales Moreno, 359-93. Agencia Estatal Boletín Oficial del Estado, 2022.

La responsabilidad precontractual en el derecho español. Tecnos, 1991.

«La responsabilidad precontractual en la propuesta de modificación del derecho de obligaciones y contratos». *Anuario de derecho civil* 63, n.º 4 (2010): 1621-42.

«Perspectiva y prospectiva en tres casos de responsabilidad surgida en la etapa de negociación de un contrato». En *Nuevas perspectivas del Derecho contractual*, editado por E. Bosch Capdevila, 261-89. Barcelona: Bosch, 2012.

«Restitución de beneficios obtenidos por intromisión en derecho ajeno, por incumplimiento contractual y por ilícito extracontractual». En *Derecho de daños*, 79-134, 2009.

García Rubio, M. P., y M. Otero Crespo. «La responsabilidad precontractual en el Derecho contractual europeo». *Indret: Revista para el Análisis del Derecho*, n.º 2 (2010): 3.

García Vicente, J. R. «Artículo 1270». En *Comentarios al Código civil: tomo VII (Arts.* 1265 a 1484), editado por R. Bercovitz Rodríguez-Cano, 9130-35. Tirant lo Blanch, 2013.

«Deberes de confidencialidad y culpa "in contrahendo"». En *Los contratos de distribución en las propuestas armonizadoras del derecho contractual europeo: repercusiones en el derecho español y en la práctica contractual*, 191-203. Ediciones Universidad de Salamanca, 2015.

Garcimartín Alférez, F. «La unificación del derecho conflictual en Europa: el reglamento sobre ley aplicable a las obligaciones contractuales (Roma II)». *Diario La Ley*, n.º 6811 (2007): 1.

Garro, A.M., J. M. Rodríguez Olmos, y P. Perales Viscasillas, eds. *Principios Unidroit sobre los contratos comerciales internacionales 2010*. La Ley, 2012.

Garro, A.M., y A. L. Zuppi. *Compraventa internacional de mercaderías. La Convención de Viena de 1980*. Abeledo Perrot, 2012.

Garro, J. A., J. Rodríguez Olmos, N. Bouza Vidal, J. Moreno Rodríguez, J. Oviedo Albán, P. Mendoza Montano, y E. Hernández Bretón, eds. *Principios Unidroit sobre los contratos comerciales internacionales 2016*. Roma: Instituto Internacional para la Unificación del Derecho Privado, 2018.

Gaspar Lera, S. «Formación de la voluntad contractual, vicios del consentimiento y remedios». En *Negociación y perfección de los contratos,* 2014, ISBN 978-84-9059-297-7, págs. 269-316, 269-316. Thomson Reuters Aranzadi, 2014.

Ghestin, J. *Traité de droit civil. La formation du contrat*. LGDJ, 1993.

Giliker, P. «Contract Negotiations and the Common Law: A Move to Good Faith in Commercial Contracting?» *Liverpool Law Review* 43, n.º 2 (2022): 175-202.

Pre-Contractual Liability in English and French Law. 1st edition. The Hague: Kluwer Law International, 2002.

Glansdorf, F. «Introduction générale». En *Les obligations d'information, de renseignement, de mise en garde et de conseil des fabricants et vendeurs professionnels*, editado por François Glansdorf, 11-53. Commission Université Palais. Bruxelles: Larcier, 2006.

Gómez Calle, E. *Los deberes precontractuales de información*. Madrid: La Ley, 1994.

González Gozalo, A. «La formación del contrato». En *Tratado de contratos*, editado por R. Bercovitz Rodríguez-Cano, N. Moralejo Inbernón, y M. S. Quicios Molina, 3ª ed., 827-929. Tratados. Valencia: Tirant lo Blanch, 2020.

Gray, A.D. «Relational Contract Theory, the Relevance of Actual Performance in Contractual Interpretation and Its Application to Employment Contracts in the United Kingdom and Australia». *Common Law World Review* 52, n.º 2-3 (septiembre de 2023): 61-100.

Guisti, A., y M. Paladini. *Il contratto preliminare*. Milano: Giuffrè, 1992.

Gurry, F. *Breach of Confidence*. Oxford Clarendon Press, 1984.

Hager, J. «Die culpa in contrahendo in the UNIDROIT-Prinzipien und den Prinzipien des Europäischen Vertragsrechts aus der Sicht des deutschen

Bürgerlichen Rechts». En *Europäische Vertragsrechtsvereinheitlichung und deutsches Recht*, editado por J. BASEDOW, 67-84. Mohr Siebeck GmbH & Co. KG, 2000.

HÉLAS, C. «Le Pacte de Préférence : Sa Qualification, Ses Sanctions». *Journal Des Tribunaux* 25, n.º 6737 (2018): 567-69.

HESSELINK, M. «Cour de Cass., 26.11.2003 - Perte de Chance (Expectation Interest) and Liability of a Third Person in Case of Breaking Off Negotiations». *European Review of Private Law*, n.º 3 (2005): 443-47.

HOLMES, E. M. «A Contextual Study of Commercial Good Faith: Good-Faith Disclosure in Contract Formation». *University of Pittsburgh Law Review*, 1978, 381-452.

HOLMES, W. H. «Freedom Not to Contract». *Tulane Law Review* 60, n.º 4 (1986 de 1985): 751-98.

HOSKINS, H. «Contractual obligations to negotiate in good faith: Faithfulness to the agreed common purpose». *Law Quarterly Review*, n.º 130 (2014): 131-59.

HOUH, E. M. S. «The Doctrine of Good Faith in Contract Law: A (Nearly) Empty Vessel». *Utah Law Review* 2005, n.º 1 (2005): 1-56.

HUBER, P. «Article 3.2.4». En *Commentary on the UNIDROIT Principles of International Commercial Contracts (PICC)*, editado por S. VOGENAUER, 2nd. ed., 527-29. Oxford: University Press, 2015.

«Article 3.2.16». En *Commentary on the UNIDROIT Principles of International Commercial Contracts (PICC)*, editado por S. VOGENAUER, 2nd. ed., 551-54. Oxford: University Press, 2015.

HUNG GIL, F. «Chapter XIV. Breve Estudio Sobre La Buena Fe. A Propósito Del Cuadragésimo Aniversario de La Convenci´no de Viena». En *The Transnational Sales Contract: 40 Years Influence of the CISG in National Jurisdictions*, editado por F. BENATTI, S. GARCÍA LONG, Y F. VIGLIONI, 341-60. Wolters Kluwer, CEDAM, 2022.

IBÁÑEZ, C. M. «La celebración del contrato». En *La formación del contrato: estudio comparado argentino-francés*, editado por D. E. MOEREMANS Y M. J. AZAR-BAUD, 1-33. Buenos Aires: Thomson Reuters La Ley, 2023.

ILLESCAS ORTIZ, R. *Derecho mercantil internacional: el derecho uniforme*. Madrid: Centro de Estudios Ramón Areces, 2003.

JACKSON, S. «Good Faith under English Law: Evolution or Revolution?» *Derecho & Sociedad*, n.º 49 (2017): 33-51.

JAFFERALI, R. *La rétroactivité dans le contrat*. Bruxelles: Bruylant, 2014.

Jaouen, M. «Négociations et obligation de confidentialité». *Actualité juridique Contrat*, n.º 6 (junio de 2016): 275-78.

Jiménez Muñoz, F. «Los deberes de información precontractual en la legislación actual y en las distintas propuestas de modernización del Derecho de Obligaciones». *Revista Crítica de Derecho Inmobiliario* 89, n.º 738 (2013): 2253-2328.

Jones, H. W. «The Jurisprudence of Contracts». *University of Cincinnati Law Review* 44, n.º 1 (1975): 43-56.

Klass, G. *Contract Law in the USA*. Wolters Kluwer, 2010.

Kleinheisterkamp, J. «Formation I: Arts. 2.1.1-2.1.18-General Provisions on Formation». En *Commentary on the Unidroit Principles of International Commercial Contracts (PICC)*, editado por J. Kleinheisterkamp y S. Vogenauer, 215-313, 559-65. Oxford: University Press, 2009.

Knapp, C. L. «Enforcing the Contract to Bargain». *The New York University Law Review*, 1969, 673-728.

Kohl, B., y P. Wéry, eds. *Le nouveau droit des obligations*. Vol. 216. Liège: Commission Université-Palais, 2022.

Lacruz Berdejo, J. L., F. A. Sancho Rebullida, A. Luna Serrano, J. Delgado Echevarria, F. Riveron Hernández, y J. Rams Abesa. *Derecho de obligaciones. II. Volumen primero. Parte general. Teoría general del contrato*. 4ª. Madrid: Dykinson, 2007.

Lake, R. B., y U. Draetta. *Letter of Intent and Other Precontractual Documents: Comparative Analysis and Forms*. Second edition. New Hampshire: Butterworths, 1994.

Lalaguna Domínguez, E. «Estudios de Derecho Civil. Obligaciones y contratos». En *Estudios de Derecho Civil. Obligaciones y contratos*, 3ª., 213-41. Valencia: Tirant Lo Blanch, 2003.

«La función negocial de la promesa de venta». En *Estudios de Derecho Civil en honor al profesor Castán Tobeñas*, II:304-39. EUNSA. Ediciones Universidad de Navarra, S.A., 1969.

Lambert, C. E., y T. Derval. «La conclusion dynamique du contrat». En *Le livre 5 du Code civil et le nouveau droit des contrats*, editado por R. Jafferali, 73-102. Larcier, 2022.

Larenz, K. *Derecho de obligaciones*. Madrid: Revista de Derecho Privado, 1958.

Lasarte Álvarez, C. *Principios de derecho civil. III, Contratos*. 7ª ed. Manuales universitarios. Madrid: Marcial Pons, 2003.

Lete Achirica, J. «Artículos 1281 a 1289: de la interpretación de los contratos». En *Comentarios al Código Civil,* 2010, ISBN 978-84-9898-139-1, págs. 1410-1418, 1410-18. Lex Nova, 2010.

Leveneur, L. «La liberté contractuelle en droit privé». *Actualité Juridique du Droit Administratif,* 1998, 676-82.

Llobet i Aguado, J. *El deber de información en la formacion de los contratos*. Monografías jurídicas. Madrid: Marcial Pons, 1996.

Looschelders, D. *Derecho de obligaciones. Parte general*. Primera edición de la traducción al español: mayo de 2021. Derecho privado 21. Madrid: Agencia Estatal Boletín Oficial del Estado, 2021.

López Mesa, M. *Doctrina de los actos propios: la buena fe, sus derivaciones y efectos en el CCCN*. 4ª. Buenos Aires: Hammurabi, 2018.

López y López, A. M. *La interpretación de los contratos*. Alternativa 53. Valencia: Tirant lo Blanch, 2017.

Luna Serrano, A. *Elementos de derecho civil. I, Parte general del derecho civil V. 3, El derecho subjetivo*. Editado por J. L. Lacruz Berdejo. Barcelona: Bosch, 1988.

Macneil, I. R. «Contracts: Adjustment of Long-Term Economic Relations under Classical, Neoclassical, and Relational Contract Law». *Northwestern University Law Review* 72, n.º 6 (1978): 854-905.

«Reflections on Relational Contract Theory after a Neo-Classical Seminar». En *Implicit Dimensions of Contract: Discrete, Relational, and Network Contracts,* editado por D. Campbell, H. Collins, y J. Wightman, 207-18. Hart Publishing, 2003.

Macneil, I. R., y D. Campbell. *The Relational Theory of Contract: Selected Works of Ian MacNeil*. Modern Legal Studies. London: Sweet & Maxwell, 2001.

Macqueen, H. L., y S. O'Byrne. «The Principle of Good Faith in Contractual Performance: A Scottish-Canadian Comparison». *Edinburgh Law Review* 23 (2019): 301-31.

Magnus, U. *General Principles of UN-Sales Law: Kötz's criticism of International Uniform Law*. Routledge-Cavendish, 1997.

«Remarks on Good Faith: The United Nations Convention on Contracts for the International Sale of Goods and the International Institute for the Unification of Private Law, Principles of International Commercial Contracts». *Pace International Law Review* 10, n.º 1 (1998): 89-95.

Manzanares Secades, A. «La responsabilidad precontractual en la hipótesis de ruptura injustificada de las negociaciones preliminares». *Anuario de Derecho Civil*, 1984, 687-748.

«Responsabilidad precontractual o culpa in contrahendo». *Anuario dc Derecho Civil*, 1985, 978-1009.

Marco Molina, J. «Las nuevas tendencias legislativas en materia de perfección del contrato: la aproximación entre el "civil" y el "common law" en las "nuevas leyes" o codificaciones del contrato». *Revista de derecho privado* 92, n.º 3 (2008): 5-53.

«Las nuevas tendencias legislativas en materia de perfección e interpretación del contrato: la aproximación entre el "civil" y el "common law" en las "nuevas leyes" o codificaciones internacionales del contrato». En *Estudios jurídicos en memoria del profesor José Manuel Lete del Río*, 589-612. Thomson Reuters-Civitas, 2009.

Marín Narros, H. D. *Estudio de los principales acuerdos precontractuales con modelos en inglés y español*. J.M. Bosch Editor, 2012. htts://elibro.net/es/lc/ugr/titulos/52267.

Markesinis, B. S. *The German Law of Contract: A Comparative Treatise*. 2a ed. Oxford: Hart, 2006.

Martín Cañellas, A. *La interpretación y la integración de la Convención de Viena sobre la compraventa internacional de mercaderías,* de 11 de abril de 1980. Biblioteca Comares de ciencia jurídica. Mercatura 18. Granada: Comares, 2004.

Mato Pacín, M. N. «El papel de la buena fe en el Derecho contractual inglés». *InDret*, n.º 2 (1 de abril de 2018): 1-52.

Mazeaud, D. *L'avant-contrat: Actualité du processus de formation des contrats*. Editado por O. Deshayes, D. Mazeaud, J. Cartwright, y C. Seraglini. Amiens Paris: Presses Universitaires de France, 2008.

Medina Alcoz, M. «La ruptura injustificada de los tratos preliminares: notas acerca de la naturaleza de la responsabilidad precontractual». *Revista de derecho privado* 89, n.º 3 (2005): 79-106.

Mélin, F. *Droit des obligations*. Paris: Librairie Generale de Droit et de Jurisprudence, 2006.

Menéndez Mato, J. C. *La oferta contractual*. Monografias Aranzadi. Derecho civil. Pamplona: Aranzadi, 1998.

Menezes Cordeiro, A. *Da boa fé no direito civil.* Livraria Almedina, 1984.

Messineo, F. «Contratto». En *Enc. Del. Diritto privado*, IX:892, 1961.

Doctrina General del Contrato. Tomo I. 3ª. Buenos Aires: Ediciones Jurídicas Europa-América, 1996.

Mignot, M. *Les contrats spéciaux et la réforme du droit des obligations*. Editado por L. Andreu y M. Mignot. Institut Universitaire Varenne, 2017.

Miquel González de Audicana, J. M. «Reflexiones sobre la buena fe y los contratos». En *Estudios de derecho de contratos*, 645-70. Agencia Estatal Boletín Oficial del Estado, 2022.

Moeremans, D. E. «El contrato preliminar en el Código Civil y Comercial Argentino». En *La formación del contrato: estudio comparado argentino-francés*, editado por D. E. Moeremans y M. J. Azar-Baud, 165-74, 2023.

«Tratativas preliminares. Responsabilidad precontractual». En *La formación del contrato: estudio comparado argentino-francés*, editado por D. E. Moeremans y M. J. Azar-Baud, 87-132, 2023.

Montero, E. «Les obligations d'information, de renseignement, de mise en garde et de conseil des fabricants et vendeurs professionnels». En *Les obligations d'information, de renseignement, de mise en garde et de conseil,* editado por F. Glansdorg, 311-53. Commission Université Palais. Bruxelles: Larcier, 2006.

Morales Moreno, A. M. «Adaptación del Código civil al Derecho Europeo: la compraventa». *Anuario de derecho civil* 56, n.º 4 (2003): 1609-52.

«Arts. 1269, 1270». En *Comentarios al Código civil y Compilaciones forales*, editado por M. Albadalejo García y S. Díaz Alabart, Tomo XVII, 1º-B:378-440, 1993.

«El dolo como criterio de imputación de responsabilidad al vendedor por los defectos de la cosa». *Anuario de derecho civil* 35, n.º 3 (1982): 591-684.

El error en los contratos, 1988.

«¿Es posible construir un sistema precontractual de remedios? Reflexiones sobre la Propuesta de Modernización del Derecho de Obligaciones y Contratos en el marco del Derecho Europeo». En *Derecho privado europeo y modernización del derecho contractual en España: incluye la propuesta de anteproyecto de Ley de modernización del derecho de obligaciones y contratos*, editado por K. J. Albiez Dohrmann, M. L. Garrido, y M. M. Serrano, 400-422. Atelier, 2011.

Incumplimiento del contrato y lucro cesante. Real Academia de Jurisprudencia y Legislación, 2010.

Morales Moreno, A. M., y B. Gregoraci Fernández. «El riesgo de defectuosa información contractual y su distribución entre los contratantes: figuras jurídicas y remedios». En *Estudios de derecho de contratos*, 745-66. Agencia Estatal Boletín Oficial del Estado, 2022.

Moreno Quesada, B. *La oferta de contrato: génesis del contrato y responsabilidad antecontractual : doctrina, legislación, comentarios, jurisprudencia*. Barcelona: Nereo, 1963.

Moro Ledesma, S. «El precontrato. Notas para su estudio». *Revista Crítica de Derecho Inmobiliario*, 1934, 88 ss.

Muñoz, E., y I. Schwenzer. *Schlechtriem & Schwenzer: Comentario sobre la Convención de las Naciones Unidas sobre los Contratos de Compraventa Internacional de Mercaderías*. Thomson Reuters Aranzadi, 2011.

Murray, J. E. *Murray on Contracts*. Bobbs-Merrill, 1974.

Najjar, I. «L´accord de principe». *Recueil Dalloz Sirey*, 1991, 57-68.

Nallar, F. *La responsabilidad precontractual en el Código Civil y Comercial*. Rubinzal Culzoni, 2016.

Navas Navarro, S. «Negativa a contratar y prohibición de discriminar (Derecho comunitario y Derecho español)». *Anuario de Derecho Civil*, 2007, 1619-39.

Neill, P. «A Key to Lock-Out Agreements?» *Law Quarterly Review*, 1992, 405-13.

Ninane, Y., y F. Standaert. «La formation du contrat: conclusion dynamique et devoir d´information». En *Droit des obligations. Le nouveau livre 5 du Code civil*, 23-55, 2022.

O'callaghan Muñoz, X. *Compendio de derecho civil. T.II, Derecho de obligaciones*. 6.ª ed. corr. y Puesta al día. Madrid: Dijusa, 2009.

Omalu, M. K. «Precontractual Agreements in the Energy and Natural Resources Industries». *Journal of Business Law*, 2000, 303-31.

Oviedo Albán, J. «Los principios generales en la Convención de Naciones Unidas sobre compraventa internacional de mercaderías». *Boletín Mexicano de Derecho Comparado*, n.º 141 (2014): 987-1020.

Palmieri, N. W. «Good Faith Disclosures Required during Precontractual Negotiations». *Seton Hall Law Review* 24, n.º 1 (1994 de 1993): 70-213.

Pantaleón Prieto, A. F. «Responsabilidad precontractual: propuestas de regulación para un futuro Código Latinoamericano de Contratos». *Anuario de derecho civil* 64, n.º 3 (2011): 897-930.

Pardo Iranzo, V. *Ejecución de sentencias por obligaciones de hacer y de no hacer*. Abogacía práctica 12. Valencia: Tirant lo Blanch, 2001.

Parra Lucán, M. A. «Ejecución específica e indemnización en el cumplimiento de precontratos en el art. 708 LEC». En *Tratado de la compraventa: Homenaje a Rodrigo Bercovitz*, 445-50. Thomson Reuters Aranzadi, 2013.

Negociación y perfección de los contratos. Thomson Reuters Aranzadi, 2014.

Parra Lucán, M. A. «Promesa de compraventa, precontrato y carta de intenciones en la jurisprudencia». En *Tratado de la compraventa: Homenaje a Rodrigo Bercovitz*, 423-34. Thomson Reuters Aranzadi, 2013.

Peel, E. «"Locking out" and "Locking in": The Enforceability of Agreements to Negotiate». *The Cambridge Law Journal* 51, n.º 2 (1992): 211-13.

Pendón Meléndez, M. A. «Disposiciones generales». En *Comentario a los principios de Unidroit para los contratos de comercio internacional*, 55-105. Thomson Reuters Aranzadi, 2003.

Perales Viscasillas, M. P. «Formación». En *Comentario a los principios de unidroit para los contratos de comercio internacional*, 107-65. Thomson Reuters Aranzadi, 2003.

«Una aproximación al artículo 7 de la convención de Viena de 1980 sobre compraventa internacional de mercaderías: Aplicaciones concretas a la parte II de la convención». *Cuadernos de derecho y comercio*, n.º 16 (1995): 55-88.

Pfeiffer, T., y M. Ebers. «Contract II: General Provisions, Delivery of Goods, Package Travel and Payment Services». En *Contract II: General Provisions, Delivery of Goods, Package Travel and Payment Services*, 99-114, 297-338. Munich: Otto Schmidt/De Gruyter european law pub, 2009.

Picod, Y. *Le devoir de loyauté dans l'exécution du contrat*. Bibliothèque de droit privé. Paris: Librairie générale de droit et de jurisprudence, 1989.

Quenot, M. «"Pourparlers" o tratativas preliminares en el Derecho contractual francés». En *La formación del contrato: estudio comparado argentino-francés*, editado por D. E. Moeremans y M. J. Azar-Baud, 133-48, 2023.

Quicios Molina, M. S. «Sentencia de 5 de mayo de 2009: Nulidad de contrato por "dolo in contrahendo": dolo activo y dolo omisivo; indemnización procedente por». *Cuadernos Civitas de jurisprudencia civil*, n.º 82 (2010): 351-77.

Rascio, R. *Il contratto preliminare*. E. Jovene, 1967.

Ravazzoni, A. *La formazione del Contratto II - Le regole di comportamento*. Casa Ed. Giuffre', 1974.

Reinhart, G. «Development of a Law for the International Sale of Goods». *Cumberland Law Review* 14, n.º 1 (1984 de 1983): 89-102.

Reynolds, N. «Two Views of the Cathedral: Civilian Approaches, Reasonable Expectations, and the Puzzle of Good Faith's Past and Future». *Queen's Law Journal* 44, n.º 2 (2018): 388-421.

Riesenhuber, K. *System und Prinzipien des Europäischen Vertragsrechts*. De Gruyter, 2003. https://doi.org/10.1515/9783110900897.

Rivera, J. C., L. D. Crovi, y I. Di Chiazza. *Contratos. Parte General.* Editado por J.C. Rivera y G. Medina. Buenos Aires: Abeledo Perrot, 2017.

Roca Sastre, R. M. *Estudios de derecho privado. T.1, Obligaciones y contratos*. Madrid: Aranzadi, 2009.

Rojo Ajuria, L. *El dolo en los contratos*, 1994.

Romain, J. F. *Théorie critique du principe général de bonne foi en droit privé. Des atteintes à la bonne foi, en général, et de la fraude, en particulier («Fraus omnia corrumpit»)*. Bruxelles: Bruylant, 2000.

Román García, A. *El precontrato. Estudio dogmático y jurisprudencial.* Madrid: Montecorvo S.A.., 1982.

Sacco, R. «La preparazione del contratto». En *Trattato di diritto privato*. Torino: UTET, 1984.

Sacco, R., y G. De Nova. *Il contratto*. 4.ª Milano: Utet Giuridica, 2016.

Saintier, S. D. A. «The Elusive Notion of Good Faith in the Performance of a Contract, Why Still a Bête Noire for the Civil and the Common Law?» *Journal of Business Law*, 2017, 441-60.

Samoy, I., y S. Stijns. «La Confiance Légitime En Droit Des Obligations». En *Les Sources d'obligations Extracontractuelles,* editado por S. Stijns y P. Wéry. Bruxelles: La Charte, 2007.

Sánchez Lería, R. «Los requisitos para la perfección del contrato en el moderno Derecho contractual europeo». *Indret: Revista para el Análisis del Derecho*, n.º 3 (2014): 4-32.

Sánchez-Moreno Ellart, C. «La recepción del principio de la buena fe contractual en el Derecho inglés. A propósito de Sheikh Tahnoon bin Saeed bin Shakhboot v. Ioannis Kent (2018)». En *Fundamentos romanísticos del derecho contemporáneo*, 471-96. Asociación Iberoamericana de Derecho Romano, 2021.

Sanciñena Asurmendi, C. *La opción de compra*. Monografías de Derecho Civil. Madrid: Dykinson, 2003.

Schlechtriem, P. «Recent Developments in International Sales Law». *Israel Law Review* 18, n.º 3-4 (julio de 1983): 309-26. https://doi.org/10.1017/S0021223700008025.

Schlossmann. «Über den Vorvertrag und die rechliche Natur der sogenannten Realcontracte». *Jherings Jahrbücher für die Dogmatik des burgerlichen Rechts* 45 (1903): 1 ss.

Schmidt-Szalewski, J. «Cass. Com. 9 fevrier 1981». *Recueil Dalloz Sirey*, 1982, 4 ss.

Négotiation et conclusion de contrats. Paris: Dalloz, 1982.

«Preliminary Agreements in International Contract Negotiation». *Houston Journal of International Law*, 1983, 37-62.

Schroeter, U. «Freedom of Contract: Comparison Between Provisions of the CISG (Article 6) and Counterpart Provisions of the PECL». *The Vindobona Journal of International Commercial Law and Arbitration* 6 (9 de marzo de 2003): 257-66.

Schulze, R. «Contract II: General Provisions, Delivery of Goods, Package Travel and Payment Services : Principles of the Existing EC Contract Law (Acquis Principles)». En *Contract II: General Provisions, Delivery of Goods, Package Travel and Payment Services : Principles of the Existing EC Contract Law (Acquis Principles)*, editado por Research Group on the Existing EC Private Law, 181-87. München: Sellier European Law Publishers, 2009.

Schwartz, A., y R. E. Scott. «Precontractual Liability and Preliminary Agreements». *Harvard Law Review* 120, n.º 3 (2007 de 2006): 661-707.

Sección Primera de Derecho Civil de la Comisión General de Codificación. *Propuesta de modernización del Código Civil en materia de obligaciones y contratos*. Centro de Publicaciones del Ministerio de Justicia, 2023.

Sinde Monteiro, J. F. *Responsabilidade por Conselhos Recomendações ou Informações*. Coimbra: Almedina, 1989.

Sobrino Reig, E. *Contratos. Parte General.* Editado por G. M. Scolarici y M. L. Caia. Buenos Aires: EDUNPAZ, 2018.

Speidel, R. E. «The New Spirit of Contract». *Journal of Law and Commerce* 2, n.º 2 (1982): 193-210.

Spencer, D. «Requiring good faith negotiation». *ADR Bulletin*, 1998, 1-2, 40-44.

SUMMERS, R. «"Good Faith" in General Contract Law and the Sales Provisions of the Uniform Commercial Code». *Cornell Law Faculty Publications*, 1 de marzo de 1968.

SZCZERBOWSKI, J. J. «Formation of Contract». En *European Perspectives on the Common European Sales Law,* editado por J. PLAZA PENADÉS Y L. M. MARTÍNEZ VELENCOSO, 4:37-44. Studies in European Economic Law and Regulation. Cham: Springer International Publishing, 2015. https://doi.org/10.1007/978-3-319-10497-3.

TALLON, D., B. BABLET, Y M. BANDERET. *La détermination du prix dans les contrats: étude de droit comparé*. Editado por D. TALLON. Harmonisation du droit des affaires. Paris: Pedone, 1989.

TEMKIN, H. «When Does the "Fat Lady" Sing? An Analysis of "Agreements in Principle" in Corporate Acquisitions». *Fordham Law Review* 55, n.º 2 (1 de enero de 1986): 125.

TER, K. L. «Lock-in and Lock-out Agreements: Walford v. Miles Notes and Comments». *Singapore Academy of Law Journal* 4, n.º 2 (1992): 349-58.

TERRÉ, F., ed. *Pour une réforme du droit de la responsabilité civile - Thèmes et commentaires* - 1. París: Dalloz, 2011.

ed. *Pour une réforme du droit des contrats*. Paris: Dalloz, 2009.

ed. *Pour une réforme du régime général des obligations*. Paris: Dalloz, 2013.

THÖL, H. *Das Handelsrecht.* 3.ª Vol. I. Leipzig, 1854.

TOMÁS, G. «Damages for Fraud in Case of not Avoiding Contract». En *European Private Law beyond the Common Frame of Reference: essays in Honour of Reinhard Zimmermann.*, editado por A. VAQUER ALOY, 65-75. Groningen, 2008.

TOMPKINS, L.A. «Confidentiality Agreements in a Commerical Setting: Are They Necessary?» *Australian Resources and Energy Law Journal*, n.º 198-218 (2008).

TORRES LANA, J. A. «Perfección de la compraventa mediante el ejercicio de una opción». En *Tratado de la compraventa: Homenaje a Rodrigo Bercovitz,* Vol. *1*, 435-44. Thomson Reuters Aranzadi, 2013.

VALÉS DUQUE, P. *La responsabilidad precontractual*. Derecho español contemporáneo. Madrid: Reus, 2012.

VAN HOUTTE, H. «Contract negotiations and the Unidroit Principles». *Uniform Law Review* 19, n.º 4 (1 de diciembre de 2014): 550-60.

VANDERMEERSCH, F. «La formation dynamique du contrat». En *Le nouveau droit des obligations*, editado por B. KOHL Y P. WÉRY, 216:73-110. Liège: Commission Université-Palais, 2022.

VANS HOUTTE, H. «The UNIDROIT Principles of International Commercial Contracts». *International Trade and Business Law Annual*, 1996, 1-19.

VANWIJCK-ALEXANDRE, M., Y P. WÉRY, eds. «Le pacte de préférence ou le droit de conclure par priorité». En *Le processus de formation du contrat*. Bruxelles: Larcier, 2004.

VAQUER ALOY, A. «El Derecho civil Catalán: presente y futuro». *Revista jurídica de Navarra*, n.º 46 (2008): 69-108.

«La codificación del derecho patrimonial en Cataluña: en busca de modelos comparados (2002/11-12)». En *Fundamentos e instituciones de Cataluña = Fonaments i institucions del dret de Catalunya*, 1234-75. J.M. Bosch Editor, 2008.

VERDA Y BEAMONTE, J. R. «El dolo in contrahendo». *Revista Aranzadi de derecho patrimonial*, n.º 16 (2006): 25-69.

Error y responsabilidad en el contrato. Colección privado 26. Valencia: Tirant lo Blanch, 1999.

VON STAMMLER, R. *Tratado de filosofía del Derecho.* Editorial Reus, 2008.

VON TUHR, A. *Derecho civil: teoría general del derecho civil alemán. Los hechos jurídicos*. Vol. II. Marcial Pons, 2005.

Tratado de las obligaciones. Biblioteca Comares de ciencia jurídica. Crítica del derecho. Arte del derecho 79. Granada: Comares, 2007.

WDOWIAK, S. «Precontratos en el Derecho francés, entre la libertad contractual y la coacción». En *La formación del contrato: estudio comparado argentino-francés*, editado por D. E. MOEREMANS Y M. J. AZAR-BAUD, 149-64, 2023.

WÉRY, P. *Droit des obligations*. 3ª. Vol. 1. Bruxelles: Larcier, 2021.

WHITAKKER, S. «Chapter I.» En *Chitty on Contracts: General Principles*, editado por H. G. BEALE, 3-140. Sweet & Maxwell, 2008.

WILLINSTON, S. A *Treatise on the Law of Contracts*. Editado por W. JAEGER. 3rd edition. New York: Baker, Voorhis and Co., 1957.

WOUTERS, N. «Obligation d'information précontractuelle: la bonne foi plus actuelle que jamais». En *Les grandes évolutions du droit des obligations*, editado por F. GEORGE, B. HAVET, Y A. PÜTZ. Anthemis, 2019.

YOUNG, A. R. W. «Lockout agreements and Directors´ Duties». *Journal of the Law Society of Scotland*, 1991, 345 ss.

Cód. 0104

Made in the USA
Middletown, DE
05 November 2026

36587644R00130